JN275360

幼稚園・保育所・施設実習完全対応

実習日誌の書き方

開 仁志［編著］

一藝社

はじめに

　実習生は、実習指導において実習日誌の書き方の説明を聞き、書く練習をします。ですが、実際に実習に行ってみると「実習日誌に何を書けばよいのか分からない」「実習日誌の文章が書けない」と訴えてくる実習生もおり、なかなか難しいようです。

　現場からも「実習日誌が書けない実習生が増えてきた」「うちの実習日誌の書き方と養成校の書き方が違う」「実習日誌の内容がふさわしくない」などといった悲鳴に近い声が聞かれることが増えてきました。

　そこで、「実習日誌の書き方」に関する本の現状を調べてみると、保育に関する実習関係の本はたくさん出ていますが、「実習日誌の書き方」に絞って作成された本はほとんどないといってよい状態です。さらに、1つの本に掲載されている実習日誌の例は1つの形式パターンのみであり、また、施設実習の実習日誌の例があまりにも少なく、参考にしにくいことが分かってきました。

　そこで、本書は、実習日誌の書き方に特化し、課題となっている部分を以下のように対応したいと考えています。少しでも実習日誌の書き方を知る参考になれば大変幸いです。

＜現場と養成校の課題＞

課題1　保育者養成校ごと、現場ごとに実習日誌の書き方形式パターンが違う。
対応策　実習日誌の代表的な書き方形式パターン例を載せ、そのメリット、デメリットを考えて選ぶことができるようにする。

課題2　施設種別ごとに求める実習日誌の内容が違う。
対応策　幼稚園・保育所・施設の実習日誌例を、現場経験のある実習指導者が執筆する。

＜実習生の課題＞

課題1　実習の中で、何を捉え、実習日誌にどのように書けばよいのか分からない。
対応策　実習日誌を書く際に基となる、子どもの姿、保育者の援助などの捉え方を、分かりやすく具体的に解説する。

課題2　実習で捉えたことを実習日誌の文章にできない。
対応策　実習の中で捉えたものを文章にするまでのプロセスを、分かりやすく具体的に解説する。

目　次

はじめに………… 3

第1章　実習日誌の意味 ……………9
1　なぜ実習日誌を書くのか？
2　実習日誌の基本パターンと内容

第2章　実習日誌の基本的な書き方～作成のポイント～ ……………33
1　今日の実習のめあて
2　実習中何を見るか？
3　実習中の記録の仕方の実際
4　実習日誌の作成
5　実習日誌の提出と返却

第3章　実習日誌に使う保育用語 …………… 67
1　一般的な文章の留意点一覧
2　専門的な保育用語と一般的な用語の違い一覧

第4章　実習日誌をレベルアップ！ ………… 77
1　実習園・施設の理解
2　子ども理解（子ども観・子どもの見方）
3　保育者理解（保育観・保育者の援助について）
4　保育環境理解（環境の見方）
5　保育者の専門性を探る

第5章　保育所（3歳未満児）…………101
1　保育所実習（0歳児クラス）
2　保育所実習（1歳児クラス）
3　保育所実習（2歳児クラス）

第6章 保育所（3歳以上児）…………127
　　1　保育所実習（3歳児クラス）
　　2　保育所実習（5歳児クラス）
　　3　保育所実習（3・4・5異年齢児クラス）

第7章 幼稚園…………159
　　1　幼稚園実習（3歳児クラス）
　　2　幼稚園実習（4歳児クラス）
　　3　幼稚園実習（5歳児クラス）

第8章 施設…………185
　　1　乳児院
　　2　児童養護施設
　　3　知的障害児施設
　　4　障害者支援施設
　　5　肢体不自由児施設
　　6　重症心身障害児施設

　　引用・参考文献…………210
　　おわりに………… 213

　　装　　幀　　齋藤視倭子
　　イラスト　　本田　翔子

お助けマニュアル

1、字が曲ってしまう。字が上手に書けない人

　実習日誌を書いていくうちに、字が曲ってしまう場合があります。以下のような方法で曲らないように工夫することができます。また、字をきれいに見せるコツがあります。

（1）ものさしを使って書く。

　ものさしを当てながら書いていくと、字の下がそろいます。下がそろっていると、きれいな字に見えます。

（2）罫線用紙を下敷きにして、透かしながら書く。

　罫線を印刷した用紙を下敷きにして、透かしながら書くと、字が曲りません。書く分量に合わせて、太字用、中字用、細字用の罫線用紙を用意したので、活用してください。

- ・太字　→　32ページ
- ・中字　→　66ページ
- ・細字　→　126ページ

（3）楷書で書き、略字やくせ字を使わず、丁寧に書く。

　教科書で使用しているような楷書で書きましょう。また、上手な字でなくても読み手のことを考えて丁寧に書いてある字は好感がもてます。

2．何を見ればよいかわからない人

　まず、何を見ればよいかわからない人は、以下のようなことを手掛かりにして書いてみましょう。
（詳しくは、第2章参照）

（1）子どもの活動を、全体的におおまかにとらえる。

　保育所ではデイリープログラムに沿って活動が進みます。デイリープログラムをもらうことができたら、参考にしながら見るようにしましょう。幼稚園でも、今日の活動の流れを先に押さえておくと記録がとりやすくなります。

(2) 対象児を決める。

より深い記録、考察をする場合、対象児を決めて、言動を記録していくとよいでしょう。元気な子、おとなしい子、リーダーシップをとる子、集団から外れがちな子、気になる子などさまざまな個性をとらえて、継続的に記録をとるとよいでしょう。

(3) 担任保育者に何を見ればよいか聞く。

担任保育者に、今日は何を中心に見ればよいか聞くと視点が定まります。積極的に聞くようにすると意欲があると評価されるでしょう。

3．どう書けばよいかわからない人

保育中は子どもをよく見て、気持ちに寄り添った援助ができるのに、いざ実習日誌を書くことになったら、書けなくなる人がいます。そんな人は以下のようなことを手掛かりにして書いてみてください。

(1) まず、子どもの活動を書く。

まず、子どもの活動を書きましょう。大きな流れである大活動を書いてから、一つの活動で子どもたちはどんな順番で動いていたかを思い出して小活動として書くと、細かく記録できます。

(2) 次に、保育者の援助を書く。

活動ごとに保育者が何をしていたかを思い出して書きます。どんなことを話したか、何を準備していたか、何を手伝ったかなどを思い出して書いてみましょう。また、思い出そうとしても思い出せない場合は、直接担任保育者に活動で大切にされていた援助を聞いてみるとよいでしょう。

(3) さまざまな可能性を考える。

考察の部分では、子どもの姿の裏にある気持ちを推測して書きます。そのときに、さまざまな可能性を考えながら書くと、より深い考察になります。また、できるだけ肯定的にとらえる目を忘れないようにしましょう。

(4) どうしても書けない場合は、活動をしぼる。

どうしても実習日誌が書けない場合は、特に記録したい活動をしぼり、その活動を中心に書くようにしましょう。担任保育者にお願いし許可を得たら、メモをとり、まず書くことに慣れることが大事です。初めの一歩を踏み出せると、少しずつ書けるようになりますよ。

第 *1* 章

実習日誌の意味

1 なぜ実習日誌を書くのか？
2 実習日誌の基本パターンと内容

1 なぜ実習日誌を書くのか？

1．他の記録の特徴

ポイント！ 今まで書いた記録の特徴を知ろう

　実習日誌は、今まで学生が書いてきた記録とは、全く異なる性質をもつものです。そのことを踏まえないで書き進めると、内容的にふさわしくない記述ばかりになってしまいます。以下に他の記録の特徴をまとめてみました。実習日誌との違いはどこでしょう。

（1）日記（自分だけが読むもの）

　日記は、今日あったことを書き、思ったこと感じたことを書きます。自分だけで読む分には、書く内容のレベルは好きに決めることができます。1行でもよいし、100頁にわたる長文でもよいのです。嫌になったら書かなくてもよいのです。

　また、事実をどれだけ正確に書くかも自分で決められます。何時何分に何があったと細かく書くこともできれば、おおざっぱに書いてもよいし、もっと言えば、妄想に近いウソを書いても誰にもとがめられません。自分だけがわかる表現で書いてもよいのです。

　思ったこと、感じたこともそのまま書くので、素直な自分が表れるよさもあれば、思いこみで書くことも多々あり、後から読み返すと赤面することもあるのは、そのためです。

　○月△日（　）曜日
　今日は、すごく最高だった。あこがれの先輩と10回も目があったのです。きっと先輩も私のことが大好きなのかも。
　きっと明日はもっといいことあるはず。だって占いでも私の星座は今月すごくハッピーっていってたもん。いきなり告白されるかも。キャー。神様ありがとう！！
　○月□日（　）曜日
　ショック。先輩に彼女がいた。
　○月◎日（　）曜日
　以下日記書かず…。

(2) 交換日記、提出用の日記（相手がいて、文章力が求められるもの）

　日記の中でも、見せる相手がいる場合は違ってきます。「伝わる」ということが要求されるからです。あまりにもウソが多かったり、分量がまちまちだったりしたら、相手は不信に思い、読む気持ちになりません。

　また、学校の先生への提出用でしたら、評価を受けるため、誤字脱字に気を付け、読みやすい文章を書く必要性が出てきます。正しい文章で、自分の気持ちを素直に書くことで、文章力の向上を目指すことが目的になります。

　〇月△日（　）曜日

　今日は、友達とドッジボールをしました。僕はたくさん当てることができました。うれしかったです。

　※よかったですね。A君のボールはとても速いのかな。今度、体育で見せてね。
　（先生よりのコメント）

---

(3) ブログ、ミクシイなど（不特定多数に公開しているもの）

　最近は、ブログやミクシイで日記に近い記録を書いていくことが多いと思います。特徴は、多数の人に見られるということです。自分と趣味の合う仲間の中で通用する言葉を使うと一体感が生まれ、多数の人とやりとりができるよさの半面、中には中傷ともとれるような悪意のあるコメントが書かれる場合もあります。他の人は基本的に興味・関心で見ているので、あなたを温かく見守り育てようという気持ちではありません。

　交換日記や提出用の日記と違うのは、相手が誰か見えないということです。ミクシイでも、いつどこで情報が外部にもれるかわかりません。公開しているものという認識がないと、後で大変なことになる場合があります。

　後で、注意点でも書きますが、実習日誌は絶対に公開してはいけません。

　〇月△日（　）

　今日、実習で最低なことがあった。実習園のたろう君が悪口言うから、悪口を言い返したら、先生にすごく怒られた。私悪くないのに。先生怖いんだよね。
　もうやめたいよ。(>_<)
　＜コメント＞
　投稿者：最低はお前だ。
　投稿者：怒られて当然。
　投稿者：先生怖い。
　投稿者：あなたを特定しますよ。
　投稿者：〇大学の△さん？
　投稿者：こんなところに書くなんて…。

> こんな状態になったら
> おしまいです！
> 絶対公開してはだめ。

2. 実習日誌とは何か？

ポイント！ 実習で書く保育の記録を「実習日誌」と言う

「実習日誌」という言葉は、幼稚園教育要領や保育所保育指針には出てきません。保育の記録の中で、実習で書く記録を「実習日誌」（実習記録とも言う）と読んでいるのです。実習日誌の特徴は以下のようなものになります。

保育の記録

保育者が保育の中のできごとを振り返り、子どもの行動やそれに対する自分の関わりについて、そのときの子どもの気持ちや行動の意味、自分自身の感じ取り方や指導・援助の意図まで考えながら記録したもの。

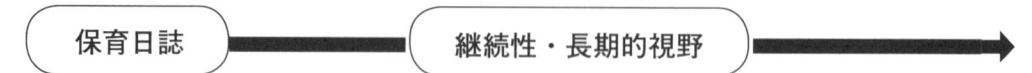

保育日誌 ― 継続性・長期的視野 →

保育者が、自分の担当する子どもたちについての保育実施状況を把握するため、日々記録するもの。

実習日誌 ― 実習課題・短期集中

実習生が、実習期間中に、実習課題に基づき毎日の保育を振り返り記録するもの。

ポイント！ 保育を振り返り改善に結びつけ、子どもの育ちを支えることが目的

実習日誌は、保育を振り返り、改善に結びつけることが目的です。まず自分なりに事実をもとに省察し、書くことが重要です。書くことで課題が意識化されるのです。そして、現場指導者に見てもらいます。現場指導者は、実習生の育ちを期待してコメントを返します。そのことで、実習生自身の保育の質の向上を目指します。

前述した提出用の日記では主に書いている本人の文章力の向上がゴールです。しかし、実習日誌では、実習生が自分を振り返り、現場指導者に指導を受けることを通して、次の日の保育実践が変わることが求められます。ただ文章を書く作業ではないのです。実習生自身が保育者として実践レベルを向上させ、子どもの育ちを支えることが最終目的になります。

実習生の省察 → 現場指導者の指導 → 保育向上 → 子どもの育ち

ポイント！　実習日誌は、公的な性格をもつ

　実習では毎日出勤簿に押印します。何時間分実習をしたかという証拠になるものです。これと同じように実習日誌は、実習を終えた後提出し、現場指導者や園長・施設長などに印鑑を押してもらうことによって、出勤しただけではなくて実際に実習を実施したという証拠にもなる性格をもちます。

　出勤はしていても、実習日誌を出さないのでは、その日に何を経験し、学んだのか全く証拠が残りません。養成校に帰ってからも、実習日誌は、実習生が何をして何を感じたのか、学びのプロセスを知る大変有効な手がかりになります。

　従って、ウソを書いたり、適当に書いたり、出さなかったりするのはいけません。事実をもとに、決められた分量を守って、保育にふさわしい書き方で、提出期限を守ることがルールです。

ポイント！　実習日誌には守秘義務がある

　実習日誌には、実習先の子どもの姿や保育の様子が詳細に記録されていきます。その中には、当然個人情報が含まれます。取扱いには細心の注意が必要です。

　具体的には、個人名を書かない、車・電車などでの紛失に気を付ける、実習日誌に書いたことを誰にも話さない、ブログ、ミクシイに書かない、などといったことが必要です。

実習日誌の意味●第１章

② 実習日誌の基本パターンと内容

1．実習日誌の基本パターンを共通理解する

ポイント！ 実習日誌のタイプには基本パターンがあり、書く内容が違う

　実習日誌のタイプには基本パターンがあり、実習日誌の目的によっても書く内容が違ってきます。それぞれメリットデメリットがあり、どの書き方が一番すぐれているということは言えませんが、その特徴を知った上で書くことが求められます。
　どのような種類があるのか、その特徴については、後から詳しく説明してありますので、読んでください。

ポイント！ 事前訪問のときに、どの実習日誌タイプか共通理解する

（1）養成校と実習現場の実習日誌タイプのずれ

　養成校で指導された実習日誌の書き方と、実習現場の実習日誌の書き方が違うことはよく聞く話です。実習が始まってからその違いに気付くと、修正するのにとても時間がかかったり、現場指導者と実習生の意識にずれが生じたりして、指導がうまくいかずよい実習効果を生むことができません。
　従って、実習が始まる前の事前訪問のときに、実際に実習日誌を見ていただく現場指導者の方と面会し、実習日誌パターンを共通理解することが必要になります。
　①〜⑧の実習日誌タイプを現場指導者に見せ、どのタイプで書くか聞いておきます。そして、実習園の実習日誌タイプの書き方をもう一度復習しておくとよいでしょう。

（2）実習現場の中での実習日誌タイプのずれ

　注意したいのは、実習の責任者（園長・主任など）と現場指導者（配属先のクラスの担任など）の考え方が違う場合です。責任者と現場指導者どちらにも確認しておくと間違いがありません。また、経験を積むために、1週目は1歳児、2週目は2歳児などと実習中に配属クラスが変わる場合があります。その場合は現場指導者が変わるので、実習日誌タイプが変わる可能性があります。

（3）先輩の実習日誌のメリットデメリット

　去年同じ実習先に行った先輩の実習日誌を見せてもらうのはとても有効です。ですが、コピーをさせてもらってはいけません。実習日誌は、あくまでも個人にとどめておくもので、他の人にもらさないものだからです。さらに、去年の先輩の配属クラスとは別のクラスだったり、現場指導者の異動が

あったりして、実習日誌タイプが替わる場合も多々あります。その場合、去年と違った書き方を求められる場合もあるので、注意しましょう。

2．実習日誌タイプの基本パターンの実際

　まず、実習日誌を目的別に簡単に分類してみると以下のようになります。実習の目的に合ったものを選ぶと書きやすいでしょう。ここでは、実習段階による使いやすさからタイプを分けてはいますが、基本的には一つの実習現場で、ずっと同じタイプを使うことが多く、種類も①流れ記録タイプか③エピソード記録タイプのどちらかが多いようです。

　養成校や実習現場で使用している実習日誌のタイプがどれにあてはまるか考え、近いものを選び、参考にしてください。

目　的

☆指導案に向けての情報を得る　　　　☆子どもや保育者の姿を
　　　　　　　　　　　　　　　　　　　ありのまま総合的にとらえる。

観察実習

①流れ記録タイプ
（一日の流れを項目に分けて書く）

・1日の流れを知る。
・子どもの姿を知る。
・担任保育者のねらい・援助を知る。

③エピソード記録タイプ
（事実と考察を分けて書く）

・1日の流れに沿って、活動ごとに子どもの姿や保育者の関わりをありのままとらえる。

参加実習

⑦⑧指導案情報獲得タイプ
A（指導案を書くときに必要な情報を視点ごとに書く）
B（指導案に向け個々の姿を把握）

・部分指導案に必要な情報を得る。

④エピソード記述タイプ
（自分の子ども観、保育観を交えて書く）

・1日の中で、一番心に残ったこと、実習のめあてに関連したことを厳選して書く。

指導実習

⑤⑥活動まとまりタイプ
A（活動ごとに必要事項や手順をチェックして書く）
B（活動ごとの特徴をとらえる）

・全日指導案に必要な情報を得る。

②指導案振り返りタイプ
（指導案をもとに実践した後、振り返って書く）

・指導実習（部分・全日指導案をもとにした実習）を振り返る。
・指導案に考察の部分が付け加えられている場合もある。

いっぱいあるね!!!

（1）流れ記録タイプ（一日の流れを項目に分けて書く）

月　日（　）曜日	天候	歳児　　　　名　　　組 欠席　　　　名	
今日の実習のめあて（実習生が主語） ・保育者の援助の意味を読み取る。 　実習生にとっての、今日のめあてを書く。めあての視点で記録が書かれているとよい。		**今日の主な活動**（子どもが主語） ・クラスのみんなで、サッカーをする。 　行事・イベント、1日の中で特に注目して記録する活動があれば簡潔に書く。	
今日の保育のねらい（子どもが主語） ・友達と一緒に体を動かす楽しさを味わう。 　担任保育者に聞いて書く。担任保育者がどのようなねらいをもって今日の保育をするのか聞いておくと、考察が深まる。		**今日の保育の内容**（子どもが主語） ・サッカーで、友達にパスしたり、ゴールを決めたりして楽しむ。 　担任保育者に聞いて書く。ねらいにつながるため、子どもにどのような経験をしてほしいか理解しておくと、考察が深まる。	

時間	環境の構成	子どもの活動	保育者の援助・配慮	実習生の動き・気付き
9：00	（保育者が主語） 環境図	（子どもが主語） ○登園する。 ・シール帳にシールを貼る。 ・カバンをかける。 ○大活動 　一日の流れを登園から降園まで大きなまとまりごとに書く。 ・小活動 　大活動の中の、細かい具体的な活動・流れを書く。	（保育者が主語） ・子ども一人一人に元気にあいさつをして健康観察をする。 ・保育者の実際の動きとその意味を書く。	（実習生が主語） ◎所持品の始末を手伝う。 ◎実習生の動き 　実習生が実際にした動きについて簡潔に書く。
10：00	・ライン引きを用意する。 ・環境図と共に、保育者が行った具体的な環境構成を書く。	○サッカーをする。 ・チーム分けをする。 ・ボールを蹴る。 ・スローインをする。	・クラス全員にサッカーをすることを伝える。 ・ボールを蹴るタイミングやスローインの仕方を、実際に保育者がやってみせながら伝える。	○言葉で伝えるだけではなく、実際に保育者が、モデルになることが大切と思った。 ◎実習生の気付き 　実習生が気付いたこと、感じたこと、思ったこと、考えたことを簡潔に書く。
16：00		○降園する。		

<今日の反省と明日への課題>	<指導者の所感>

①流れ記録タイプの特徴とメリット

《特徴》
　一日の生活の流れを項目に分けて、短く簡潔な言葉で書きます。そのことで、時間に沿った子どもの活動（姿）、環境の構成、保育者の援助・配慮、実習生の動き・気付きが一目で分かります。

《観察記録に適している》
　観察記録では、子どもの生活の流れ、担任保育者の保育のねらいと環境の構成・援助を理解することが大切になります。項目が細かく分かれていることで視点が明確になること、短く簡潔な言葉で書くことから、文章を書くことが比較的簡単というメリットがあります。

《記録が、指導案に変身》
　指導案と同じ項目で記録を書くので、同じような流れで指導案を書くときに、記録の文章をある程度そのまま使うことができ、大変参考になります。

②流れ記録タイプのデメリット

《保育者と子どものやりとりが書きにくい》
　「子どもの活動」と「保育者の援助・配慮」が分かれているため、以下のような保育者と子どものやりとりを具体的に書くことができません。

　　例　（流れ記録タイプ）
　　　保育者を遊びに誘う。（子どもの活動）子どもと一緒に遊ぶ。（保育者の援助・配慮）
　　　（エピソード記録タイプ）
　　　Ａ児が「先生、一緒に遊ぼう」と言ったので、保育者は「わかったよ」と応える。
　　　Ａ児は保育者の言葉を聞いて、うれしそうに保育者の手をとり、園庭に向かった。

《文章が表面的になりやすい》
　短く簡潔な言葉で書くので、文章が表面的になりやすく状況が読み手に伝わりにくくなります。
　　例　（流れ記録タイプ）作り方が分からない子に手助けする。
　　　（エピソード記録タイプ）
　　　　Ａ児は、材料を前にしても作り始める様子がない。保育者はしばらく見守った後、「作り方わからないの？」と聞く。すると、Ａ児は小さくうなずいた。保育者が「こうやるんだよ、まねしてごらん」と見本を見せて説明すると、Ａ児は表情が明るくなり、作り始めた。

（2）指導案振り返りタイプ（指導案をもとに実践した後、振り返って書く）

月　　日（　）曜日	天候		歳児　　名　組　欠席　　名	
今日の保育のねらい（子どもが主語） ○友達と一緒に体を動かす楽しさを味わう。 **実習生が書いた指導案での保育のねらいを書く。**		今日の保育の内容（子どもが主語） ○サッカーで、友達にパスしたり、ゴールを決めたりして楽しむ。 **実習生の指導案での保育の内容を書く。**		
時間	環境の構成	子どもの活動	保育者の援助・配慮	考察
<s>10：00</s> 10：30 **予定時間と実際の時間を記入。** **指導案をもとにして保育をした部分を書く。** <s>11：10</s> 11：30	（実習生が主語） 環境図 ・<s>陣地がわかるように白線を引く。</s> ・チームの色帽子を用意する。 ・環境図と共に、実習生が行った具体的な環境構成を書く。	（子どもが主語） ○サッカーの話を聞く。 ○大活動 　活動を大きなまとまりごとに書く。 ・数名は、下を向いて砂を触る。 ○チームをつくる。 ・チーム分けで人数に差ができ、言い合いになる。 ・チーム分けの仕方について話し合い、ジャンケン、くじ引き、生活グループなどの意見が出る。 ・活動の中での実際の子どもの姿を書く。 <s>○サッカーをする。</s> ○給食の準備をする。	（実習生が主語） ・クラス全員にサッカーをすることを伝える。 ・話に集中できない子どもに注意する。 <s>・チームが決まったら勝つための作戦を考えるように促す。</s> ・チームの人数に差があり、言いあいになったため、子どもと話し合う。 ・実習生の実際の動きとその意味を書く。	（実習生が主語） ・集まる時間が遅れてサッカーの話をあわててしてしまった。 ・単調な話し方だったため、集中できない子どももいた。今後はめりはりをもって話したい。 ・一方的にチームを分けるのではなく、子どもと話し合うことが大切だと感じた。 ・実習生が指導案をもとに実践した上での反省・考察を書く。

＜カンファレンス（反省会）から学んだこと＞
　グループ分けで人数がアンバランスになり、言い合いになった。その結果、ねらい内容にあるように、サッカーを実際に行う時間がとれず、体を動かす楽しさを味わうまでいかなかった。
○先生からも指摘があったとおり、グループ分けの仕方をあまり考えていなかったことを反省した。結局チーム分けの仕方の話し合いは時間切れになり、明日話し合いの続きをすることになった。どのような意見が出てくるか予想しつつ、じっくりと話し合う時間を持つように心がけたい。
　ねらい・内容をふまえた実習生の援助や環境の構成、かかわり方についてカンファレンス（反省会）を行う。そして、反省会、討議、指導を受けてからの学び、気付き、今後の課題などを書く。

①指導案振り返りタイプの特徴とメリット

《特徴》
　指導案をもとにして実践した保育を振り返るために書きます。指導案の横に考察部分がついているのが特徴です。指導案で予定していた流れと違った部分に一重線を引き、実際の流れを書き込み、横に考察、最後にカンファレンス（反省会）での学びを書きます。

《指導実習の振り返りに適している》
　指導実習では、指導案で予定していた計画と実際の実践の流れの違いを明らかにし、子どもの実態にあった計画や実践の在り方を考え、次に生かすことが大切です。このタイプを使うことにより、実習生の計画はどこに問題があったのか明らかにすることができます。

《指導案がそのまま実習日誌に変身》
　指導案に考察がついているので、そのまま実習日誌として使えます。部分実習では指導した部分の日誌として使うことができます。さらに、一日指導実習では指導案と実習日誌が合体したものとして使用できます。
　ですから、指導案も実習日誌も書くという二重の労苦から解放されます。

②指導案振り返りタイプのデメリット
　「保育者と子どものやりとりが書きにくい」「文章が表面的になりやすい」については、流れ記録タイプと同じです。さらに、次のようなデメリットがあります。

《書き込みが多く読みにくい》
　事前に指導案として書いたものに書き込んでいくので、読みにくくなります。対策として、以下のような方法があります。

　a．訂正の書き込みを違う色のペンで書く
　担任保育者のコメントは赤字で書かれることが多いので、実習生は青字など違った色で書き込みます。計画と実践の違いがわかりやすく見えます。
　b．指導案と実習日誌を分ける
　指導案を横に置いて参考にしながら、実際の保育の流れを書き込んでいきます。指導案とセットにしてファイルにつづっておけば、計画と実践の違いを見比べることができます。ですが、指導案と実習日誌、両方書くことになり、労力は増えます。

（3）エピソード記録タイプ（事実と考察を分けて書く）

月　　日（　） 天候	歳児 欠席	組名 名	主な活動　・自由な遊びをする 行事・イベント、1日の中で特に注目して記録する活動があれば簡潔に書く。

今日の実習のめあて（実習生が主語）
・一人一人の気持ちを受け止め丁寧に関わる。
実習生にとっての、今日のめあてを書く。めあての視点で記録が書かれているとよい。

時間	1日の流れ	記録（子どもの活動・保育者の援助等）	考察
9:00	（子どもが主語） ○登園する。 ・シール帳を貼る。 ・カバンをかける。 **一日の流れを登園から降園まで書く。** ○大活動 　節目ごとに書く。 ・小活動 　大活動の中の具体的な活動。	（いつ・誰が・どこで・どのように・何を・どうした） ・A児が登園するなり、「先生、今日鬼ごっこしたい。一緒にしよう」と言ってくる。私が「うん、わかったよ」と応じると、にこっと笑い、すぐに身支度を始めた。 ・**客観的な事実の記録** 　子どもの表情や行動、言葉などをできるだけ客観的な事実として詳しくありのまま書く。右の考察の根拠が示されるように、保育者と子ども同士の関わりなどがわかりやすく伝わるとよい。 ・A児と私が鬼ごっこをしていると、B児とC児が「まーぜーて」と言ってきた。A児は、「いいよ」と応え、4人で鬼ごっこをし始めた。	（なぜ） ・今までA児は私に話しかけてきたことがなかった。しかし、昨日私が参加していた鬼ごっこを近くで見ていたことから、保育者と一緒にやってみたいという気持ちが芽生えたのではないかと思う。 ・考察 客観的な事実をふまえた考察を書く。子どもの姿の背景にある気持ち（内面）育ち、保育者の援助の意味などを考察する。今後の課題も書くとよい。
10:00	○自由な遊びをする。 ・砂場遊び ・鬼ごっこ	・近くで砂場遊びをしていたD子とE子が鬼ごっこをじっと見ていた。すると、A児が「一緒にやる？」と誘う。D子とE子は「うん、やるやる」と言って、参加した。	・今まであまり友達に声をかけなかったA児が、友達を誘う様子に、成長を感じた。その姿を見守り、友達と遊ぶ経験を増やしたい。
11:00	○片付ける。		
12:00	○給食を食べる。		
14:30	○降園する。		

＜今日の反省と明日への課題＞	＜指導者の所感＞

①エピソード記録タイプの特徴とメリット
《特徴》
　一日の生活の流れを、まとまりごとに一つのエピソードとしてとらえ、子どもや保育者のやりとりを踏まえながら書きます。事実の記録（客観性）の部分と考察（主観性）部分を分けることが特徴です。

《考察の根拠（理由）がはっきりする》
　事実の記録（客観性）と考察（主観性）を分けることで、なぜ、そうとらえたのか、どうしてそう考えたのかという根拠（理由）がはっきりと明確になります。
　　例（他の日誌のタイプ）
　　　A子とB子は仲よく遊んでいる。（なぜ「仲よく」と思ったのかわからない）
　　（エピソード記録タイプ）
　　例　事実の記録　A子とB子が互いに顔を見合わせにこっとした。会話はなかったが、手をつなぎ、園庭を走り回る。
　　　　考察　　　　A子とB子のやりとりから、二人の仲のよさが伝わってくる。

《深い考察が可能》
　つぶやき、表情、しぐさ、目線、会話など、客観的事実をありのまま克明に記録するので、言葉に出ない子どもの内面までとらえて考察することが可能になる。
　　例　事実の記録　C男は、遊びに背を向けていたが、G男の声がすると、ちらっと見る。
　　　　考察　　　　C男は、G男と一緒に遊びたいのではないか。だが、背を向けていることから、素直に入れてほしいと言えないのかもしれない。

②エピソード記録タイプのデメリット
《活動のまとまりごとにエピソードを見つけることが困難》
　登園時など、毎日の生活の流れが決まっている部分では、あえてエピソードとして特別にとりあげるものを見つけにくい場合があります。そのような場合は、対象児を決めて記録するなど、視点を変えてみるとよいでしょう。

《事実と考察のアンバランス》
　事実の記録文章量と考察の文章量が極端に違うと、左右がそろっていないため対応がわからなくなります。また、左右をそろえると空きスペースが多くなります。本来は、あまりバランスが偏らないように文章をまとめる技術が必要ですが、事実の記録と考察を同じ番号で対応させたり、活動のまとまりのエピソードごとに線を引き、区別する方法もあります。

記録	考察
①登園時にA児は一人で〜	①〜なのではないかと考える。
②縄跳びで〜	
	②縄跳びでは、〜と考える。

（4）エピソード記述タイプ（自分の子ども観、保育観を交えて書く）

月　　　日（　）天候	歳児　　名　　組　　欠席　　名

今日の実習のめあて（実習生が主語）
・一人一人の気持ちを受け止め丁寧に関わる。
　実習生にとっての、今日のめあてを書く。めあての視点で記録が書かれているとよい。

時間	一日の流れ	記録
9:00	（子どもが主語） ○登園する。 ・シール帳を貼る。 ・カバンをかける。 **一日の流れを登園から降園まで書く。** ○大活動 　**節目ごとに書く。** ・小活動 　**大活動の中の具体的な活動。**	（いつ・誰が・どこで・どのように・何を・どうした）という事実と同時に、（なぜ）という子どもの姿のとらえや保育者の援助の背景にある思いや願いを詳細に記述する。 ＜背景＞エピソードに到る背景を書く。 　前日、A子がB子を遊びに誘ったときに、B子が「今、忙しいから後で」と断ったことから、A子が「B子ちゃん、友達でしょ。なんで遊んでくれないの？」と怒り出し、そのまま降園時間になり、仲直りしないまま帰ってしまった。 タイトル「元気が無いA子」エピソードに相応しいタイトルをつける。 ・朝、登園したとき、いつも明るいA子の表情が暗く、元気が無い様子だったので、理由を探ろうと思い「どうしたの」と声をかけた。すると、「昨日、B子とけんかをしたから」と小さい声で応える。私は、元気づけようと思い、「大丈夫だよ、B子ちゃんとA子ちゃん仲良しだもん」と励ましたが、あまり心に届いていない様子で、A子は所持品の始末をした後、一人で絵本コーナーへ行き、絵本を読み始める。しばらくして、B子が登園してきた。B子もなんとなく暗い表情をしていたので、もしかしたらA子と仲直りしたいのかもしれないと思い、声をかけようかと思ったが、B子は園庭に出ていってしまった。しばらく様子を見ていると、B子は他の友達と遊ぶことはなく、ブランコを一心不乱にこいでいる。ひとしきりブランコをすると、保育室に戻ってきて絵本コーナーに行き、絵本を読み始める。A子は、B子の存在に気付いているように見えたが、二人に会話はなかった。何か仲直りのきっかけができないかと思い、私も絵本コーナーへ行き、「何読んでいるの」と2人に聞いた。すると、A子は「動物の本」と応え、B子は「私はお花の本」と応えた。そして、A子が、「B子ちゃん、どんなお花好き？」と少しはにかみながら聞いた。B子は、うれしそうに「ひまわり」と応える。そしてB子が「A子ちゃんは？」と逆に聞き返すと、「A子はチューリップ」と笑顔で応える。それからは、A子とB子は一緒に花の絵本を読み始めた。仲直りのきっかけを探していたのだと感じられた。
10:00	○自由な遊びをする。 ・砂場遊び ・鬼ごっこ	
11:00	○片付ける。	
12:00	○給食を食べる。	
14:30	○降園する。	

＜エピソードの考察＞ エピソード記述を振り返り、省察し、今後の課題を明らかにする。	＜指導者の所感＞

①エピソード記述タイプの特徴とメリット

《特徴》
　一日の中で特に心に残ったエピソードや、実習のめあてに関係することを中心に、克明に書きます。エピソード記録とは違い、事実の記録と考察の部分を分けずに書くことが特徴です。保育者（実習生）が子どもの姿をどう読み取り、どんな気持ちで関わったのか、自分の子ども観、保育観を交えながら書きます。

《保育者の関わりの背景が見える》
　実践が行われたとき、本当にどのような状況だったのかは当事者でないと分かりません。保育者（実習生）が、子どもの姿、周りの状況をどうとらえ、保育者自身がどのような気持ちで、どのような状態で関わったのかは、外から見た客観的事実の記録ではとらえきれません。
　このような見えないものを見えるかたちにするためにエピソード記述があると言えるでしょう。ですから、そのときの状況をできるだけ正確に思い出し、自分自身を問い直しながら書く努力が必要になります。量より質を高める記録と言えるでしょう。

《事実の記録と考察を分けなくてよい》
　実習生は事実の記録と考察の区別をつけることが苦手なようです。エピソード記述では、素直な保育者の内面（気持ち）そのものを文章に表していく作業になり、書きやすい場合もあります。

②エピソード記述タイプのデメリット

《一日の流れを全体的に把握できない》
　エピソード記述は一日の中で特に心に残ったこと、実習のめあてに関係することを厳選して書くことになります。従って、記録の内容は1部分のみの内容になり、一日の流れを全て書くことはできません。一日の流れも記録していきたい場合は、実習日誌の表を流れ記録型などにして、裏をエピソード記述型にするなどの工夫が必要です。

《エピソードに何を選べばよいかわからない》
　実習も中盤に入ると、一日の生活の流れも分かり、新鮮みが薄れ、同じ生活を繰り返しているように見え、特別なエピソードを見つけることができないと感じることがあります。そんなときには、視点を変えて実習のめあてを書き、対応する場面をよくとらえることです。例えば、一つの活動でも、全体的な視点と個別的に見る視点では、全く違ってくるものです。まさに、「慣れた頃が危険」なのです。

実習日誌の意味●第1章　23

（5）活動まとまりＡタイプ（時間に沿って活動ごとに必要事項や手順をチェックして書く）

月　　　日（　）天候	歳児　　名　組　欠席　　名

今日の実習のめあて（実習生が主語）
・時間に沿って、活動ごとに子どもの姿をとらえ、どのような環境の構成、援助が必要か視点を明確にして記録する。
　実習生にとっての、今日のめあてを書く。めあての視点で記録が書かれているとよい。

子どもの活動・姿	環境の構成・保育者の援助	指導者の所感
＜登園時＞8:30～9:00 ○あいさつをする。 ・Ａ・Ｂ児はあいさつをまだしない。 ○シール帳にシールを貼る。 ・Ｄ子は、シールを反対に貼りがち。 ○カバンをかける。 ○水筒を置く。 ○タオルをかける。 ○うがい・手洗いをする。 **子どもの活動・姿を細かく列挙する。**	①全体への援助 ・一人一人に笑顔で挨拶をする。 ②個別の援助 ・所持品の始末が遅れがちの子どもを手伝う。 環境図 ○実習生の位置 入り口　□水筒置場 ・実習生は入り口の近くで待つ。 ・水筒置き場は入り口の近くに置く。	・子ども一人一人に笑顔で挨拶しているのはいいですね。ですが、視診もするようにしてください。 ・所持品の始末が遅れがちの子には、声をかけるようにして、できるだけ自分の力でできるように心がけてください。 **抜けている視点、間違っている視点を指摘・追加・補足。**
＜自由な遊び＞ 9:00～10:30 ①保育室 ○空き箱で工作 ・自分で材料を持ってくる子が多い。 ②園庭 ○砂場遊び ・物の取り合いが多い。 ③遊戯室 **活動を場所や遊びごとに列挙する。**	①保育室 ・工作に必要な物を並べておく。 ②園庭 ・砂場遊びに必要な物を準備しておく。 環境図 **活動ごとに、必要とされる環境の構成や援助を列挙する。**	・工作では、ハサミなどの使用で安全性に気をつける援助が必要です。 ・物を準備するだけではなく、遊びに誘ったり、遊びの一員になったり、さまざまな役割が保育者に求められます。もっと積極的に関わって下さい。
＜片付け＞10:30～11:00		
＜集まり＞11:00～12:00		
＜給食＞12:00～13:00		
＜自由な遊び＞13:00～14:00		
＜降園時＞14:00～14:30		

＜今日の反省と明日への課題＞
・登園時は一人の子どもにかかりきりになると、他の子どもへの援助がおろそかになりがちであり、保護者への声かけも忘れがちだった。明日は、必要最低限の手助けをするように心がけ、全体的な視野を持ちたい。

①活動まとまりAタイプの特徴とメリット

《特徴》
　一日の生活の流れを時間に沿った活動ごとに区切って線を引き、短く簡潔な言葉で書きます。区切ることによって、活動を一つのまとまりとしてとらえることができます。

《全日実習に向けて足りない部分に気付く》
　全日実習では、一日の流れを全てイメージできないと指導案が書けません。実習生は、毎日実習日誌を書いていますが、詳しく書く活動と簡単に書く活動がありアンバランスになっている場合があります。例えば、集まってゲームをする場面では詳しく書いてあるのに、給食の時間の記録はあまり取っていないなどといったことが出てきます。
　すると、実際に自分が指導するとき、どのような子どもの姿が予想され、保育者はどのような言葉掛けをすればよいのかなど全くイメージが付かなくなる場合があります。
　今までの実習日誌を読み返し、あまり自分がよく見ていなかった活動を中心に詳しく書くことで、どのようなことが起こりそうか？どんな子どもの意見が出てきそうか？自分は何をしなくてはいけないのかが見えてくるはずです。

《指導者のコメントを書くことができる》
　活動ごとに書いた記録に対して、抜けている部分を指摘することができます。子どもの活動の手順やルールとして押さえておくもの、活動に適した環境、保育者の援助など必要なもののポイントを押さえることができます。

②活動まとまりAタイプのデメリット
《実習生がマニュアル人間になる》
　書いた手順にしばられたり、逆に柔軟な対応ができなくなったりする場合もあります。当然、記録した日と実践する日は違うことを念頭に置くことを基本姿勢にします。まずは、活動に適した基本的な保育方法を身に付けることから出発して、徐々に子どもに合わせ、自分らしさを出した保育を目指します。

《用紙が足りない》
　一つの活動に関して詳しく書いていくと、一日の全ての活動を実習日誌に書くことができません。複数枚使ってもよいですが、今日は生活場面、明日は遊びの場面などよく見て記録する活動を日ごとに変える手もあります。

《指導者のコメントが大変》
　指導者の書く所が多いため負担が増えます。そこで、特に気になるところにコメントをもらうようにすればよいでしょう。

（6）活動まとまりBタイプ（様々な活動ごとに子どもの姿の特徴をとらえて書く）

月　　　日（　）天候	歳児　名　組　欠席　名

今日の実習生のめあて（実習生が主語）
・様々な活動ごとに、子どもの姿の特徴をとらえ、どのような環境の構成、援助が必要か視点を明確にして記録する。
実習生にとっての、今日のめあてを書く。めあての視点で記録が書かれているとよい。

保育室		
ままごと遊び	廃材工作	お絵描き
＜参加者＞A子、B子、C子 ＜特徴＞ 　A子がお母さん、B子はお姉さん、C子は赤ちゃん役だった。A子がずっとリーダー的に遊びを引っ張り、B子とC子は従っている感じである。 ＜課題＞ 　C子は何も言わないが、本当はお母さん役になりたい様子である。自分で伝えることができればと考える。	＜参加者＞D男、E男、F子 ＜特徴＞ 　一人一人、自分の好きなイメージで作っている。D男は飛行機、E男はロボット、F子はパソコンのイメージである。 ＜課題＞ 　D男、E男はロボットを作っているものの、全く関わりがない。関わりが生まれるように声を掛けたい。	＜参加者＞ **参加している子どもの名前を書く。** ＜特徴＞ **活動をしている子どもの姿、特徴を書く。** ＜課題＞ **読み取った課題、援助の必要性、今後の発展の予想を書く。**

遊戯室		
大型積木	巧技台でサーキット	大縄跳び
＜参加者＞ 　Q男、R子、S男、T男 ＜特徴＞ 　Q男、R子、S男が基地を作っていたところにT男が入ろうとしたら、入れない様子があった。 ＜課題＞ 　T男は、不器用で壊すのではないかと考えている様子。一緒に遊ぶには援助が必要である。	＜参加者＞ 年長児G男、H男、I子 年中児J子、K男、L男 ＜特徴＞ 　環境図 ＜課題＞ 　もう少し人が増えればドンジャンケンなどに発展するかもしれない。	＜参加者＞ 　M子、N男、O子、P子 ＜特徴＞ 　M子とN男が回す役になり、O子、P子が跳んでいた。 ＜課題＞ 　O子とP子は回すのが苦手なようでやろうとしない。M子とN男は、回すのを代わってほしい様子がある。交代でやることができるような援助が必要である。

園庭		
砂場遊び	鬼ごっこ	虫探し
上に同じ		

＜今日の反省と明日への課題＞	＜指導者の所感＞

①活動まとまりBタイプの特徴とメリット

《特徴》
　さまざまな場所で、さまざまな活動をしている子どもの姿を記録して、全体的な把握と同時に、活動ごとの特徴と課題をつかみ、今後の保育に生かすことができることが特徴です。

《自由な遊びの時間の記録に適している》
　自由な遊びの時間では、同時間にさまざまな場所で、さまざまな活動をしていることが特徴です。活動まとまりAタイプでは、時間に沿って活動のまとまりをとらえますが、同時間帯にさまざまな場所で行われる活動を記録することには適していません。
　そこで、活動まとまりを遊びごとに区分して、その参加者と遊びの特徴、課題を的確に把握していく活動まとまりBタイプのよさが生きてくるのです。

《空間的な把握ができる》
　自由な遊びの時間に子どもの活動場所をおおまかに保育室、遊戯室、園庭と分けて、空間的に把握することができます。このことで、どこでどのような遊びが行われているかという予想が可能になります。また、遊び同士がどうつながっていくのかなどの見通しも持ちやすく、保育者がどの活動に位置付き援助をすればよいのか考える手がかりになります。

②活動まとまりBタイプのデメリット

《一日の流れ全体を記録することはできない》
　時間の流れに沿って記録するわけではないので、一日全体の把握には適していません。一日全体の把握は、他の記録で行うとよいでしょう。

《一つの活動をずっと見ることができない》
　一つの活動に関して詳しく書いていると、他の活動を見ることができなくなります。保育者は活動の特徴や課題などポイントを押さえ、観察実習でしたらタイミングを見て他の場所に移り、参加・指導実習でしたら、必要な援助を終えた後は子ども自身にその後の活動を任せ、次の活動を見に行くことになります。一つの活動をずっと追う、一人の子どもをずっと追うということに適しているのはエピソード記述になります。

（7）指導案情報獲得Aタイプ（指導案を書く時に必要な情報を視点ごとに書く）

月　　　日（　）天候	歳児　　名　組　欠席　　名

今日の実習のめあて（実習生が主語）
・指導案に向けて、どのような環境の構成、援助が必要か視点を明確にして記録する。
　※　指導案で工作「パラシュートづくり」をする予定の場合。
実習生にとっての、今日のめあてを書く。めあての視点で記録が書かれているとよい。

視点 指導案に向けて必要な視点を項目ごとに挙げる。	記録（子どもの姿） 視点ごとにとらえておくべき、実際の子どもの姿を書く。	考察 記録をしての読み取り、今後の課題を書く。
＜イメージ・興味・関心＞ パラシュートのイメージを持っているか？	・テレビでパラシュートから降りた人の話を見た子どもが数名いる。 （B子とH子）	・まだ、パラシュートがどんなものかイメージを持っていない子どもがほとんどなので、絵本などでイメージを伝えたい。
＜先行経験＞ 作ったことがあるか？ 遊んだことがあるか？	・紙飛行機を折って、飛行機とばしをしている男の子が5名いる。 （A児～E児） ・パラシュートを作ったことはない。	・紙飛行機は、折ることが中心で、切って作ってはいない。 ・パラシュートの経験はないので、具体的に、上に投げるやり方などを見せながら伝える必要がある。
＜物をつくる技術＞ 必要な技術は身に付いているか？	・ハサミを使うことが苦手な子がいる。（G男、I子）	・パラシュートの本体はビニールで作る予定のため、ハサミで切りにくいことが予想される。G男とI子には側で手助けが必要になる。
＜人間関係＞ 友達と関わりながら作れそうか？	・Aグループは、いつもT男が作り方が分からない友達に教える姿がある。 ・Bグループは、物の貸し借りでいつもトラブルが起きやすい。	・Aグループは、友達で教える姿が見られるので、必要に応じて関わる。しかし、Bグループは、物の貸し借りの場面では保育者が仲介役として入ることを想定しておかないといけない。
＜遊びの発展＞ パラシュートを作って、どんな遊びが展開できそうか？	・紙飛行機飛ばしでは、どれだけ遠くに飛ばせるか競い合っている姿がある。	・パラシュートでは、どれだけ高く飛ばせるか、ねらったところに落とせるかなどの遊びの発展が生まれそうである。
＜今日の反省と明日への課題＞ 指導実習に向けての課題を書く。	＜指導者の所感＞ 抜けている視点、間違っている読み取りなどについて指導。	

①指導案情報獲得Aタイプの特徴とメリット

《特徴》
指導案を書くときに必要な情報を視点ごとに書くことが特徴です。何を記録するかが大変明確なことも特徴です。

《指導案に必要な情報を網羅できる》
他の実習日誌では、基本的に目の前で起こったことをありのまま記録していくことが基本になります。これでは、実習のめあてがあるとは言え、指導案に必要な情報が必ずしも記録されているとは限りません。
指導案を書いて行う活動に必要な情報をあらかじめピックアップして、その情報が得られるような視点を決めて記録をすると、抜けや不足がなくなります。

《指導案に書く内容が根拠のあるものに》
指導案に必要な情報が実習日誌に記録されており、それをもとに、指導案を書くのですから、思いつきや漠然としたイメージで子どもの姿や保育者の援助を書くことが少なくなります。
　例　指導案を書いて工作をする場合。
　　→　必要な情報の一つとして、ハサミの経験、技能を知りたい。
　　→　視点をつくり、記録。
　　　　20人中18人はハサミが自分で使える。A児とB児は手助けが必要。
　　→　指導案で、ハサミを使う場面では、A児・B児の側で、必要に応じて手助けする。

②指導案情報獲得Aタイプのデメリット
《視点以外の子どもの姿が抜け落ちる》
あくまでも指導案に必要な情報を獲得することが目的なため、視点以外の部分は記録されません。例えば、指導案が工作活動だとしたら、運動面、音楽面の姿はあまり必要ないと考え、記録されない可能性が高まります。極めて小学校の教科的な評価に近い記録になっていきます。（国語の時間に算数的な評価をしないのと一緒）

《見えにくいものを見落としがち》
あくまでも活動をするために必要な情報をとらえるので、見えやすい姿のみの記録になります。例えば、表情、しぐさ、つぶやき、会話、場の雰囲気などの、ありのままの姿を記録しておくと、その時は意味がわからなくても、後々の子ども理解につながる場合がありますが、直接指導案の活動と関係があると判断できないため、記録に残りません。

（8）指導案情報獲得Bタイプ（指導案を書く時に必要な個々の情報を得る）

月　　　日（　）天候	歳児　　名組　欠席　　名

今日の実習のめあて（実習生が主語）
・指導案に向けて、・特に体力的な面と意欲の面から一人一人の個性をとらえ、必要な援助について考える。　※　指導案で「鬼ごっこ」をする予定。 **実習生にとっての、今日のめあてを書く。めあての視点で記録が書かれているとよい。**

子どもの氏名 指導実習で対象となるクラス全員の氏名。イニシャルでも可。	記録（子どもの姿） 指導案に向けてとらえておくべき、実際の子どもの姿を書く。	考察 **記録をしての読み取り、指導案に向けての課題・援助の必要性を書く。**
A・K（女） あさだ・かなこ	<体力面> 　とても活発で、体を動かすのが大好き。 <意欲面> 　新しいことにもどんどん挑戦するタイプ。	鬼ごっこにも、積極的に取り組むと予想される。
D・I（男） だいもん・いつき	<体力面> 　体が小さく、病気がちなので、運動は苦手。 <意欲面> 　「疲れた。もう休みたい」というのが口癖になっている。	運動は苦手で途中でやめることが多いが、鬼ごっこには興味がありそう。この機会に体を動かす楽しさを知ってほしい。
Y・R（男） よしだ・りょういち	<体力面> 　活発で、足も速く、よく追いかけごっこをしている。 <意欲面> 　自分なりの発想を友達に伝える姿がよく見られる。	鬼ごっこのルールの追加など、自分の意見を出してくれるのではないかと期待している。
	以下同様	

<今日の反省と明日への課題> 指導実習に向けての課題を書く。	<指導者の所感> 子どもに対して間違っている読み取りなどについて指導。

①指導案情報獲得Bタイプの特徴とメリット

《特徴》
　指導案を書くときに必要な子ども一人一人の個性や興味・関心など必要な情報を書くことが特徴です。一人一人を丁寧にとらえた上で、必要な援助を考えていくことができます。

《指導案に必要な個々の情報を網羅できる》
　他の実習日誌では、全体的な様子、偶然見た子どもの姿、目の前にいる子どもの姿、意図的に設定する対象児などをとらえることは得意ですが、全ての子どもを一人一人見ていくためには不十分な面が多いと思います。
　特に実習生は自分の所に話しかけたり寄ってきたりする子どもとのかかわりは多いのですが、自分で遊びを進めていける子ども、かかわりを避けている子、おとなしく目立たない子は抜け落ちがちです。
　指導実習では、全体を見渡しつつ、個々への配慮もする目が必要です。個々の特徴をよくつかみ、臨む必要があるのです。

《指導案に書く内容が根拠のあるものに》
　指導案情報獲得Aタイプと同様に、指導案に必要な個々の情報が実習日誌に記録されており、それをもとに、指導案を書くのですから、思いつきや漠然としたイメージで子どもの姿や保育者の援助を書くことが少なくなります。

②指導案情報獲得Bタイプのデメリット

《視点以外の子どもの姿が抜け落ちる》
　指導案情報獲得Aタイプと同様に、指導案に向けての視点があればそれ以外の姿は抜け落ちがちです。ですが、指導案に向けてという目的を外して、一人一人をよく理解することを実習のめあてとすれば、自由に一人一人の個性を記述することができます。

《全ての子どもの姿をなかなか追えない》
　一日で全ての子どもの姿を書いていくことは難しいと思います。特に参加実習になってくると、子どもとのかかわりが中心課題となってきます。そこで、日ごとに記録をとる子を変えていき、一日〇人と決めて取り組む方法があります。何日かかけて全ての子どもを網羅します。
　また、観察に専念できる時間を作るのも手です。実習生は給食を早く食べ終わり、空いた時間を担任保育者と相談して一人一人の特徴を記録する時間にするといった工夫もあります。

●実習日誌下敷き用罫線（太）

第2章

実習日誌の基本的な書き方
〜作成のポイント〜

1 今日の実習のめあて
2 実習中何を見るか？
3 実習中の記録の仕方の実際
4 実習日誌の作成
5 実習日誌の提出と返却

① 今日の実習のめあて

ポイント！ まず、今日の実習のめあてを持つ

　まず、実習前に、今日の「実習のめあて」を持ちましょう。そのめあてがあるからこそ、自分が保育を行う力の入れどころ、子どもを見る視点が生まれ、後からめあてに沿って実習日誌を書く時に役立ちます。

---

①実習の段階（観察、参加、指導）に応じた実習課題

　　例　（観察実習）　子どもをよく見て興味・関心をとらえる。

②前日の日誌の「今日の反省と明日への課題」「指導者の所感」から得た視点

今日の反省と明日への課題	指導者の所感
今日は、自分に声を掛けてくれる子どものことしか見ることができませんでした。 　もっとクラス全体の子どもの様子を見るようにしたいと思います。	明日からは参加実習です。自分のところに来てくれる子どもだけではなくて、積極的にいろいろな子どもに関わってみると、個性がよく見えてきますよ。

③前日、当日の朝の「打合せ」で指導を受けた視点

　　今日は、B児とC児を中心とした男の子5人が行っているヒーローごっこを中心に関わってみたらどうでしょう。最近、B児とC児の意見が食い違い、トラブルになることが多いので、一人一人の意見をよく聞き関わってください。

今日の実習生のめあて

　　例　（参加実習）一人一人の個性の違いをとらえた関わり
　　　　方をする。

実習段階ごとの実習のめあての持ち方と記録

実習段階1 観察実習

参加実習に向け、「客観的」かつ「自分自身に関わること」として子どもの姿、保育者の関わりをよくみる！（観察目標）

☆観察記録

観察実習は、客観的に担任保育者と子どもの関わりを見て学ぶ実習です。ですが注意点は、「客観的に見ること」と「第3者として見ること」は全く違うということです。

今まで学校で「教わる者」として生活してきた実習生は、実習中も、ついつい子どもと同じ立場になり遊ばせてもらっている気になりがちです。また、自分に関係のないこととして評論家のような感想を日誌に書く人がいます。しかし、観察していることは、「他人ごと」ではありません。次の参加実習で、あなた自身が子どもと関わる手がかりを得るための「自分自身のこと」なのです。

子ども一人一人が何を思って行動をしているのかという内面まで読み取ること、担任保育者はどのような「意図」をもって子どもと関わっているかという援助の理由などをしっかりととらえ、「もし、自分が子どもと関わる立場になったらどうする」と常に考えてめあてをもち、記録をするように心がけましょう。

○観察実習のめあて例

＜施設理解＞

①一日の生活の流れを知る　②園環境の工夫について学ぶ　③園具や遊具、教材の活用の仕方について学ぶ　④施設の職員構成を理解しその役割について知る、など。

＜子ども理解＞

①子どもの名前と顔を覚える　②子ども一人一人の発達や個性をとらえる　③0歳児なりの姿をとらえ発達を理解する　④異年齢の中で、年齢ごとの発達の違いや関わり方を学ぶ　⑤気になる子など対象児を決めて必要な援助について学ぶ　⑥一人一人の興味関心や好きな遊びをつかむ　⑦遊びの始まり方、発展の仕方、終わり方などの変化をよく見る　⑧誰とどのように関わり、遊んでいるのか、友達関係を知る　⑨基本的生活習慣が身に付いているかよく見る　⑩子どもと保護者との関係を学ぶ、など。

＜保育者理解＞

①保育者の保育のねらいを理解する　②発達や個性に合わせた保育者の声の掛け方を学ぶ　③けんかなどのトラブルの対処法を理解する　④環境の構成の工夫について学ぶ　⑤集団指導のあり方を学ぶ　⑥個別指導のあり方について学ぶ　⑦遊びの誘い方、広げ方について学ぶ　⑧保護者対応について学ぶ　⑨保育者同士の連携について学ぶ、など。

実習段階2 参加実習

指導実習に向け、担任保育者の指導のもと、自分なりのめあてをもち、具体的に子どもとどう関わりたいか？（行動目標）

☆実践記録

　参加実習は、担任保育者の指導のもと、実際に子どもと関わりながら学びます。ですから、実習のめあては、自分が子どもと具体的にどう関わるかという「行動目標」を視点として書きます。考察も、自分自身が子どもの姿をどう読み取り、なぜそのような関わり方をしたのかという「自分への気付き」が大切です。その際には自分からの一方的な関わりではなく、直にやりとりをして応答的に関わることが重要になります。

　ですが、自分だけでは一面的な見方になる場合が多いと思います。子どもの読み取りや援助のあり方を、違った視点で考えてみたり、他のやり方がなかったかなどの可能性を推測したりすることがとても大切になってきます。

　そのためには、担任保育者のねらいをよく聞いて打ち合わせをして、連携をとりながら進めることが大切です。思い込みで自分勝手な保育をしないためには、担任保育者が立案している月案や週日案などを見せてもらい、実習中にわからないことは積極的に質問することが大切です。

　参加実習中とはいえ、担任保育者の動きを観察することも大切です。良いところはどんどんまねをします。まさに「まねてまなぶ」です。担任保育者と自分の保育の違いを感じること、自分は全体の中でどう動けばよいか考えること、教えてもらったことの意味をよく考察し自分の保育に活かすことで、保育の質が向上していきます。

○参加実習のめあて例

＜自分の態度として＞
　①担任保育者と連携し確認しながら動くようにする　②報告・連絡・相談を常に欠かさないようにする　③分からないことは自分から進んで質問し、保育の改善に生かす　④子どもから学ぶ姿勢をもち、表情やしぐさを逃さずとらえるようにする、など。

＜子どもとの関わり方＞
　①自分から積極的に子どもと関わり、声を掛けるようにする　②子どもの遊びに一員として参加し、楽しさを共有するよう心がける　③実習生から全て遊びを提案するのではなく、子どもの発想を生かすように心掛ける　④子ども一人一人の発達に合った声のかけ方、関わり方を工夫する　⑤子どもの興味関心をとらえ、応答的な関わりに心がける　⑥子どもの思いを受容し、共感的な関わりをするように心掛ける　⑦子どもと一緒に話し合いながら、良いこと悪いことの区別を伝える、など。

実習段階3　指導実習

指導案をもとにした実習（部分実習・半日実習・全日実習）、今まで以上に自覚と責任をもち、子どもに何を育てたいのかというねらい、どのような経験をしてほしいのかという内容をよく考える。（指導案のねらい・内容に沿った目標）

☆実践記録

　指導実習は、指導案をもとに実習生が保育を担当する実習です。一日のうち、手遊び・歌遊び、絵本、紙芝居、パネルシアターなど、一部分のみの活動を担当する実習を部分実習と呼びます。この部分実習を何回か経験した後、午前・午後どちらかを半日担当する半日実習を経て、一日全てを担当する全日（責任）実習になります。ここでは、実習生自身が「保育者としての自覚と責任感」を持ち、めあてにすることが求められます。
　部分実習では、自分が担当する時間の保育のねらい・内容をもとにしてめあてをもつとよいでしょう。半日・全日実習では、半日・一日全体を見通しためあてにします。
　考察では、子どもの育ちをとらえる視点と同時に、保育者（実習生）自身を振り返る視点がとても大切になります。まさに、観察実習、参加実習で得た学びを総動員して全日実習を担当するのです。

○指導実習のめあて例

＜部分実習＞
①手遊びやゲームのときには、声の抑揚に気を付け、身振り手振りなどを交えるなど工夫する　②全体への声掛け、グループ・個人への声掛けの違いを意識して保育する　③子どもたちの集中力が途切れないような話し方を工夫する　④子どもの興味や発達に合った教材を提示して遊びを進めていくようにする　⑤遊びの始め方と終わり方がはっきりと分かるように子どもに伝える　⑥導入・展開・まとめの流れを基本にしながらも、子どもの姿に合わせて臨機応変に対応する　⑦子どもから出てきた意見や発想を生かすことで、クラス全体でごっこ遊びが展開できるようにする、など。

＜半日・全日実習＞
①子どもに育てたいねらいをしっかりと持ち、保育するように心掛ける　②衛生安全面などに注意し、子どもが安心して一日を過ごせるように気を付ける　③活動と活動のつながりや子どもが移動する場面に留意し、子どもがスムーズに一日を過ごせるように心掛ける　④担任保育者の助言を得ながら、責任感をもって子ども一人一人に合った保育を展開する　⑤一人一人が明日への期待感をもつことができる保育に心がける、など。

実習日誌の基本的な書き方●第2章

② 実習中何を見るか？

お悩みレスキュー！ 「何を見ればいいの？」→視点ごとにメモすればOK

　実習生が実習日誌を書けない理由の1番目が、「何を見ればよいか分からない」ということです。漠然と見ても全く記録することができません。そんなときは、「これを書く」という視点をもっているとそれについて書くことができます。以下に視点ごとの書き込み式で記録をとる方法を伝えます。

1．子どもの活動を時系列でとらえる

　実習日誌のタイプで一番多いのが時系列で一日の流れを記録するタイプです。子どもたちの一日の活動を記録するポイントは以下の通りです。

ポイント！ 子どもの活動を分類する

（1）一日の生活を大活動のまとまりでつかむ

　登園、自由な遊びの時間、片付け、集まり、給食、午睡、降園など活動の大きなまとまりを大活動として、一日の生活のおおまかな流れをつかみます。このおおまかな流れをつかむときには、施設要覧の一日の流れや、クラスのデイリープログラムを参考にします。
　その大活動のまとまりごとに、どんな活動をしているか記録します。

（2）大活動を小活動に分ける

　例えば給食であれば、おおまかに準備、食事、片付けの3つに分けることができます。もっと詳細にしたければ、給食当番・係の動き、机・いす並べ、台ふき、手洗い、「いただきます」の仕方、食事のマナー、「ごちそうさま」の仕方、片付けなど、子どものしていることを順番にメモしていきます。

（3）毎日決まっている活動の流れをつかむ

　生活面などでは、ある程度決まった手順が決まっています。流れをルール化しているところもあります。その流れが分かればすらすら書けるようになります。

(4) いつもと違った流れをチェック

実習も中盤になり慣れてくると、デイリープログラムどおりに生活が流れているように見えて、毎日繰り返し同じことを書いてしまいます。そんなときには、いつもの流れと少し違ったと感じたところを中心に記録しましょう。その日だけの特別な記録になります。

例　通常：①登園→②自由遊び　　行事がある日：①登園→②集まり　になるなど

(5) 一日の流れのつかみ方（子どもの活動編）

大活動（例）	小活動（例）	子どもの姿を見るポイント　→　考察へ
1. 登園（所）	※子どもの身の回りの始末の仕方、活動を書く。 ①挨拶をする ②シール帳にシールを貼る ③連絡帳を出す ④帽子、カバンをかける ⑤タオルをかける ⑥うがい・手洗いをする ⑦係や当番の仕事をする	①送迎は誰か（父母？祖父母？） ②園バス利用の有無（時間差など） ③保護者の様子（子どもとの離れ方、関わりの仕方など） ④登園時間の差（園との距離、遊びへの入り方の違いなど） ⑤身の周りの始末の仕方（早いか遅いか、丁寧かおおざっぱかなど） ⑥係や当番の様子（飼育、栽培など）
2. 自由な遊び	※場所ごとにどんな遊びがあるかつかむ。 ＜保育室＞ ①ままごとをする ②廃材で工作をする ③絵を描く ④粘土・ブロックで遊ぶ ＜遊戯室＞ ①巧技台を出して、ドンジャンケンをする ②大縄跳びをする ③大型積木で基地を作る ＜園庭＞ ①砂場で山を作る ②虫を探す ③草花で色水ジュース作りをする ④おにごっこをする ⑤ブランコをこぐ ⑥滑り台を滑る ⑦鉄棒をする、など	①場所ごとの遊びの種類 　感覚遊び、ものづくり、ごっこ、ルールのある遊び、協同的な遊び ②遊びの参加メンバー 　一人遊び、平行遊び、グループ、集団 ③男女の遊びの違い ④遊びメンバー内の人間関係 　リーダー的存在、対等？　服従？　意見を言えているかなど ⑤晴と雨の日の違い ⑥年齢ごとの遊びの違い ⑦活発な遊びが好きな子どもと、静かな遊びが好きな子どもの違い ⑧どんなことが好きか、イメージや興味関心 ⑨遊びの中で何を一番魅力的に感じているか ⑩一人一人の道具の扱い方 ⑪一人一人の体の動き、器用さ ⑫素材の使い方、発想の仕方

大活動（例）	小活動（例）	子どもの姿を見るポイント　→　考察へ
3. 片付け	※場所ごとの片付けの仕方を押さえる。 <保育室> ①自分の物を片付ける ②ゴミを拾って捨てる ③ほうきで掃く <遊戯室> ①巧技台を片付ける ②友達と一緒に片付ける ③縄跳びを縛る ④大型積木を片付ける <園庭> ①砂場道具の砂を洗う ②砂場道具を分類して片付ける ③裸足の子は足を洗う ④泥がついた服を着替える	①場所ごとの片付けの場所 ②片付け道具がどこにあるか ③子どもがどのように片付けをしているのか（丁寧、適当、使っていないふりをして片付けないなど） ④友達と協力して片付ける姿 ⑤片付けにはどれだけ時間がかかるか ⑥片付けのことを子どもたちは好きか嫌いか ⑦片付けたらきれいになってうれしいという気持ちをもっているかどうか ⑧自分が使った物以外でも片付ける姿が見られるか ⑨砂や泥だらけになった場合の服の始末はどうしているか ⑩裸足の子どもは足をどうやって洗っているか
4. 集まり	※どのように集まるのか形態や約束を知る。 <集まり方> ①椅子を持って集まる ②お山座りで座る ③先生の前に円になって集まる ④グループごとに集まる ⑤年下の子が前、年上の子が後ろに座る（縦割り） ⑥床に貼ったビニールに沿って座る <話の聞き方> ①保育者の話を静かに聞く ②一人一人意見を言う ③質問をする <活動の仕方> ①みんなで歌を歌う ②グループに分かれて話し合う ③好きな人とグループになる <実際の活動> ①〜を作る、歌う、遊ぶ <終わり方、まとめ> ①使った物を片付ける ②友達と協力して片付ける	①どのような形態で集まっているか（保育者の話を聞く形態？子どもたち同士が話し合うための形態？） ②椅子に座るときはどんなときか ③椅子の持ち方は正しいか ④集まるときのグループは決まっているか ⑤集まるための目印などがあるかないか ⑥保育者の話を最後まで静かに聞いているか ⑦保育者の話の中で、一番子どもたちが集中していた場面はどこか ⑧話を聞かない子、途中で他の所に行く子、部屋を出ていく子、友達と話し出す子はいるか ⑨一人一人意見を言えているか ⑩どんなことを不思議に思って質問しているか ⑪保育者の話を理解しているか ⑫活動に対して意欲が高まっているか ⑬生き生きと活動しているか ⑭なかなか技能が追いつかない子どもや、途中で活動に飽きる子どもはいるか ⑮早くできた子どもなどは何をするか ⑯使った物をきちんと片付けているか ⑰友達と協力する姿があるか

大活動（例）	小活動（例）	子どもの姿を見るポイント　→　考察へ
5. 給食	※給食の手順を知る。 <準備> ①給食の準備をする ②手を洗う。マスクをする ③グループごとに机と椅子を並べる ④グループの給食当番が台ふきをする ⑤一人一人自分が食べられる量を盛りつける <食事> ①「いただきます」をして食べる ②マナーを守って食べる ③正しい姿勢で食べる <片付け> ①食べ終わった子どもから給食を片付ける ②「ごちそうさま」をする ③机、椅子を片付ける ④歯磨きをする	①きちんと手を洗っているか ②給食当番は自分の仕事をしているか ③きちんとすみずみまで台ふきができているか ④一人一人が自分の食べられる量を把握し、適度な盛りつけ方をしているか ⑤栄養バランスについて意識しているか ⑥どのようなグループで給食を食べているか（好きな人、決まった人） ⑦箸の持ち方、お椀の持ち方などのマナーは身に付いているか ⑧こぼしたり、汚したりしたときはどのようにきれいにしているか ⑨好き嫌いなく挑戦して食べようとしているか ⑩どんな雰囲気があるか ⑪給食の片付けとして、食器の分類、残菜の始末の仕方 ⑫感謝の念をもっているか ⑬正しいブラッシングの仕方を身に付け歯磨きをしているか
6. 排泄	※排泄の時間の手順を知る。 ①トイレに行く ②ズボンを脱ぐ ③パンツ、おむつを脱ぐ ④排泄する ⑤排泄の始末をする ⑥汚した場合は自分で始末する ⑦水を流す ⑧パンツ、おむつを履く ⑨ズボンを履く	①排泄の感覚の有無 ②ズボンの着脱の仕方 ③パンツやおむつの着脱の仕方 ④脱いだおむつの始末 ⑤水の流し方 ⑥おむつ着脱のときの機嫌
7. 午睡	※午睡の手順を知る。 ①布団を敷く ②服を脱いで畳む ③パジャマを着る ④午睡 ⑤起きる ⑥布団を片付ける ⑦パジャマを脱ぎ服に着替える	①布団の敷き方を把握しているか ②服を脱ぐときに裏返しになったときにどうしているか ③服をきちんとたたむことができているか ④パジャマのボタンを止めることができているか ⑤寝付きが良いか悪いか ⑥目覚めは良いか悪いか

大活動（例）	小活動（例）	子どもの姿を見るポイント　→　考察へ
8.降園（所）	※降園の手順を知る ①カバンにタオルを入れる ②連絡帳をカバンに入れる ③お便りをもらってカバンに入れる ④カバンを肩にかける ⑤帽子をかぶる ⑥お山座りで座って集まる ⑦保育者の話を聞く ⑧「さようなら」をする	①一人一人忘れ物はないか自分で確認しているか ②降園の準備はどのようにしているか ③保育者の話を最後まで聞いているか ④明日への期待感をもって降園しているか

2．保育者の環境の構成や援助を視点ごとにとらえる

（1）担任保育者の援助の意図を理解し、自分ができる役割を理解して実行する視点

　まず、担任保育者の動きをよく見ることが大切です。どの年齢でも必要ですが、特に0、1歳児では、子どもの動きを見ることよりも、担任保育者の動きをよく見て学ぶことで、一日の流れや必要な援助が見えてきます。保育所では、養護（生命の保持及び情緒の安定を図るため保育士等が行う援助や関わり）を重視しているためです。

　一通り観察し終えたら、必要と思われることをどんどん手伝います。補助が必要なところをすばやく察知したり、自分から何をすればよいか聞いて動いたりすることが大切です。そして、手伝ったこと、補助したことを「実習生の動き」として記録していきます。すると、自然に複数担任の役割分担についても学ぶことができます。

　動きながら、手伝いながら学ぶことは、参加実習以降とても重要です。やってみて初めてわかることもたくさんあるからです。慣れてくると、担任保育者が実習生に期待する動きも察することができるようになってきます。そうなると安心して担任保育者も実習生に保育を任せることができるようになってくるのです。

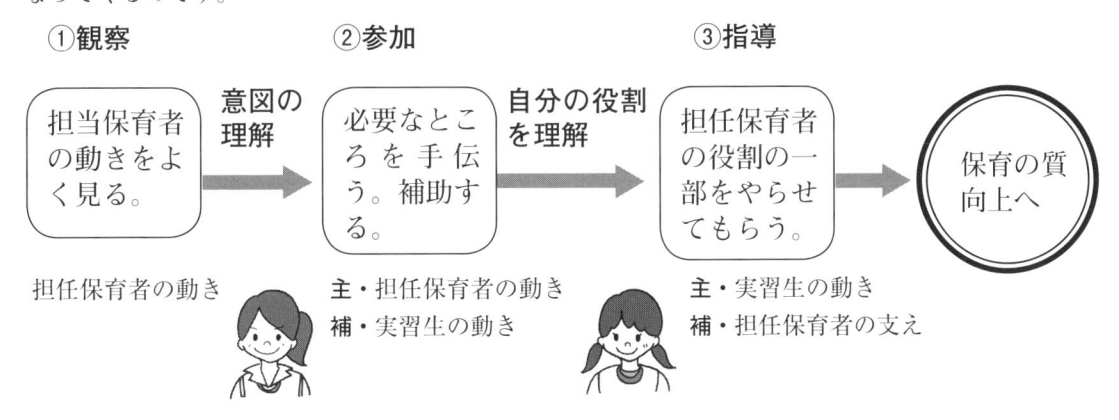

①観察　　　　　　②参加　　　　　　③指導

| 担当保育者の動きをよく見る。 | →意図の理解→ | 必要なところを手伝う。補助する。 | →自分の役割を理解→ | 担任保育者の役割の一部をやらせてもらう。 | → | 保育の質向上へ |

担任保育者の動き　　　　主・担任保育者の動き　　　主・実習生の動き
　　　　　　　　　　　　補・実習生の動き　　　　　補・担任保育者の支え

ポイント！　よくある実習生の間違い

a．**「観察実習だから、関わりません」**
　→積極的に関わりながら見えてくることが多いのです。一般的に観察のみの実習はごく初期の段階で実施し、すぐ参加実習になるところがほとんどです。関わりながら見る方法を身につけることが大切です。

b．**「子どもとの関わりは好きですが、手伝いは雑用だからしたくありません」**
　→子どもと直接関わることだけが保育者の役割ではありません。環境の構成がとても大切です。実習というと「子どもと実際に遊ぶことができる」というイメージしか持っていない人がいますが、あくまでも子どもの育ちを支える場所が現場です。そのために必要なこと全てを学ぶ姿勢が必要です。

(2) 子どもの活動の変わり目に注目する視点

　活動が変わる節目ごとに必ず保育者は援助をしているはずです。変わり目の前後に特に注意して記録するとよいでしょう。そのように見ていくと、次に起こりそうなことを予測する目が育ちます。以下に基本的な保育の流れを示し、必要な援助を書きます。担任保育者がどのような意図で援助をしているか、また、しようとしているかを考察する手掛かりになるでしょう。

①設定保育の流れ（全体が中心）※援助は全体から個別へ

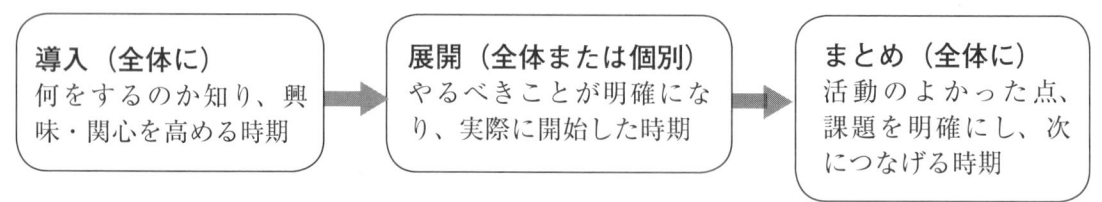

導入（全体に） 何をするのか知り、興味・関心を高める時期	→	展開（全体または個別） やるべきことが明確になり、実際に開始した時期	→	まとめ（全体に） 活動のよかった点、課題を明確にし、次につなげる時期
・集める前の準備 ・スムーズな集め方 ・わかりやすく楽しい話し方 ・活動目的の提示の仕方		・声かけ・励まし・手助け ・個人差への対応 ・活動のめりはりのつけ方 ・意欲が持続するしかけ		・集め方・個人差への対応 ・評価の仕方 ・話し合いの仕方 ・次回への期待の高め方

②自由遊びの流れ（個・グループが中心）個々がつながり集団へ

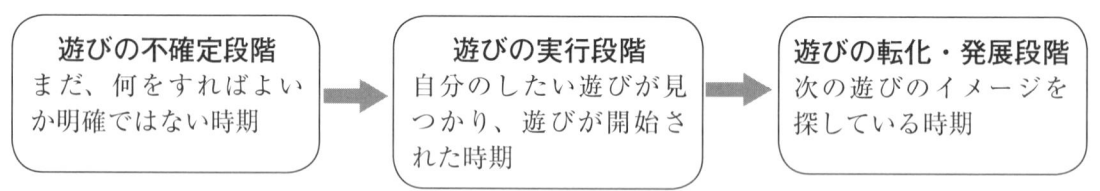

遊びの不確定段階 まだ、何をすればよいか明確ではない時期	→	遊びの実行段階 自分のしたい遊びが見つかり、遊びが開始された時期	→	遊びの転化・発展段階 次の遊びのイメージを探している時期
・興味・関心のとらえ方 ・ヒント・提案・例示 ・伝え方・誘い方 ・イメージの明確化		・声かけ・励まし・手助け ・受容・共感・寄り添い ・仲立ち・見守り・阻止 ・評価・認め方・広め方		・活動の補足 ・意識のゆさぶり ・偶然の生かし方 ・イメージの拡大、など

ポイント！　よくある実習生の間違い

a．「設定保育で子どもの立場になってしまう」
　→　保育者としてどうするかではなく、保育を受ける子どもになって自分も遊んでしまうと、次に生かすことはできません。担任保育者の援助の意図を読み取ることが大切です。

b．「自由遊びで何をすればよいかわかりません」
　→　特に年長組になると、子どもたちだけで遊びを進めていきます。保育者の役割を意識していないと、何も得ることがなく終わります。保育のねらいや視点を明確にしましょう。

(3) 活動ごとの環境の構成を読み取る視点

　活動が変わるごとに環境も変わるので記録します。素材・教材・道具の種類、数、配置、出し方・片づけ方のタイミング、見せ方、隠しかた、保育者や子どもの位置などを、環境図にしておくと後で振り返りやすいです。

　また、環境には保育者の意図が込められています。例えば、「子どもが主体的になるように」、「子どもが動きやすいように（動線に合わせて）」、「子ども同士のつながりが生まれるように」などです。環境図と同時に保育者の意図を「～するために～置いておく」などと書いて記録しておくと、自分が保育をするときに役立ちます。なぜ、その場所にこの物が置いてあるのかという「理由」を知ることが大切です。また、天候によって物の配置が変わってくるときもありますので、それも記録しておくとよいでしょう。

①環境図の書き方

　物の配置だけではなく、保育者の位置も書き、そこに位置づく理由、具体的な数や置き方など工夫していることを書くことが大切です。すると、自分が保育するときに役立ちます。

```
┌──────────────────────────────────────────────────────────┐
│ 出入口                                        整理だな     │
│ 子どもが出入りしやすい                        子どもごとにシール │
│ ように普段は戸を開けておく。    ╭─────╮       と名前が貼って    │
│                            │ 保育者 │       あり、場所が決     │
│                            │登園の対応、七夕飾り工作の│ まっている。中には │
│                            │伝達のため、朝は入口の近く│ はさみと、のりが   │
│                            │に位置づく。        │ 入っていて、工作    │
│                            ╰─────╯       で自由に使えるよ    │
│ シール帳を貼る場所                            うにしてある。      │
│ 登園したことを意識できるよ                                    │
│ うに、出入口の近くにある。                                    │
│                       ╭──────────────╮                │
│                       │ 机                      │                │
│                       │（みんなにしてほしい活動なので、目│        │
│                       │立つ場所に配置する）         │                │
│                       │登園した子どもから、七夕飾りを作ること│      │
│                       │ができるように、材料を用意してある。人│      │
│ コップはぶらし置場     │数が増えたら増やす。          │                │
│ 使いやすいように       ╰──────────────╯                │
│ 洗面所の近くにある。                                         │
│                                                              │
│ 洗面所                                                       │
│                                            ╭─────╮        │
│                                            │ままごとコーナー│   │
│                                            │じゅうたんを敷き、ままごと││
│                                            │コーナーであることを明確に││
│                                            │する。落ちついて遊べるよう││
│        ┌──────────────┐              │に奥に配置する。   │      │
│        │ 園庭への出入り口      │              ╰─────╯        │
│        │七夕飾りを作ってから外に出ることにするた│                   │
│        │め、朝は閉めておく。      │                                  │
│        └──────────────┘                                      │
└──────────────────────────────────────────────────────────┘
```

②物的環境のとらえ方

・いつもある物は何か？

　毎日の生活に必要で使うものは、位置が頻繁に変わると、とても使い勝手が悪くなります。使用頻度や子どもの動線をとらえて、使いやすさから位置を決めてあるのです。

　また、いつも同じ遊びのコーナーが用意してあると、子どもの心に安定性が生まれます。「幼稚園・保育所に行けばあの遊びができる」というイメージができるからです。

・その時、その活動で特別な物は何か？

　逆に、いつもと違ったものが用意されると、新奇性があり、子どもの興味・関心が高まり、意欲が増します。活動に一番適した素材・教材を用意することはとても重要です。

・なぜ今その場所にあるのか、理由、必然性は何か？

　物は、ただあるだけでも子どもの動きや心に影響を与えます。本当に必要なものなのか、他に適したものは無いのか、適切な位置に適切な数で置いてあるか考えましょう。

・活動ごとの変化

　人数による数の増減、活動に適した素材、道具の違いをとらえるようにしましょう。

・物を使用するルール、片づけ方

　物を使うときには保育者に許可を得るのか、自由に使うのかなどを把握する必要があります。また、置き場所、片づけの仕方、貸し借りの仕方などのルールを把握しましょう。

・発達年齢やねらいによる違い

　発達年齢やねらいによって、物の配置や数は違ってきます。人数分用意してあると一人一人の活動量が保障されます。数人・グループに1個ずつだと、貸し借りする動きがあります。

・場所のつくり方

　スペースの取り方（登園時、遊びの時間、集まりの時間、給食、午睡、降園時の違い）コーナーの作り方（関わる人数による違い、しきる？つなげる？広くする？）机・椅子の並べ方、座り方（誰と座るか、グループ分け、一斉活動、話し合いの形）

・時間配分のとらえ方

活動に必要な時間の予測

活動と活動のつなぎ方（前の活動の片づけ、次の活動への準備）

活動の様子から判断した延長・短縮

③人的環境のとらえ方

・担任保育者の位置

　保育者はいるだけで子どもに影響を与えます。側にいるだけで安心したり、逆に監視されたりするように感じることもあります。誰に対して（全体？　個人？）、どんな援助をしたいのか（ねらいは？）考え、すぐに援助しやすい距離、逆にあまり影響を与えず見守ることができる距離などをつかみましょう。

・担任保育者は立っているか座っているか

　全体指導時、個別援助時で全く違ってきます。全体指導時で子どもからよく見え、声も通るようにしたいと考えるのであれば、当然立ちます。前の子ばかり相手にするのではなく、前後左右の全体を見渡して話すことが必要です。ですが、集まりの時間でも、子どもたち同士が主体的に話し合う場面では、保育者が座っていた方がよいでしょう。威圧的にならず、子どもたちは意見が言いやすくなるからです。また、個別援助のときはできるだけ目線を下げて関わったほうが、素直に話すことができます。立つと目立ち威圧的で影響を与えやすく、座ると目立たなく影響が小さくなるというこです。

・担任保育者の目線・動き・タイミング

　担任保育者はどこを見ているでしょうか。同じ場所にいても、他の子や全体を見渡しているときもあるでしょう。そのようなときは、気になる子がいたり、遊びの様子や人間関係などを把握したりして、担任保育者が援助の手がかりを得ようとしているときです。

　そして、技術的な手助けをしに行ったり、ある子どもの側にずっと位置づいたり、遊びのグループに入ったりするなど、必要性を考え、タイミングよく援助をするのです。

・「自分が援助するとしたら？」と考える

　例えば、ケンカのトラブル、マナーの伝え方など自分だったらどうすればよいか対応に困ると思ったところを中心に見たり、質問したりしておくと後で必ず役立つでしょう。

・自分が見落とした保育者の意図・動き

　活動をリードする目に見えやすい援助は書きやすいのですが、さりげない保育者の援助は見逃しがちです。一日の実習が終わったとき、活動が一段落したとき、担任保育者はどのような思いだったのか質問するとよいでしょう。

　また、参加実習になると実習生自身が子どもと関わるだけで精いっぱいで、全体の動きや担任保育者の意図や配慮が全く見えていない場合が多くなります。保育は連係プレーです。簡単でもよいので、必ず担任保育者の今日の保育の感想を聞き、自分の動きについての反省を深めましょう。

④一日の流れのつかみ方（保育者の援助・配慮編）

大活動（例）	保育者の援助・配慮を見るポイント　→　考察へ
1. 登園（所）	①子ども、保護者との挨拶の仕方、迎え入れ方 ②視診・検温の仕方 ③身の回りの始末の援助 ④保護者との連携の取り方 ⑤係や当番への援助
2. 自由な遊び	①場所ごとの援助のポイント <保育室>生活と遊び両面の場、安心・安定の場 ・コーナーの作り方（机、いす、しきり、じゅうたん、たたみなど） ・素材の扱い（廃材、色紙、画用紙、段ボール、広告、新聞紙など） ・道具の扱い（テープ類、のり、はさみ、段ボールカッターなど） ・スペース（遊び・人数に適した広さ、コーナー同士のつながりなど） <遊戯室>広さが魅力、大きな遊具、運動遊び、異年齢交流などの場 ・スペースの取り方（運動量の確保、遊び・人数に適した広さ、他の遊びとの関係） ・異年齢の交流（発達年齢に合わせた援助、異年齢交流への配慮） ・大きな遊具の取扱い（危険性、安全面、協力、扱いのルール、保育者の援助の必要性など） <園庭>自然、運動遊び、異年齢交流、季節、天候、開放的空間 ・自然素材の扱い（砂・土遊び、水の扱い、木工遊び、のこぎり・かなづちなどの扱い、草花遊び、虫の扱い、虫かご、網、水槽、えさ、害虫の駆除、草むしり、砂場道具の扱い、片付けなど） ・運動遊び（スペースの取り方、ライン引き、ボール、ホイッスル、休憩場所、日陰をつくるパラソル、帽子をかぶる指示、汗の始末など） ・異年齢交流（発達年齢に合わせた援助、異年齢交流への配慮） ・季節、天候（暑さ、寒さ、季節の移り変わり、晴れ、雨の対応） ・開放的空間（お散歩の取組、高低差、広さ狭さの活用など） ②遊びの種類ごとの援助（それぞれの遊びの魅力をつかむ） ・感覚遊び（素材の魅力、五感を通じた遊び） ・ものづくり（素材、道具の扱い、試行錯誤、創意工夫、片付けの仕方） ・ごっこ遊び（イメージ把握、役割分担、話し合い、グッズ、素材） ・ルールのある遊び（ドッジボール、サッカー、おにごっこなど） ・協同的な遊び（話し合い、協力、役割分担、目的の共有） ③遊びの中の人間関係<一人遊び、平行遊び、グループ、集団> ・一人一人のペース ・じっくりと取り組める時間と場所 ・友だちとの関わり（存在に気付く、関わりたいという思い） ・男女の差 ・グループ内の人間関係（リーダー的存在、対等、服従） ・集団としての取組、まとまり ・異年齢の交流（年上、年下、お世話、思いやり、あこがれ、期待）

大活動（例）	保育者の援助・配慮を見るポイント　→　考察へ
3. 片付け	※場所ごとの片付けの仕方の援助 ＜保育室＞ ・片付け場所の分類 ・ゴミの分別 ・掃除道具の扱い ＜遊戯室＞ ・大型道具の片付けの補助 ＜園庭＞ ・砂場道具の分類、片付け ・裸足、服の始末の片付け
4. 集まり	＜集まり方＞ ・座り方（いすに座る、お山座り） ・集まり方（円になって、グループになって、年齢ごと、目印） ＜話の聞き方＞ ・聞き方、意見、質問の仕方 ＜活動の仕方＞ ・みんなで、グループで、好きな人と？ ・個人差への対応（早くできた子、時間をかける子） ＜絵本、紙芝居＞ ・雰囲気づくり ・声の抑揚、見せ方、話し方 ＜終わり方、まとめ＞ ・片付け方（声のかけ方）
5. 給食	＜準備＞ ・手洗い、マスクの徹底 ・座り方（グループ、好きな場所） ・給食当番（順番） ＜食事＞ ・楽しい雰囲気付くりの仕方 ・マナー、姿勢、落とした食べ物の始末などの伝え方 ・食べられる量・好き嫌い、食べ残しへの対応 ＜片付け＞ ・片付けのルールの伝え方 ・歯磨きの伝え方
6. 排泄	・衣類の着脱 ・ズボン、パンツ、おむつの脱ぎ方 ・排泄の仕方（おしりの拭き方） ・汚した場合の始末

大活動（例）	保育者の援助・配慮を見るポイント　→　考察へ
6. 排泄	・排泄の感覚の伝え方 ・衣類の着脱への援助（裏返しへの対応、自分の力で）
7. 午睡	①午睡の手順の把握 ②布団の扱い（敷き方、片付け方）誰が扱うのか ③衣類の始末（着脱への援助、ボタンの付け方、裏返し、たたみ方） ④眠りへの誘い方（個人差への対応）
8. 降園（所）	①降園の手順の把握 ②連絡帳、お便りの配り方 ③集め方 ④忘れ物の確認の仕方 ⑤明日への期待感の高め方

3 実習中の記録の仕方の実際

ポイント！ メモは、許可を得て、実習段階に応じて使い分け

1. 観察実習

子どもと関わることがないので、記録に専念できます。保育者の意図、子どもの行動の裏にある内面（気持ち）を読みとるように心掛けます。

言葉、表情、視線、取り組む様子なども記録するとよいでしょう。

（1）バインダー

観察実習中は、バインダーに用紙を挟んだものが一番使いやすいでしょう。バインダー使用の許可を得ることができれば使用させてもらってください。時系列に沿って枠が用意してあるもの、環境を書き込むものなど、いろいろなタイプがあります。初めは慣れないと思いますが、実際に記録する実習日誌と同じ形式をコピーして使えば、後でメモをもとに簡単に清書できます。

①バインダーに挟む記録用紙

（時系列記録）時間の流れに沿って進む「設定保育」の時間に使いやすい

月　日（　）曜日	天候	歳児　　名　　組 欠席　　　　　名
時間	環境の構成	子どもの活動	保育者の援助・配慮	実習生の動き・気付き

時間	環境の構成	子どもの活動	保育者の援助・配慮	実習生の動き・気付き
10：00〜10：30	環境図	○「ももたろう」の紙芝居を見る。 ・保育者の前にグループごとにお山座りで座る。 ・紙芝居を見る。	・紙芝居を見ることを全体に伝え、集まるように促す。 ・全員が座ったことを確認してから紙芝居を読む。	・子どもたちが全員集まってから紙芝居を始めているのは、保育者の話を聞く姿勢を身につけてほしいという思いからだと思った。

② （環境型記録）様々な場所で遊ぶ「自由な遊び」の時間に使いやすい

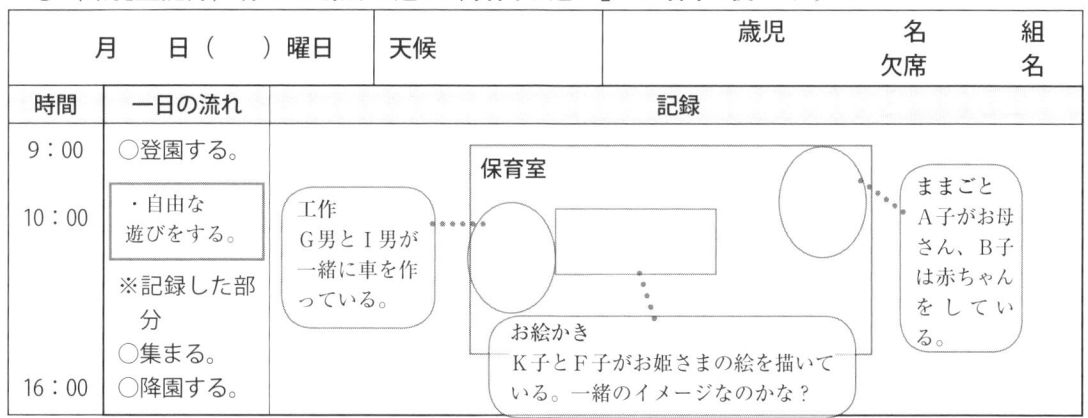

月　日（　）曜日	天候	歳児　　名　　組 欠席　　　　　名

時間	一日の流れ	記録
9：00	○登園する。	保育室 工作　G男とI男が一緒に車を作っている。 お絵かき　K子とF子がお姫さまの絵を描いている。一緒のイメージなのかな？ ままごと　A子がお母さん、B子は赤ちゃんをしている。
10：00	・自由な遊びをする。 ※記録した部分 ○集まる。	
16：00	○降園する。	

③（遊びの変化記録）時間に沿って遊びや参加する子どもの変化を追うもの

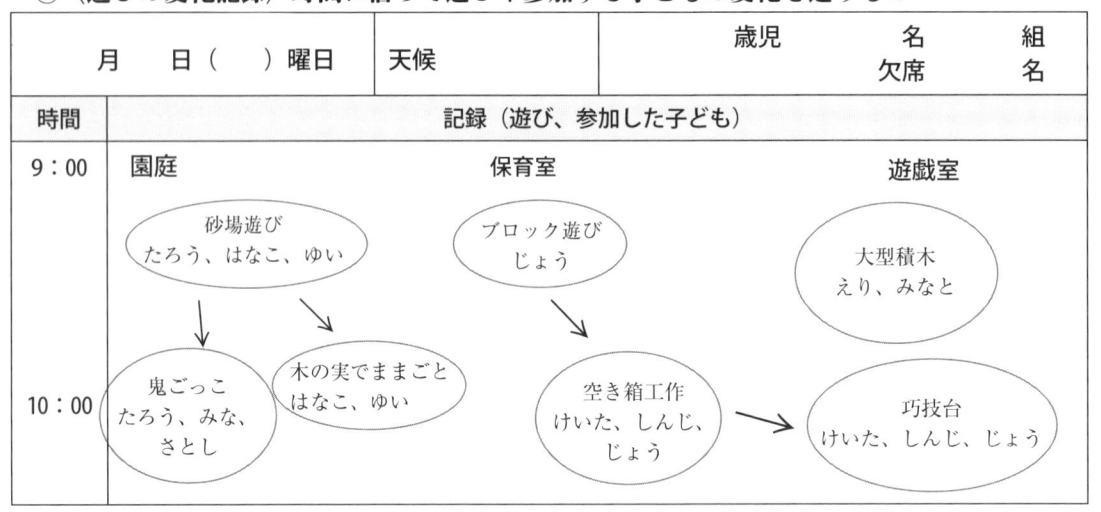

月　　日（　）曜日　天候	歳児　　　名　　　組
	欠席　　　　　　　　名

時間	記録（遊び、参加した子ども）
9:00 10:00	園庭　　　　　　　　　　　保育室　　　　　　　　　　遊戯室 （砂場遊び　　　　　　　（ブロック遊び　　　　　　（大型積木 　たろう、はなこ、ゆい）　　じょう）　　　　　　　　　えり、みなと） 　　↓　　　　↓　　　　　　　　↓ （鬼ごっこ　　（木の実でままごと　　（空き箱工作　　　　　→（巧技台 　たろう、みな、　はなこ、ゆい）　　　けいた、しんじ、　　　　けいた、しんじ、じょう） 　さとし）　　　　　　　　　　　　　じょう）

2．参加実習・指導実習

　子どもと関わることが中心です。記録は、合間を見て短時間で簡単に書きます。メモ禁止の所もあります。

（1）メモ帳

　3歳未満児実習の場合は、観察実習中でもバインダーは大きく目立つのであまり使用しません。使うことができてもメモ帳だと思います。3歳以上の実習でもすぐに参加実習になることが多いので、バインダーを使う機会は少ないかもしれません。

　そのようなときには、ポケットにも入るようなメモ帳がお勧めです。許可を得て有効に活用しましょう。時間が空いたとき、休憩時間を利用してポイントを簡単にメモします。

　メモ帳の書き方は自由です。先ほどの用紙の例を参考にしたり、気になる姿を箇条書きでエピソード風に書いたりするなど、後で実習日誌に生かしやすいように工夫してください。

（エピソード風）に書いた場合

○月△日（　）曜日　天候　晴　○クラス　　「砂場遊び」
・A児、B児、C児が砂場で遊んでいる（3人はいつも一緒にいることが多い）
・A児「B、C穴を掘ってくれよ」（少し偉そう）
・B児うれしそうに「わかった」、C児無言で山を作っている。（聞こえていないのかな？）
・A児「穴掘ってよ」（怒ったように）、C困った顔（山が途中なのかな？）
・A児が砂をC児に投げる。C児の顔にあたって、C児泣く（止めた方がいいかも）
・担任保育者が来てC児の砂を払った後、互いに事情を聞く。（互いのことを聞くのが大切なんだな）
・A児がC児に謝る。（話し合ったらわかったようだ。保育者が一方的に怒ってはだめなのかもしれない。自分も気を付けよう。）

(2) 注意点

> **ポイント！** （目も）あてられない状態にならないように注意

以下のような点には注意してください。実習が台無しにならないように。
☆メモは、子どもの目の前で書かない。（何を書かれているか気になる）
☆子どもと関わらなければいけない場面をほったらかしてメモをしない。（子どもと積極的に関わることが実習の中心課題です。本末転倒にならないように）
☆メモをどこにでも放置しない。（書いたことが外部に知れたら大変。個人情報を守る）
☆メモ用の鉛筆などの扱いに気をつける。（乳児クラスなどで、鉛筆やシャーペンの芯などが転がっていたら大変なことです。命に関わる事故にならないように気を付ける）

4 実習日誌の作成

ポイント! まず、書けるところから埋めよう、実習日誌書きスイッチを入れる

いきなり難しい内容から書き始めず、いつも書く基本項目を埋めましょう。すると、少し実習日誌が書けた気分になり、書く気持ちのスイッチが入った状態になります。

1．基本項目

（1）月日曜日

実習を行った月、日、曜日を書きます。記録として欠かせない部分です。

（2）天候

天候は子どもの動くスペース、遊びの内容、気持ちにまで影響を及ぼすので、必ず記録しておきましょう。

（3）年齢、組、人数、欠席人数

年齢ごとに子どもの姿は変わってきます。また、クラスには何人子どもがいるのか、男女比、当日に何人欠席がいたかなどで、子どもの動きが全く変わる場合もあります。

（4）今日の実習のめあて

実習をする前に書いて、今日の実習に意識を持って臨むようにします。

（5）今日の保育のねらい・内容・主な活動

観察・参加実習では、担任保育者から事前に聞いています。また、指導実習では事前に自分の指導案に書いてあります。すぐに書き入れましょう。

9月　8日（水）曜日	天候　晴	5歳児　　　男10名、女10名　計20名 　　　　さくら組　　欠席　　0名
今日の実習生のめあて ・保育者の援助の意味を読み取る。		今日の主な活動 ・クラスのみんなで、サッカーをする。
今日の保育のねらい ・友達と一緒に体を動かす楽しさを味わう。		今日の保育の内容 ・サッカーで、ボールをけって楽しむ。

> **ポイント！** 書く内容が決まれば、6割終了です

　実習日誌の白紙のキャンパスを目にして何をかけばよいか困った経験はありませんか。
　いきなり上手な文章を書いて埋めようと思うから、ハードルが高すぎて立ち止まってしまうのです。まず実習日誌に書く内容を箇条書きで書き出してみましょう。

2．事実の記録

（1）記録の内容をおおまかに決める

　実習中に記録したメモや、頭の中にある記憶をもとにして、事実の記録として書く内容を視点ごとに箇条書きで書き出します。どのような視点で書くか、例を次に示します。

養護・生活習慣	①身の回りの始末・片付け ②衣類の着脱 ③食事 ④排泄 ⑤睡眠 ⑥生活リズム ⑦衛生・安全	・すぐに遊び始めたくて、カバンをきちんとかけない子どもがいる。 ・服を脱ぐときに裏返しになってしまう子がほとんどである。 ・正しい箸の持ち方に少しずつ挑戦している。 ・トイレットトレーニングをしはじめている。 ・音楽をかけると眠りたくなる様子だ。 ・給食の前に手を洗うことを忘れて夢中で遊んでいる子には声かけが必要。 ・廊下を走り回る子どもが多いので、注意が必要。
学び	①保育室 ②園庭 ③遊戯室	・保育室では、ままごと、工作、ブロックをしているが、互いに交流はない。 ・園庭では、暑くなってきたので、水遊びをする子が出てきた。 ・遊戯室は、巧技台を出したい子が出てきたが、保育者が見ていないと危ない。
子どもの育ち	①健康 ②人間関係 ③環境 ④言葉 ⑤表現	・体を動かすことが大好きな子が多く、ボール遊びが盛り上がっている。 ・親しい友達とグループを作って遊ぶが、他の子どもを入れない子がいる。 ・園庭の木の葉が紅葉してきたので、不思議に思った子どもがいる。 ・「あっちにいけ」などと攻撃的な言葉を使う姿が見られた。 ・ごっこ遊びが大好きな子どもが、衣装をほしがっていた。

（2）記録をわかりやすく書くコツ

　実習日誌は担任保育者などに見てもらい指導を受けるものです。必ず読み手のことを考えて、分かりやすく状況が伝わるような文章にする必要があります。

①４Ｗ１Ｈ。誰が、いつ、どこで、何を、どのように、どうした？
　主語と述語が対応していることが基本です。日本語は特に「誰が」の部分を抜かす傾向にありますから、忘れずに書きましょう。なお、「WHY（なぜ）」は考察に書きます。
《状況が伝わらない例》
「子どもが遊んでいた」
《状況が伝わる例》
「つばめ組のＡ児（４歳）とＢ児（５歳）が（誰が）、給食後の自由な遊びの時間に（いつ）、園庭の砂場で（どこで）、スコップを使って（どのように）トンネルを（何を）、作っていた（どうした）。

②文の文字数を40字から70字くらいに、何行にもわたらないように
　文章が長くなると、主語と述語の関係がおかしくなることがあります。できるだけ１文を短くします。長すぎたら区切りのよいところで切って２文にするとよいでしょう。
《長すぎる例》
私が園庭に出たとき、Ａ児がブランコで遊んでいるのを見つけて、「おーい」と声をかけたら、「な〜に」と、とても笑顔で言って保育者の方にかけよってきた。
《短くした例》
私は、園庭でブランコで遊んでいるＡ児に「お〜い」と声をかけた。すると、Ａ児はとても笑顔で「な〜に」と言って保育者の方にかけよってきた。

③適切な接続詞を使う
　２文にしても、文章が羅列してあると、前後のつながりが分からなくなります。適切な接続詞を使うことで、相手に伝わりやすくなります。
《羅列した例》
　Ｔ男とＳ男がけんかになりＴ男は殴られて泣いてしまった。Ｓ男は謝らずに遊戯室に一人で遊びに行く。Ｕ子が遊戯室に行ってＳ男に「謝りなさいよ」と言う。Ｓ男は遊びをやめて保育室に戻る。Ｓ男は保育室に戻ってきてＴ男に謝った。
《適切な接続詞を入れた例（　）の部分が接続詞》
　Ｔ男とＳ男がけんかになりＴ男は殴られて泣いてしまった。（しかし）、Ｓ男は謝らずに遊戯室に一人で遊びに行く。（すると）Ｕ子が遊戯室に行ってＳ男に「謝りなさいよ」と言う。（そのため）、Ｓ男は遊びをやめて遊戯室を出る。（そして）、Ｓ男は保育室に戻ってきてＴ男に謝った。

3．事実の記録に対する考察。WHY（なぜ）にこだわろう！

（1）考察を書く

考察は「子どもの育ちを見る」視点と、「保育者自身の保育を振り返る」視点があります。さまざまな可能性を考え、自分なりに考察してみましょう。

	視点	考察の書き方
子どもの育ちを見る視点	遊びの様子 ①感覚遊び ②ものづくり ③ごっこ遊び ④ルールのある遊び ⑤協同的な遊びなど	①今の遊びの種類、今後どの遊びに発展しそうか？ 　今は、水の感触が楽しいようだが、今後色水遊びにつながりそう。 ②子どもは遊びの中で何を一番魅力的に感じているか？ 　泥の感触がとても気持ちよいようだ。 ③その遊びが本当にやりたくて行っているか？ 　A児は、ブロックをしているが、ためいきばかりついていて、B子のことばかり見ていることから、本当はB子とままごとがしたいのではないか。 ④遊びの発展に必要な要素は何か？ 　今は個々バラバラにお店の物を作っている状態。イメージがつながると、役割分担をしたり、協力する姿が生まれるのではないか？
	子どもの育ち ①養護 ②5領域の視点 　健康 　人間関係 　環境 　言葉 　表現 ③個人内評価 ④子どもの内面 （気持ち）	①養護面（生命の保持及び情緒の安定）をとらえる。 　睡眠不足のため、朝から疲れているように見える。 ②5領域から発達をとらえる。 ・G子は運動に苦手意識を持っているようだ。（健康） ・Y男がいつもR男の言いなりなのではないか。（人間関係） ・秋の自然物を取り入れて遊びを進めていると思う。（環境） ・「まぜて」などの言葉が出始めている。（言葉） ・発表会が終わっても、劇を続けているので興味は続いているようだ。（表現） ③その子自身、前よりどこが伸びているか？ 　前は困難なことがあったらすぐにあきらめていたが、最近はあきらめずに最後までやり遂げようとする姿が見られる。 ④その子自身が何をどう感じているか？　その子にとってこの活動はどのような経験になり、どんな意味をもつか？ 　A児は、B児に手紙をもらったとき、言葉はなかったが、とても笑顔だったことから、今までになくうれしい出来事だったのではと考える。今まで、友達にあまり興味を示さなかったA児だが、これをきっかけに友達に目を向けていくのではないかと期待している。

保育者自身の保育を振り返る視点			
	ねらい内容	①ねらいは、子どもの実態に合っていたか？ ②遊びの中で何を経験しているか？	①ねらいが高すぎたり、ずれたりしていないか？ ボール遊びのルールを工夫してほしいと思ったが、その前にボールに十分触って慣れ親しむことが大切だった。 ②**全員が一つの遊びで同じ経験をしているのではないことをとらえ、一人一人の経験の違いをとらえる。** ドッジボールをして、みんな楽しんでいたと思っていたが、D男は顔にボールが当って痛かったので、もうやりたくないようだ。S子はドッジボールが好きではなく、早く終わればよいと思っている様子だ。
	環境の構成	※発達年齢・ねらいに合った環境の構成か？ ①物の数 ②配置・スペース ③時間配分 ④出すタイミング ⑤子ども主体か？ ⑥衛生・安全面	①**物の数は適当だったか？** 一人一人十分に使う物の数を用意しておけばよかった。 ②**配置・スペース** 大縄跳びは広い遊戯室に移動したらよいと思う。 ③**時間配分** 鬼ごっこをしたが、ルールの確認で時間がとられ、十分遊べなかった。 ④**物を出すタイミング** 初めにクレヨンと画用紙を出してしまったため、触ってしまい話に集中できなかった。出し方を工夫すればよかった。 ⑤**子ども主体か？** 子どもたちが自分自身で使えるように、手が届くところに分類してある。 ⑥**衛生・安全面** 子どもが手の届くところに、やかんが置いてあったので危険。
	保育者の援助	※子ども理解に努め、気持ちを受け止め援助していたか？ ※ねらい・内容につながる援助だったか？ ①子ども理解 ②全体的な視点 ③個別的な視点 ④言葉のかけ方 ⑤行動の仕方 ⑥養護面	①**子ども理解** 子どもが別の活動をしたいと言い始めたが、保育者の予定した活動を優先してしまった。興味関心がどこにあるかつかめていなかった。 ②**全体的な視点** 少人数とのやりとりばかりになったので、もっと全体を見渡す必要がある。 ③**個別的な視点** E子は誘われてもすぐには入ってこないので、気長に待つ必要がある。 ④**言葉のかけ方** すぐに教えるのではなく、ヒントを出すとよいと思った。 ⑤**行動の仕方** 遊びの一員になって共に楽しむとよかった。 ⑥**養護面** 子どもが安心するような触れ合いをもっとしたい。

> **ポイント！** 実習日誌らしい表現で文章化すると9割完成！ 後少し

書く内容が決まったら、実習日誌らしい適切な表現で文章化します。文章化するキーポイントは以下の通りです。

(2) 一般的な文章の注意点を守る

基本的に、常体「～である」調で書きます。話し言葉（口語体）、若者言葉を避け、誤字脱字のないように、主語・述語の関係をしっかりと書くなど、一般的な文章を書く注意点をしっかり守りましょう。辞書を片手に置いておき、分からない言葉は確認します。

一方、「今日の反省と明日（次回へ・今後）の課題」の項目のみ、敬体「～です。ます」調で書くことが多いようです。日々の実習後に「今日も一日ありがとうございました」と書いたり、最終日に「実習中ご指導ありがとうございました」などといった謝辞を書いたりします。さらに、「明日はもっと～に気を付けていきたいです」といった決意を書いたりして、保育者とやりとりをする項目だからです。担任保育者も基本的には敬語でコメントを返してくださることが多いでしょう。

(3) 保育の用語で書く

一般的な言葉の使用方法が保育場面でも正しいとは限りません。保育用語を使って書きます。あまり難しい言葉を使う必要はありませんが、ごく普通に使われている保育の言葉を理解することはとても大切なことです。言葉の意味を理解することで、保育そのものへの理解が深まることが多いからです。

また、マイナス面ではなく、プラス面を見るようにしましょう。子どもの伸びる力を信じ、人格を否定したり、レッテルを貼って決めつけたりしないことが大切です。保育者がマイナスのイメージをもち、悪い子と思いこむと、知らず知らずのうちに態度に表れ、子どもの育ちに大きな悪影響を及ぼします。「～できる、できない」といった能力ではなく、努力や過程を記録するとともに、その子なりの個性やよさを理解するように心がけます。

さらに、担任保育者の保育に対しての実習生の気付きや考察についても、保育の意図をよく読み取ろうとする態度が必要です。一面だけ見ると冷たかったり厳しすぎるように見えたりする態度も、子どもの育ちを支えるための大切な援助の場合が多いのです。担任保育者の保育に対して反抗的な考察、マイナス評価ととらえられるような書き方はしないようにしましょう。あくまでも実習を指導していただく立場で謙虚に書きます。

> **ポイント！** このような書き方は絶対にしない！

　例　保育者は、A児が泣いているのに、ほっておいて無視した。冷たいと思った。
　　　保育者は、B子を問いつめていた。B子がかわいそうだと思った。
　　　保育者が、クラスの子どもたちに怒鳴っていた。怖いと感じた。

(4) 個人情報に配慮する

実習施設によっても違います。事前訪問時にどのタイプか聞いておくとよいでしょう。

①**実習日誌を他に見せないという条件のもと、個人名を書く**

たろうが、**はなこ**に「遊ぼう、はなこちゃん」と話しかけた。

　※○君や△さんや□ちゃんなどにするかは、実習園によって違いますが、言葉の部分「　」では実際に話した言葉を書き、字の部分は敬称を略するほうが、公文書的です。名前を○で囲むことで分かりやすくするところもあります。

②**特定できないように、個人名をイニシャルで書く**

・男子の場合「A児、A男、B太」、女子の場合「B児、B子、B美」など。
・その他「B1児、B2児」「Y・H」など。（同じイニシャルの子がたくさんいる場合）
　※同じ人物は同じイニシャルを使う。（別に対照表を付箋でつけることもある）
　※施設実習は、利用者の方が実習生より年上の場合があります。その場合は、「Aさん」、「利用者の方」とするほうがふさわしいでしょう。
　※イニシャルの場合、担任保育者にも誰のことかわからなくなる場合があります。ペンで清書した後、イニシャルの上に鉛筆で実名を書き、後で消す方法をとる場合もあります。

③**特定できないように、個人名を仮名にして書く**

「たろう」→「たかし」、「はなこ」→「はるみ」など

④**記録自体を、個人のことには触れずに書く**

「砂場遊びの男の子グループ5名は、〜した。」「○組の子どもに、〜と呼びかけた。」

⑤**教職員の書き方**

　実名を書くと、「○先生が」「△さんが」となりますが、あまり書くことはありません。「A保育者が」「保育者が」「職員の方が」などと書く場合が多いでしょう。実習施設によって違うので、確認しましょう。

4．今日の反省と明日への課題

　今日の反省と明日への課題の欄と指導者の所感欄は、実習生と担任保育者のコミュニケーションツールになる場といえるでしょう。保育中に積極的に分からないことを質問することが一番大切ですが、実習日誌を書くうちに、考察が深まり出てくる疑問や課題もあるものです。一日を振り返り反省し課題を明らかにし、次回に生かすように心がけましょう。

(1) 今日の反省を書く

①今日の実習のめあてに関連付けて書く

　今日の反省は、自分自身を振り返り自己評価するところです。まずは、今日の実習のめあてが達成されたか、不十分であれば、なぜそうなったのか原因を整理して書きます。

> **ポイント！** 「今日の実習のめあて」
> 例：「保育者の全体への声のかけ方を学ぶ」

　a．達成された場合
　　　今日のめあては、全体への声のかけ方でした。単調に話すのではなく、めりはりをもって話すこと、身振り手振りも交えること、全体を見回しながら話すこと、子どものつぶやきや意見も取り入れながら話す大切さに気付きました。

　b．達成されなかった場合
　　　今日は、A児とB児がけんかをしてB児が泣いてしまい、ずっと側にいたため、なかなか全体への声かけにまで気が回りませんでした。

②考察に書ききれなかったことを書く

　考察部分にスペースの関係上書ききれなかったことや、一日全体を通して気付いたこと、学んだことを書きます。

　　例：一日を振り返り反省すると、子どもたちを急かす場面が多かったように感じました。もう少し子どもが自分で動き出すことを待つ姿勢を身に付けたいと思います。

③実習中に受けた担任保育者からの助言や指導の受け止め

　実習中に受けた助言や指導をどのように受け止めたかについて書いておくと、記述を見て、担任保育者からさらにアドバイスをもらうことができます。

　　例：子どもが静かになるのを待ってから話し始めるとよいというアドバイスを実践したら、子どもたちも静かに聞いていました。まず聞く姿勢をつくる大切さを学びました。

(2) 明日への課題を書く

　反省したことをもとに、明日への課題を明らかにします。この課題が次の日の実習のめあてにつながり、改善に生かされると実りある実習になるのです。

①感想ではなく反省を書く

　ただの感想になってしまうと、うまくいかなかった原因も究明されず、子どもの育ちや保育の改善に結びつきません。物事には原因と結果があります。「なぜ・どうして」を追求しましょう。

《感想にしかなっていない例》
- 集まりの時間にみんなが集まってくれなくて困った。
- 手遊びをしたら、やってくれてうれしかった。

《改善例》
- 集まりの時間になかなか集まらない子がいた。
　（事実認識）
- 自分の遊びに夢中でやめられなかったり、物を出し過ぎて片付けに時間がかかったりする子がいたためだと思う。
　（原因の分析）
- 遅れがちな子どもには、早めに集まりの時間を知らせたり、片付けを手伝ったりして集まることができるようにしたい。
　（改善策）

②悪いところマイナスばかりではなく、よい面も見て、改善への手がかりを得る

《悪いところ、マイナスばかり書く例》
- 全然話を聞いてくれない子どもばかりです。どうすればよいか分かりません。
- 手遊びをしてもほとんどしてくれないので、自分は全くだめだと思いました。

《改善例》
- 女の子は話に興味を持って聞いている子が多かった。男の子にも興味がもてる話をするように心がけたい。
- 前の方の子は手遊びをしていた。後ろの子も見やすい位置、声の出し方に気をつけたい。

③帰宅の前に、実習日誌に書く内容を担任保育者に確認

　すでに自分の中で意識している疑問は、実習日誌に書くのではなく、実習中、遅くとも一日の実習の終わりには積極的に質問して教えていただくほうが前向きです。

また、実習日誌にどの視点を中心に書くか事前に担任保育者と打ち合わせておくと、書く内容が明確になり、担任保育者とのずれも解消され、書きやすくなります。実習日誌を担任保育者とのコミュニケーションツールとして有効に活用しましょう。

5．実習日誌を書くときの注意

（1）黒ペン、読みやすい字（楷書）で、適度な大きさで、まっすぐ書こう

　実習日誌は、黒ペンで読みやすい楷書、そして大きすぎず、小さすぎない字で曲がらずまっすぐ書きます。いきなり実習日誌に清書をするような無謀なことはしないでください。正確に間違えず書くには、以下の流れをとってください。

①実習日誌（コピー）に下書きをする。
　大体どの程度の字数か考えておくと、清書したときに文字がはみ出して書けなくなることがありません。そのために、実習日誌の枠をコピーしておき、下書き用に何枚か持っておき、そのコピーに下書きをします。

②実習日誌（清書用）に下書きをする。
　実習日誌のコピーに下書きをしたものを実習日誌（清書用）に書き写しますが、まず鉛筆で下書きをします。コツはあまり濃く書きすぎないことです。なぜかというと、消したときに後が残ったり、強くこすることになりインクがにじんだりするからです。
　また、下敷きに罫線を引いてあるものを使い、それに合わせて書くと字が曲がっていきません。定規を活用するのもよいでしょう。図を書くときも線は定規を使って曲がらないようにするのが礼儀です。

③ペンで下書きを清書する。
　心をこめて丁寧に清書します。ここで間違えると、修正テープ、修正液のお世話になることになります。施設によっては、二重線を引き訂正印を押す場合もあります。このときに間違えた字に×を書いたり、矢印を引っ張って書き足したり、修正テープを貼ったところを訂正するのを忘れて書かないままにしたりするとマイナスポイントです。
　また、実習施設によっては、修正テープ・修正液の使用が認められなかったり、あまりにも直しが多い場合には書き直しになったりします。あせらずゆっくりと書きましょう。

④清書のインクが乾いてから消しゴムをかける。
　下書きに消しゴムを書けて消します。消し残しがあったり、インクがにじんだりすると大変みっともないので、よく確認しましょう。

(2) 鉛筆、消しゴム、ペンは書きやすさにとことんこだわろう

　自分に合った道具を選ぶことはとても重要です。筆圧の違いによって鉛筆も違いますし、消しにくい消しゴムを使うといらいらします。また、ペンはとても重要で、すぐにインクがにじんだり、乾きにくかったり、かすれたりするようでしたら、文房具屋で相談して自分に一番書きやすいお気に入りのものを購入しましょう。

　これだけで、実習日誌を書くペースはまるで違います。

6．実習日誌は、決められた分量を守ろう

　特に指導実習のときには、書く内容がたくさんあり、記録が長くなりがちです。もちろん自分の学びの記録としては保管しておけばよいのですが、提出用としては、決められた分量の中で書いてあった方がよいでしょう。

　何枚にも渡る実習日誌は熱意が伝わってきますが、その実習日誌を書くために徹夜をすると、体力が持たず次の日の保育がおろそかになります。

　また、実習日誌を読む立場の担任保育者の負担が増えますので、決められた分量でまとめて記録を書く練習と思って書くとよいでしょう。

5　実習日誌の提出と返却

１．実習日誌の提出

> **ポイント！**　実習の翌朝必ず提出、鉄則です

　まず実習日誌を遅れず出すこと、これが実習生の基本です。提出が遅れると実習日誌の内容以前に、実習生としての姿勢や態度が問われます。評価が下がるだけではなく、あまりにも未提出や遅れが続くと実習中断ということも考えられます。実習日誌の書き方をよく読んで書き、未提出や遅れがないように提出しましょう。

　忘れないためには、休憩時間の活用、帰宅後すぐに書くなどの工夫をしましょう。

２．実習日誌の返却

> **ポイント！**　指導者の所感を必ず読み、実習生のめあてに生かす。訂正点は必ず直す

　実習日誌は担任保育者、園長先生の確認印を押されて、提出したその日の夕方か翌日には返却されることが多いと思います。忙しい現場では、もう少し遅くなるかも知れません。

　提出して実習日誌は終了ではなく、コメントや指導者の所感を必ず読んで、次の日の実習生のめあてにつなげるようにします。また、訂正点があれば必ず直してから、実習ファイルに綴るようにしましょう。直していないと、実習生として学びが足りないと判断されます。

> **ポイント！**　実習日誌は提出して返却され、実習ファイルに綴じることで完成！

実習日誌下敷き用罫線（中）

第3章

実習日誌に使う保育用語

1　一般的な文章の留意点一覧
2　専門的な保育用語と一般的な用語の違い一覧

1 一般的な文章の留意点一覧

　一般的な文章を書くときの留意点を押さえると、文章力が向上します。文章は短く分かりやすくが基本です。また、主語と述語の対応、体言止めにしない、略字やくせのある字を避ける、文中、文末に句読点を適切につけるなどの基本的なルールを守りましょう。

1．話し言葉と書き言葉

不適切例	改善例
多分、きっと、やっぱり	〜という可能性が高いと考える
いまいち、なんとなく	不十分、ねらいをはっきり持たず
うるさい、やかましい	騒がしい
しゃべる	話す
でも、	しかし、
わからなくて	わからず
楽しいけど	楽しいけれど
〜ていうか	というよりも
それで、なので	そのために、だから、〜という理由で、〜という原因から
こんな、そんな、どんな	このような、そのような、どのような
〜とか	など
ちゃんと	きちんと、しっかり、丁寧に
〜なのかな、〜じゃないか、〜だなあ	〜かもしれない、〜ではないか、〜である
〜しちゃった,〜したんだ	〜した、〜したのだ
うれしかったです	うれしいと思いました
【お】のつけすぎ お遊び、お集まり、お当番、おトイレ 「お立ちください」「お座り下さい」	遊び、集まり、当番、トイレ 「立ちましょう」「座りましょう」

2. 若者言葉

不適切例	改善例
やばい、すごい、すさまじい めっちゃ、超最高、超最低	とてもよい、とても大変
マジで	本当に
ぶっちゃけ	正直なところ、本音で言うと
リンチ・私闘した	手が出た、けんかになった、トラブルになった
物を隠した犯人を探す	物を隠した子どもは誰か捜した
俺的には、私的には	私なりに考察すると
あり得ないと思った	なかなか見られない姿が見られた
違くてしまった	違った
遊びをやる	遊びをする
【絵文字】✂ Tel 〒 ♪	はさみ、電話、郵便局、音符
【顔文字】(*^_^*) (^_^;)	うれしく思った、あせった
【記号】！！（びっくり）、？？（はてな）	驚いた、疑問に思った

3. 誤字・脱字・誤用・送りがな・文の省略

不適切例	改善例
【誤用】 「〜たり、した」	「〜たり、〜たり」と並列して使う
【ら抜き】 来れた。着れた。	来られた、着られた
【送り仮名の間違い】 触わる、話しを聞く、難かしい、必らず、促がす、接っする。	触る、話を聞く、難しい、必ず、促す、接する
【助詞等の誤用】 私わ、一人づつ、片ずける	私は、一人ずつ、片づける
【誤字】 絵を書く、穴を堀る、向かえる 栽培、勢一杯、多勢、危剣、引卒、価値感、友達同志、絵画制作、保育・教育過程、年小児	絵を描く、穴を掘る、迎える 栽培、精一杯、大勢、危険、引率、価値観、友達同士、絵画製作、保育・教育課程、年少児

不適切例	改善例
【体言止め】 「給食」 「そうじ」	動詞を書かないと、どのような活動をするのかわからないので、必ず書く 「給食を準備する」「そうじをする」など
【文の省略】 「以下同文」「〃」	言葉や文章は省略しないで、必ず書く
【余韻の表現】 「よいのだろうか…」	余韻の表現は使わない 「よいことかどうか判断に迷った」
【句読点を適切に書く】 「子どもは遊ぶ。」	句読点を適切に書く 「子どもは、遊ぶ」

4．よく使う漢字一覧（辞書を片手に、カタカナ・ひらがなの多用を避ける）

（1）養護（生命の保持と情緒の安定）

衛生的、安全、挨拶、視診、触診、検温、清潔、雑巾、掃除、清掃、沐浴、授乳、配膳、離乳食、補給、機嫌、休憩、支度、排泄、点呼、など

（2）子どもの活動その他

真面目、目線、体操、楽譜、音符、導入、展開、停滞、同年齢、異年齢、飼育、円滑、廊下、椅子、脚、帽子、提出、把握、概要、特徴、構成、編成、簡単、疑問、準備、など

② 専門的な保育用語と一般的な用語の違い一覧

　一般的には使う言葉でも保育用語としては不適切な場合があります。以下の例を参考にして実習日誌に生かしましょう。

1. 子ども・大人の呼び方

不適切例	保育用語	意味
赤ちゃん、赤ん坊	乳児（0～1歳未満）	児童福祉法で、満1歳に満たない者。
児童（小学生）	幼児（1歳以上～就学前）	幼稚園教育要領では「幼児」を使用。児童福祉法で、満1歳から小学校就学の始期に達するまでの者。
子供	子ども	「供」は家来の意味があるので、使わない。保育所保育指針では「子ども」を使用。乳幼児全てを表す。
園生	利用者（児）・対象者（児）	施設で、サービスを利用している主体者（児）という意味。指導案・実習日誌では指導を行う対象者（児）と書く。
先生	教師	幼稚園は学校なので、教師。
	保育士	保育所は施設なので、保育士。
	保育者	保育をする者全てを表すので、幼稚園も保育所も使用可。
	職員・支援員・指導員	施設で使用。学校ではないので、先生、教師ではない。
校長	園長、所長、施設長 院長	幼稚園（園長）、保育所（所長）施設（施設長）、病院（院長）
お父さん・お母さん おじいちゃん・おばあちゃん、父兄	父母・祖父母 保護者	児童福祉法で、親権を行う者、未成年後見人その他の者で、児童を現に監護する者を「保護者」と言う。

不適切例	保育用語	意味
大きい子 小さい子	・3歳以上児 ・園児（幼稚園において在籍している子ども） ・3歳未満児 ・未就園児（幼稚園に、まだ就園していない子ども）	昔は、3歳までは家庭で育てることがよいとされていた名残。3歳児神話とも言う。幼稚園では3歳からの入園ということもあり、集団的な教育が始まる年齢の目安として3歳を設定し、3歳未満児と3歳以上児に分けて呼ぶ呼び方。保育所でも使用する。
大きい子 小さい子	年上児、年下児	3歳を区切りにするのではなく、もう少し柔軟に年齢区分を考える表現。
大きい組 小さい組	年長組（児）5歳児 年中組（児）4歳児 年少組（児）3歳児	幼稚園は3歳児クラス、4歳児クラス、5歳児クラスしかないため、一番年下のクラスから年少、年中、年長と呼ぶ。保育所でも使用することがある。
2歳の子ども	2歳児クラス	幼稚園において、満3歳から入園した子どもの組。誕生日の次の日から入園できるので、年度途中に入ってくる。
年上と年下の子が混ざったクラス	異年齢（縦割り）クラス 混合保育	同じクラスに3歳児、4歳児、5歳児など異年齢の子どもが在籍していることを表す。

2．建物・学年・クラスなど

不適切例	保育用語	意味
学年別	年齢別（横割り）クラス	年齢ごとのクラスに分けてあること。
校舎	園舎	幼児が園生活をする建物のこと。
部屋、教室	保育室	幼稚園・保育所では小学校以降のように教える勉強が中心ではないため、保育を行う部屋という意味で使う。
体育館	遊戯室、プレイルーム	幼稚園・保育所では「体育」という教科は無い。広い部屋では、さまざまな遊び・活動が展開される。
校庭・グラウンド	園庭（所庭）	小学校では、体育などで走ることが中心活動だが、園（所）庭では、遊びが中心。従って、起伏、草花、木、砂、泥、池、山などの豊かな環境が整っている。

3．子どもの活動に関するもの

不適切例	保育用語	意味
校外学習	園外保育・散歩	天候により、年下児だとベビーカーに乗って、年上児だと歩いて散歩に行くことがある。
教科	領域	小学校以降では、学問の区分に従い教科がある。幼稚園・保育所では子どもの発達を捉える視点として5つの領域がある。「健康」「人間関係」「環境」「言葉」「表現」
出席表	シール帳	小学校以降ではないが、登園した印としてシール帳にシールを貼ることが通常である。どのシールを貼るか楽しみにしている子どもが多い。
着替え ※使うこともある	衣類の着脱	保育所では特に年下児で、衣類の着脱が課題となる。
トイレタイム	排泄の時間	保育所では特に年下児で、オムツ外しやトイレットトレーニングなどが課題となる。
お昼寝	午睡	幼稚園では午睡はないが、保育所では生活時間が長いため、行っている。
授業	遊び	保育現場では、時間割に沿って授業をするのではなく、遊びを通して総合的に指導することを目指している。
入学式・卒業式	入園（所）式・卒園（修了・退所）式	幼稚園は入園、修了。保育所は入所、退所。卒園はどちらも使う。
学習発表会	生活発表会	小学校以降とは違い、日々の生活の姿を発表する行事という意味になる。
一斉活動	一斉保育	園全体、学年全体、クラス全体でみんなが一緒に行う活動。
授業	設定保育	小学校以降では時間割に沿って授業が展開されるが、幼稚園・保育所ではある時間を設定して、主に保育者が主導して意図的に行う保育のことを指す。
休憩・休み時間	自由な遊び	小学校以降では、授業の合間の休み時間である。しかし、幼稚園・保育所では、自由な遊びの時間に子どもたちが主体的に環境と関わることが子どもの育ちにつながる中心的な活動になる。

4．保育者の援助・配慮に関するもの

不適切例	保育用語	意味
顔を見る 体温を測る 触る	視診 検温 触診 健康観察	子どもの健康状態を知るため、登園してから降園まで保育者が子どもの健康状態を観察すること。体温を測ることは検温。触ってみるのが触診。
指導	保育・援助・支援 〜するように促す	指導という言葉は援助も支援も含んだ意味も持つが、保育の世界では、保育者主導のイメージが強いため、横や下から支えるイメージの言葉を使うことが多い。
怒る・しかる	注意する	「怒る」は感情のまま子どもにぶつけるイメージ。「しかる」は諭す意味もあるが、保護者の立場でよく使う。保育者の立場としては、「注意する」が適切。
〜してやる 〜してあげる	〜できるように援助する	保育者が上の立場で、下の者に恩恵を授けるという意味になり、不適切。
子どもに 〜せる 〜させる	子どもが、（子どもを主語に） 〜するように、 〜できるように、 〜しやすいように （保育者が）、〜する	「せる、させる」では、保育者が子どもに押しつけて無理矢理やらせているイメージ。従って不適切。子どもが主体的になるように保育者が援助するのである。
子どもに（が） 〜してもらう 〜してくれる	子どもに（が） 〜するように伝える 〜した	「〜してもらう」「〜してくれる」では、子どもにお願いして保育者が利益を得るという意味になる。従って不適切。
「〜からの自由」 放任	「〜への自由」 見守り	保育では、子どもが放任され、好き勝手に遊んでいるのではない。保育者が子どもの育ちを見通し、環境を構成し、適切な援助ができるように絶えず見守っているから成立する。 その意味で子どもは、制限や制約から解放されている「〜からの自由」ではなく、自分の興味・関心に基づきやりたいことを選び、自分なりの力で活動を進めていくことができるという「〜への自由」を保障される場と言える。

不適切例	保育用語	意味
物の準備、配置	環境の構成	保育現場では、環境の構成は、物の準備や配置などの物的環境だけではなく、子どもや保育者などの人的環境、天候・動植物などの自然的環境、文化など社会的環境、時間、空間、その場の雰囲気や状況など全ての意味を含んだ意味である。
壁に掲示	壁面構成	保育現場では、季節感を出したり、子どもの活動を表現したりするために定期的に壁面構成をしている。
関心・意欲・態度	心情・意欲・態度	小学校では、学習内容が決まっているため、授業の内容に関心があり意欲的な態度かが問われるが、保育現場では、「関心」だけではなく、「心情」(さまざまな心持ち全て)が人間的な成長に関係していると捉え、大切にしている。乳幼児期にさまざまなことを体験し心が安定したり揺り動かされたり、葛藤したり挫折したりするさまざまな経験が生きる力の基礎となる。
学習指導要領	幼稚園教育要領 保育所保育指針	小学校以降では、学習指導が中心だが、幼稚園では学習以外も含めて幼稚園教育要領、保育所では、保育所保育指針で行うべきことを定めている。
美術・図画工作	造形表現	全て教科ではなく、「言葉の獲得」「感性と表現」という保育内容である。感じたこと、思ったこと、考えたことを自分なりに表現することになる。
音楽	音楽表現	
国語	「言葉」 「言語表現」	
体育	健康	教科ではなく、保育内容である。体だけではなく、心の面も考える。
学校便り	園便り	園なので、園便り。
上手に援助できた 全然だめだった	～の点に気を付けて援助できたと考える ～の点から反省する	上手な援助、だめな援助と勝手に判断するのではなく、具体的に反省点を挙げ、明確に書くことが大切。

不適切例	保育用語	意味
〜できる 〜できない	〜は一人で進めることができる 〜は手助けが必要である 〜では困難な姿が見られる 〜の援助をしてみようと思う	子どもの能力を単純に評価したり、マイナス的に捉えたりしない。できないところに着目するのではなく、今できること、今後できるようになるための保育者の援助について考察することが大切。
〜だと思う 〜に違いない	〜ではないかと思う。 〜ではないかと考える。 〜という可能性もある。 〜と推察する。	断定しない。子どもの姿を多様な視点から捉え、さまざまな可能性を考えることで、深い子ども理解ができ、次に必要な援助を考えることができる。
全く、全然〜ない 絶対〜ない	なかなか〜ない様子である まだ〜ない	子どもの姿を否定的に見て、決めつけない。伸びる力、可能性を信じ、これからの期待を込めた表現にする。
〜してよい子（悪い子）だと思う 〜して悪い 〜してひどい 〜の姿は、人としてどうかと思う	〜のよさが見られる 〜のような面も見られる 〜のような気持ちから〜したのではないかと考える	人格を評価しない。特にマイナス的に評価すると他のよさが見えなくなる。多様な視点から子どもを捉え、できるだけその子のよさを見つけるように努力する姿勢が大切になる。保育者の子ども観・保育観が問われるのである。

第4章

実習日誌をレベルアップ！

1　実習園・施設の理解
2　子ども理解（子ども観・子どもの見方）
3　保育者理解（保育観・保育者の援助について）
4　保育環境理解（環境の見方）
5　保育者の専門性を探る

1 実習園・施設の理解

1．まずは、どのような実習園・施設なのかを理解しよう

実習に行く前には、まず、どのような実習園・施設なのかを知る必要がありますよね。
・どのような人がいるのか？（教員・職員・子ども・利用者など）
・どのようなことをしているのか？（園・施設の目的）
・どのくらいの規模なのか？（教員・職員・子ども・利用者の数や施設の大きさなど）

例えば、幼稚園と保育所は、同じような子どもがいますので、あまり大きな違いはないように思われがちですが、実際にはさまざまな点において違いがあります。一方、施設実習においては、さまざまな種別の施設で実習します。実際に自分が行く施設にはどのような特徴があるのかを、じっくりと調べておく必要があるでしょう。

まずはじめに、幼稚園、保育所、施設をさまざまなポイントで考え、当たり前のようですが、それぞれに関する基本的な違いを押さえておきましょう。

(1) 学校・施設の違い

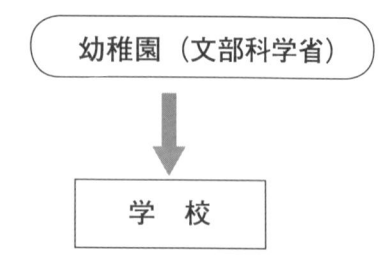

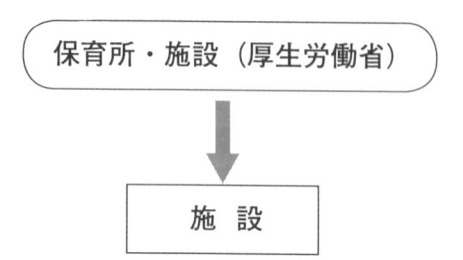

```
幼稚園（文部科学省）        保育所・施設（厚生労働省）
      ↓                          ↓
    学  校                       施  設
```

(2) 大規模・小規模の特徴

①大規模 ─ 経験量や環境の豊かさ

教員（職員）や子ども（利用者）の数が多い。ダイナミックな遊びや活動が展開されやすい半面、まとまりにくいデメリットもある。

物的・人的環境の数や量、種類に恵まれているため、さまざまな人や環境に触れることができる。敷地が広いとさまざまな活動場所を設けることもできる。

②小規模 ─ 密な関係性

限られたスペースの中で、限られた人とのみの生活になるため、経験量が少なく、逃げ道がない。ただし、小規模ならではの密な関係性を築くことができる。まとまりやすい。

(3) クラス編成　　～縦割り（異年齢）と横割り（年齢別）～

縦割り（異年齢）

・異年齢の子どもたちが同じクラスにいる。
・子どもたちの発達の幅が広いため、保育計画が立てにくい。ただし、同じ年齢だけの中では突出してしまう発達段階の子どもも、別の学年に似たような発達段階の子どもがいる可能性が高い。
・年下の子どもをお世話する→自信、優越感。
・年上の子に対する憧れ→意欲。

＜ここに注意！＞
さまざまな発達段階の子どもを同時に保育するため、危険がないように見守るだけの保育になりやすい。（放任の危険性）

↓
多様さへの対応が求められる

横割り（年齢別）

・クラスには、同じ学年の子どものみ。
・子どもたちの発達の幅が狭いため、保育計画が立てやすい。
・一人一人の育ちを丁寧にみることができる。

＜ここに注意！＞
「全ての子どもが同じくらいのことをできるはず」と保育者優先の保育を展開してしまうことがある。（集団優先保育の危険性）

↓
個に対する丁寧な読み取りに注意

2．これだけは、押さえておこう！ まとめると…

(1) 幼稚園

・学校の1つ。先生は、「幼稚園教諭免許」が必要。
・子どもを教育する機関。
・対象は、以上児（3～5歳児）で、多くが年齢別のクラスを1人の担任が受け持つことが多い。
・クラス編成は、多くが横割り（年齢別）クラス。

(2) 保育所

・児童福祉施設で、保育に欠ける子どもが入所している。
・保育園という名称のところもあるが、「保育所」が正式名称。
・先生は、「保育士資格」が必要。
・対象は、未満児（0～2歳児）と以上児（3～5歳児）で、1クラスを複数の保育士で受け持つことが多い。
・クラス編成は、横割り（年齢別）と縦割り（異年齢）がある。特に未満児クラスは、施設の規模が小さいと多くが縦割り（異年齢）である。
・同じ1歳児クラスでも月齢によって分けていたり、未満児全体の人数が少なすぎて0～2歳児が同じ保育室にいたりと複雑。実習に行った際には、何歳から何歳までの子どもがいるのかを確認する必要あり。

(3) 施設

・保育実習で実習する施設にはさまざまなものがある。**乳児院、児童養護施設、知的障害児・者の施設、肢体不自由児の施設、重症心身障害児施設、児童館など、どのような種別の施設かを確認。**
・施設実習の際には、「大人と子どものどちらの利用者がいるところなのか？」「利用者は、通っているのか？居住しているところなのか？」といった基本的なことをよく調べることが必要不可欠。

2 子ども理解（子ども観・子どもの見方）

「かわいい」とは感じるけれど、いざ日誌に子どもの姿を書こうとするとうまく書き表せない。「かわいらしい」以外の子どもの見方をするには、どうすればよいのでしょうか。

子どもを見るときには、大切なポイントがあります。実習日誌を書くときには、注意したい点ですので、以下の３点をじっくり考えて書いてみましょう。

1．目の前の子どもの育ちを"できる・できない"で見ていませんか？

（1）同じ「できる」にも、段階や細かな違いがあります

例えば…

【ハサミを使うことができる】

Q．一口に「ハサミを使うことができる」と言いますが、どの程度ハサミが使えるのでしょうか？

A．「できる」には、段階があります。技術力・持続時間などをじっくり観察したいですね。

①両手でハサミを持ってガシャガシャしている。紙を切ることは難しいが、たまに切れることもある。
↓
②片手にハサミを持つことはできるが、開くときには両手が必要。
↓
③片手で持ち、開くときも片手で開くことができる。パッチン切りが可能。ただし、線に沿って切ることは難しい。
↓
④パッチン切りもかなり進化し、線に合わせたり、少しなら切る長さも調節したりできる。
↓
⑤ハサミの奥の方で切ることできるようになったため、直線は意のままに切ることができる。
ただし、紙に添えている方の手を複雑に動かせないため、角までくると１回ハサミと紙を下におろし、体勢を整えなければならない。
↓
⑥紙に添えている方の手を複雑に動かすことができるため、丸のような曲線も器用に切り取ることができる。
↓
⑦丸以外の細かく複雑な形やさまざまな大きさのものも切ることができるようになる。

(2)「できるか・できないか」だけで判断 → 他者と比べてしまいます
その子個人の中ではどのような意味があるのでしょうか？

子どもの育ちを考えるとき、他者と比べるのではなく、「その子にとってどうなのか？」を考えることは、保育の基本ですよね？

ところが、「できた・できなかった」で判断してしまうと、なぜか他の子どもと比べてどうなのかを見てしまいます。

そうではなく、「その子個人の中ではどのような意味があるのか」を考えると、その子らしい成長の仕方があることに気付くことができるでしょう。

例えば…
《トイレで排泄できる》
トイレでの排泄は、子どもの成長にとって大変大きな出来事ですので、つい「できる」か「できない」かで見がちですね。下記のポイントで考えてみましょう。

①発達段階
　その子の中で、今、トイレットトレーニングはどのような段階なのか？
②その子にとっての意味・必要性
　その子にとってのトイレットトレーニングはどのような意味があるのか？
　本当に、今、必要なのか？
③原因の見極め
　なぜ、今日はうまくいかなかったのか？（うまくいったのか？）
④適切な援助方法を探る
　どう援助したら、できるようになるのか？　また、その援助は本当に必要なのか？

どうでしょうか？　個人内の評価を大切にするという保育の基本的な考え方を忘れないように子どもを援助していきたいものですね。

2．子どもを「大人よりも小さい存在」として見ていませんか？

(1) 子どもを大人より小さな「弱い」「未発達」な存在として見てしまうと…

実習日誌に以下のような表現をしたことはありませんか？
・食べさせてあげる。
・一人では服を脱ぐことができない子どもがいた。
・泣いている子を見て、可哀想に思った。
・服を着替えさせてもらう。（子どもの姿の部分）

①「～してあげる」という書き方は、あなたの「子どもは何もできない存在なので、全部してあげなくてはならない」という保育観を表しています。
②「～できない」を連発した実習日誌からは、子ども自身が持っている力を信じていることが伝わってきません。
③子どもの姿を「かわいそう」としか感じられないのは、子どもを未発達で未成熟な存在だと思っているからです。
④低年齢の子どもの姿は、受け身で書きがちです。本当に子どもは受け身な存在で、主体的には動けないのでしょうか？

実習日誌の細かな表現方法には、驚くほどあなたの保育観が現れます。気をつけたいですね。

(2) 保育の世界では、「子ども」をどのような存在としてみているでしょうか？

例えば…
「子ども自身で育とうとする力」がある存在、「好奇心旺盛」な存在として見てみましょう。今回は、分かりやすくするために、保育の世界でよく使われるプラス面のキーワードだけを一定方向の矢印のみで表してみました。

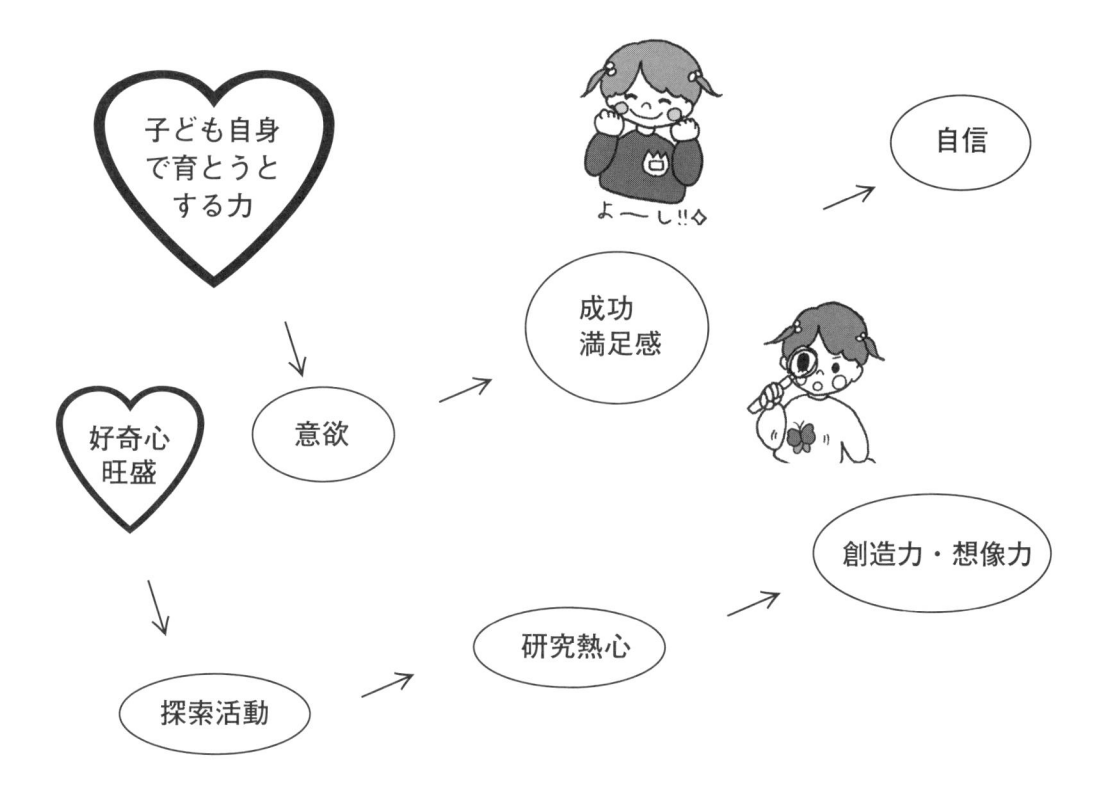

子ども自身で育とうとする力 → 意欲 → 成功・満足感 → 自信

好奇心旺盛 → 探索活動 → 研究熱心 → 創造力・想像力

この図が示すように、保育の世界では子どもを無力な存在とは考えていません。子どもの力を信じているからこそ、援助という言葉を使うのでしょうね。

（3）あなたの子ども観を探ってみよう

・あなたの子ども観を探るために、あなたなりの図を書いてみましょう。先ほどの図のように、子どもに関するキーワードが次々と出てきませんか？
・プラスの言葉もマイナスの言葉も思いつくままに書き出してみましょう。
・ハートの中も、楕円の中も自由にキーワードを入れてみてください。ハートや楕円の数、矢印の数や方向は自由です。
　　　　　↓
　どうでしょうか？
　自分自身の考え方、ものの見方の癖が見えてきませんでしたか？　子どもをどのような存在として考えているかは、あなたの保育に深く関わっています。じっくりと自分探しをしてみてください。

3．個と集団 ― どちらが大切ですか？

（1）一人を見つめる　VS　全体を把握する

　実習中、「しっかり子どもを理解したい」と思って目の前の子どもとじっくり関わっていたら、「実習生さん、全体も見てね。」と注意される。「では、今度は全体を把握しよう」と考えて、大勢の子どもたち眺めていたら、「実習生さん、それじゃあ一人一人の子どもが分からないんじゃない？」と言われる…。そんな経験ありませんか？
　一人を見ていたら、全体が見えず、全体を見ていたら目の前の子どもが見えない。
　これは、実習生に限った悩みではありません。保育者としての永遠のテーマといってよいでしょう。

（2）実習生として、今、その瞬間、大切にすべきことを探ろう！！
　　　　　〜　あなたの「今日のめあて」は何ですか？　〜

　まずは、あなたの「今日のめあて」を思い出してください。そのめあてを達成するためには、どのようなことが必要なのでしょうか？
　2つの例で考えてみましょう。

例1　今日のめあて…子ども一人一人の発達や個性を捉える

　＜Aちゃんの世界＞左の図の見方
・子ども一人一人の発達や個性を捉えるためには、どうすればよいでしょうか？まずは誰かにターゲットをしぼって、その子とじっくり関わってみる必要がありますね。
　＜Aちゃんの世界＞右の図の見方
・しかし、このめあてであっても、一日中、特定の子ども一人だけを見ているのでは、「一人ひとり」を把握したとは言えません。なぜなら、全ての子どもを一人一人として捉え、個性を見つ

け出していく必要があるからです。
・しかも、子どもは一人きりで行動しているようでも、他者の目をどこかで気にしています。他者（保育者や友だち）との関係性の中でこそ、今のその子の行動があるのです。
　　　　↓
☆まずは、ターゲットをしぼって、特定の子をじっくり観察する。
☆そのうえで、その他の子どもや保育者にも目を向け、その子がどのような関係性の中にいるのかを考えてみる。

＜Aちゃんの世界＞

Aちゃんは、一人きりではなく…　　　　　　こんな世界にいます

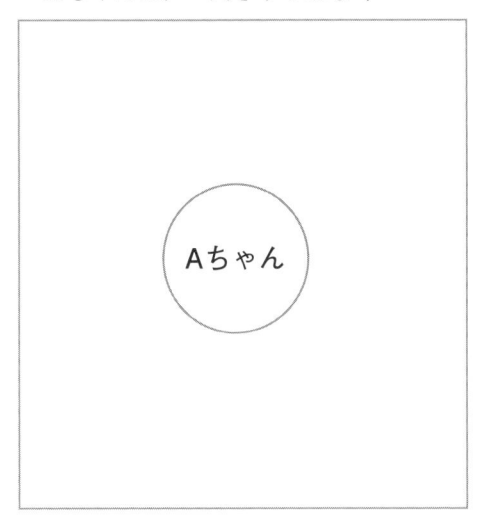

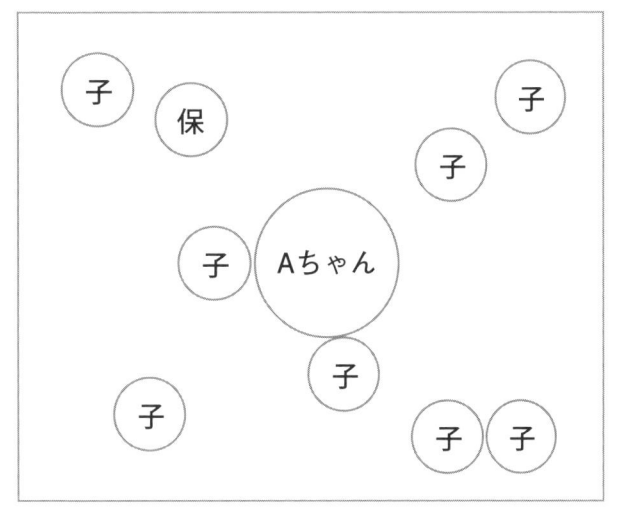

このたくさんの人と過ごしている関係性を捉えないと本当のAちゃんは分かりません。

例2　今日のめあて…保育者の今日のねらいを理解する

・この場合は、一見、保育者だけを観察すればよいのではないかと思いますよね。そこで今日は子どもたち一人一人を丁寧に観察する必要はないと考えてしまいそうですが、果たして保育者だけを観察して、保育者の「**今日のねらい**」が分かるのでしょうか？
・「**保育者のねらい**」を理解するためには、そのねらいに沿った「**保育中の子どもたち**」を観察する必要があります。
・**子どもの個性**をふまえて細かく配慮されていることに気付くべきでしょう。そのためには、子どもたち一人一人の様子、集団としての動き、どちらも大切になってきますよね。

今日は実習の何日目なのか、また、一日の実習の中でも、今はどのようなときなのかを考える必要がありそうです。

(3) 個と集団　どちらも大切に

その子らしさが光る個性と、集団での育ち合い。保育の中ではどちらも大切にしています。

保育集団は、子どもたちがその場に適応していくという考え方で形成されていません。保育における集団は、あくまで一人一人の子どもたちの育ちを保障する場であり、その集団の中で、個々の子どもたちは、それぞれ心地よい居場所を見つけ、自分らしく過ごしているのです。

一人の世界を保障された経験の後、今度は、保育者や友だちに認められていくことで、子どもたちはどんどん自己発揮していきます。共に育ち合うことができる仲間集団の中では、他者への関心も高く、子どもたちには人を思いやる心も育っていきます。人としての原点がそこにはあるのです。

じっくり一人遊びができる場。「友だちといると楽しい」と思える集団。そんな保育特有の世界を大切にした視点を持つことが実習日誌の考察を深めていくポイントでしょう。

③ 保育者理解（保育観・保育者の援助について）

　実習中には、子どもを理解することはもちろん、保育者に関しても理解する必要があります。保育の意図が分からないと、保育者に対して否定的に感じ、学びの少ない実習日誌を書くことになってしまいますね。
　「援助」とは何か、どのような保育の考え方があるのかなどを理解し、保育者の役割や連携に関しても考えていきましょう。

1．先生によって考え方が違うみたい…
　　立場の違い・保育観の違いがあります

　実習担当の先生には、「運動会で忙しいから、積極的に手伝ってね」と言われ、張り切ってお手伝いしようと思っていたのに、翌日、園長先生からは、「運動会で忙しいから、あまり担任の先生の邪魔にならないようにね。」と注意された。
　こんな経験ありませんか？
　「どこまで手伝ってもよいのか分からない」「手伝ってもよいのか聞こうと思っても、忙しそうでなかなか切り出せない」実習生からよく聞かれる悩みの一つです。

(1) 援助方法の違いはどこからくるのか？
　　～保育年数やこれまでの経験内容　子どもたちとの関係性に着目～

　同じ活動でも、保育者によって援助方法が異なることはよくあります。実習生としては、どの保育者をモデルとしてよいのか迷いますよね。
　援助方法の違いは、**保育年数**やこれまでの**経験内容の違い**によるものです。これまで、どのような子どもたちや保育者と出会い、どのような保育人生を歩んできたのかによって、その保育者の考え方が形成されます。さらに言えば、その保育者がどのような幼少期を過ごし、**今、どのような環境にある**のかといったことも深く関係しているでしょう。
　また、援助方法は、保育者と子どもたちとの"関係性"にもよります。「**信頼関係**」がどの程度できているのかということがポイントの一つでしょう。保育は、人と人との関係を営む場です。

(2) 保育観・子ども観の多様性　～立場の違い、価値観、人間性～

　同じ泣いている子を見ても、保育者によって対応が違うことがありますよね。どうしてでしょうか？
　それは、それぞれの保育者の**保育観・子ども観が多様**であることが原因です。先に挙げた、保育年数やこれまでの経験内容はもちろん、園や施設内での「立場」の違いも大きな要因です。若手には、

若手の担っている役割（担任として、子どもたちの育ちを考えるなど）があり、園長には園長の立場（施設長としての管理責任など）があるのです。

究極は、その人の"価値観"や"人間性"といったことが、保育に大きく関わってくることが分かりますね。

(3) 実習生としてモデルにしたい保育者は？　～「あの人」にはなれません～

つまり、どの保育者をモデルにすればよいかと考えても、実習生は、その保育者ではないので、同じように保育をしてもうまくいくはずがないのです。素敵な援助方法を学ぶことは大切ですが、実習生自身がどのように援助するかは、実習生としての立場（特に、子どもとの信頼関係）をふまえて考えていく必要があります。

では、実習生としてできること何でしょうか？それは、モデルにしたい保育者の素敵な援助方法を細かく実習日誌に記述し、「どうして、この援助はうまくいったのか」を考察することでしょう。

実習中に大切なことは、うまくいくことではありません。小さな失敗を重ねながら、自分なりの援助方法を探ってみましょう。

絶対的な信頼関係があると…

同じように言葉をかけたのに…

2.「子ども主体の保育」とは、どのようなこと？

　養成校では、「保育とは、子どもを中心に考えていくもの」と習ったのに、保育者は子どもの気持ちを無視して運動会の指導をしているように感じる…といった、実習先の保育に疑問を感じることはありませんか？
　実は、「子ども主体の保育」という考え方は、そう単純なものではないのです。

(1) 活動内容の違い、時期、子どもの発達段階に注目

　活動によっては、保育方法が指導的になるものもあります。例えば、みんな揃って何かを発表するような行事に向かっていくときの活動で考えると分かりやすいでしょう。

《生活発表会での「あかずきん」に向けての活動　～全体指導の場面では～》
　子どもたちは、それぞれが自分の役割を果たさないと「あかずきん」は成り立ちません。そんなときに、子ども一人一人の自由気ままな意見を全て受け入れていくとなると、どうでしょう？
　実は、子どもにとっても、「自分の気持ちを抑えて全体のことを考える」という経験が大切になるときがあります。このようなとき、実習生には保育者が指導的に見え、子どもの気持ちを無視しているように感じることがあるかもしれませんね。
　しかし、どのようなことを大切にするか（保育のねらい）によっては、個人の気持ちを受け入れる範囲が多少狭くなることもあるのです。どのような活動であっても、保育者は「子ども一人一人の気持ち」を大切にしています。子どもの気持ちのどの部分をどのくらい大切にしているのかは、活動の内容、時期、子どもの発達段階によって違うということを押さえておく必要がありそうですね。

　※ただし、子どもたちの気持ちを受け入れる範囲があまりに狭すぎるとしたら……その保育者のめあては、改善の必要があるでしょう。そのような試行錯誤のもとで、保育は営まれているのです。

(2) 子どもとの関係の深さを探る

「先生、怒ってばかりいる」「子どもの話を全然聞いていないのでは？」と感じる保育者をみたことがあるかもしれませんね。

もちろん、子どもに何かを伝えるときは、「怒る」のではなく「伝える」「叱る」ということが保育の基本です。それでも、上記のように実習生が感じることがあるとすれば、それは、保育者と子どもの関係性によるものかもしれません。

担任保育者は、わが子を叱るように、厳しくしっかり子どもに伝えることもあります。それは、その子との関係が深くなってからの話です。信頼関係が築かれているからこそその言葉かけは、担任保育者ならではというところですね。そのような援助（言葉かけ）は、実習生としては、不適切ですので注意してください。

保育者と子どもとの関係の深さを探ってみましょう。そこに、援助方法のポイントが隠れています。「なぜ先生は、あのタイミングで、あんなふうに言葉をかけたのか」といった疑問の答えが見えてくるかもしれません。

(3) 子ども主体の保育とは？　〜保育者の意図と子どもの気持ち〜

このように、子ども主体の保育を組み立てていくということは、大変難しいということが分かります。

もちろん、保育は自由気ままに行われているわけではなく、そこには、保育者の意図（ねらい）があります。大切なのは、その保育者の意図に子どもたちを引っ張っていき、追い込む保育になってはいけないということでしょう。

保育者の意図と子どもの気持ちの狭間で、うまく保育をデザインしていくことこそ、子ども主体の保育への第一歩です。そのデザインを見極められるようになっていくことが保育者としての専門性の一つです。

実習中に「保育者の意図」や「保育のデザイン方法」が少しでも見つけられるとよいのですが、実習生が自分で見つけることは難しいと思います。分からないときは、「なぜ、あんな言葉を掛けたのか？」「どうして、今日この活動をしたのか？」といった内容で構いませんので、素直に質問してみましょう。

子ども主体

保育では、「子どもにとってどうなのか」を常に考えることが大切です
子どもにとっての心地よい場所って、どんなところ？
子どもたちの意欲を育てるには、どうしたらよいのだろう？
この遊びの中にどんな学びがあるのかな？
ここは、子どもにとって楽しく魅力ある空間だろうか？
探索活動が十分にできる環境かな？
試し・夢中になる空間や時間は保障されているかな？

3．実習生もチームの一員です　～保育者の役割と連携を学ぶ～

　実習生は、お客さんではありません。限られた期間ではありますが、共に暮らしているという意識で過ごせるとよいですね。そのためには、保育者の連携のポイントを知る必要があります。

（1）同じクラスの中で ─ 3歳未満児のクラスでは保育者の連携が特に大切

　0・1・2歳児のクラスでは、子どもたち一人一人の活動が異なる場面が多く見られます。

＜例えば、昼食を食べる頃＞

- 着脱（トイレの前後 ─ 援助が必要・一人で頑張ろうと試みる・少しの援助でできる）
- 排泄（オムツ替え・オマルに座る・トイレで排泄）
- 手洗い（トイレ後・食事前 ─ 自分で洗おうとする・自分で洗う・手ぬぐいでふいてもらう）
- 食事が配膳されるまで待つ子どもたちの援助（言葉かけ・手遊び・読み聞かせなど）
- 配膳（テーブルの消毒・運搬・盛り付け・配膳）

　思いつくままに挙げただけでも、これだけのことを保育者は行う必要があります。これらのことを1人で同時に行うことは不可能です。
　保育所では、複数で役割分担して行っていますが、ときにはアクシデントもあり、前もって決めていた分担通りではうまくいかないことも多くあります。

　　★予測　　子どもたちがどのように次の活動にうつっていくのか？
　　★判断　　自分は、今、何をすべきか？
　　★行動　　声をかけあって、最善の動きをとる。

　実習生は、このような臨機応変に動いている保育者の姿をまずは観察し、どのような役割があるのか、どのように動けばよいのかを把握します。そのうえで、お手伝いできそうなところを手伝わせていただけるとよいですね。

(2) 同じ学年の中で ― 同学年複数クラスの保育者同士の連携

　実習生は、一つのクラスに配属されることが多いので、なかなか気付きにくい点ですが、園や施設の中では、担任同士で情報交換していることが多くあります。同じ学年は、発達段階が似ているため担任同士で話し合い、同じ活動ができるように話し合うことが多いからです。ときには、一つのクラスだけではできない大がかりなことを、学年全体で行うこともあります。

　また、同学年の子ども同士は、別のクラスの子どもとも交流が多いため、子どもたちに関する情報交換も必要です。

(3) 同じ園・施設の中で　〜朝礼・終礼・園内研修会〜

　学年を越えての連携も大切になってきます。

　保育の世界では、「園や施設全体を全員の教員や職員で見る」ことが基本です。特に保育所では、早朝保育など別々のクラスの子どもたちが集まる時間帯もありますので、全員の子どもを把握することが必要になってきます。

　朝礼・終礼・園内研修会といった教職員が集まる場での情報交換によって、子どもの状況を把握し、どのように保育していくのかを組み立てていきます。

　そういった情報交換の場では、家庭での子どもの様子が話されることも多いので、個人情報保護に留意しましょう。しかし、園や施設での子どもの気になる行動が、家庭事情と深く関わっていることもあり、そのことを考察に明記したいときもあると思います。そのような場合、「この程度なら実習日誌に書いても大丈夫」と自分勝手に判断せず、どの程度までなら実習日誌に明記してもよいのかを、必ず保育者に確認してください。

④ 保育環境理解（環境の見方）

1．動線を探ってみよう！

　子どもが動いていく線のことを「動線」と呼んでいます。保育では、この動線を考えて環境構成されており、その点に着目して環境を見ると、物やコーナーの配置が必然的であることに気付きます。
・タオルかけがこの位置なのはどうしてか？
・ブロックがこの場所にあるのは、なぜだろう？
・園庭の砂場は、なぜテラスの近くにあるのだろうか？

「この時間の子どもたちは、どのような流れで次の活動に移っていくだろうか」
「この場所ではどのように子どもたちが遊び、動いていくだろう」
　そんなふうに、子どもの動線を考えていけば、物と人との関係がクローズアップされ、必然的な環境構成が理解できます。

2．コーナーの見方

　「製作のコーナー」「おままごとコーナー」といった、さまざまなコーナーがありますが、コーナーの場所や内容は、何十年も同じではありません。
　年によって、子どもたちも保育者も変わりますので、保育室内の環境構成は当然毎年変えていく必要があるのです。コーナーは、子どもたちとそのクラスの保育者の生活の中で「これが今の私たちにとって最適！」という状態で構成されていきます。そこには、何か意図があるはず。

・このコーナーが部屋のこの位置にあるということは、どのような効果があるのだろうか？
・ここに置いてあるものは、どのような意味や意図があってのことなのだろうか？
・このコーナーで子どもたちは、どのような遊びを展開していくだろうか？

　考えてみましょう。
　また、各コーナーには、それぞれ「このコーナーがお気に入り」と集まってくる特定の子どもたちがいます。それは、園や施設の中に"自分の居場所"を見出したからです。安心していられる場所、自分らしさを発揮できる場所を子どもたちは求めています。

3．保育者の意図を探る

「なぜ、ここに○○があるのだろう？」
「なぜ、この壁面はウサギでなくてはならないのだろう？」
「なぜ、おままごとコーナーはこの位置なのだろう？」

保育室の中一つ一つに、このようなダウトをかけてみたことはありますか？ 環境の構成には、必ず意味があります。保育者の意図を探るためにも、**子どもたちがどのように遊び、どう過ごしているのかをじっくり見てみましょう**。

環境構成は、**長期的な見通し**の中で構成されていることも多いので、その場合は、短期間しかいない実習生には分かりにくいものです。どうしても分からない場合は、保育者にたずねてみるとよいですね。

4．使いやすさ　〜片付けやすい環境〜

子どもたちが自発的に環境と関わるためには、その環境の使いやすさが大切になってきます。
ここでは、例として、片付けやすい環境とはどのようなことなのか、保育者の援助（声のかけ方・環境設定など）を考えてみましょう。

　＜片付けやすい環境＞
　①発達段階に合わせた目印がある（写真→　絵　→　文字）
　②棚の奥行きや高さ（子どもたちの手の届く範囲・遊具を持ち上げられる高さ）
　③物の数（多すぎると片付けにくい）
　④片付けのタイミング（十分遊びこんだのか？）
　⑤片付けに対する必然性（子どもたちにとって、必要なことなのか？）

片付けについて考えると、その中に「使いやすさ」に関する要素が含まれていることが分かります。①②③は、まさに使い始めの使いやすさと関連していることが分かりますね。

5．扱いやすさ

使いやすさと同様、子どもが「これ、使ってみたい」と環境に自ら関わりたくなるためには、扱いやすいことも重要です。子どもの育ちによって、扱いやすさは変わりますよね。

＜子どもの発達段階によって変わる環境選びのポイント＞
①素材（材質・質量など）
②大きさ
③形
④色
⑤数

スプーンやフォーク、ハサミやのりなどを使っている子どもを想像してみましょう。扱いやすいものを使ってなんとか成功するという体験をしないと、子どもは何度も挑戦しなくなります。扱いにくいものを使ったために失敗を繰り返してしまっては、子どもの育ちにはつながりません。子どもの生活や遊びを支えるために、吟味した扱いやすいものを用意する必要があるでしょうね。

6．流動性

環境は、流動的なものです。子どもたちの興味・関心や、保育者の意図によって、常に動いていきます。

例えば…

> ・昨日はここにあった遊具だけれど、動線を考えて今日はこちらの棚に移してみよう。（物的環境）
> ・今日は雨が降ったから、傘をさして園庭を散歩してみよう。（自然環境）
> ・いつも母との別れ際に泣くAくんを、昨日まで毎日抱っこしていたが、そろそろ抱っこではなく、手を握るだけで泣きやまないかなあ。（人的環境）

環境設定をするときには、この流動性を意識する必要があります。反対に、流動しない環境があれば、そこには「動かない」理由があるはずです。さらに、保育の中では、ときに無意識のうちに動いてしまっていることもあります。

保育環境は、日々、刻々動いているものであるということを忘れないようにしたいですね。

5 保育者の専門性を探る

1. なぜ子どもが見えないのか

緊張すると子どもは見えません。では、なぜ緊張するのでしょうか？　また、どのように改善していったらよいのでしょうか？

(1) 実習初日に叱られる　→　自信をなくす

実習初日に「邪魔になっているから子どもと関わらないで！」と叱られ、その後の実習中は、萎縮して子どもと全く関われなかった…といった内容の話は、実習生からよく聞かれます。

保育者の考え方は多様であり、時として違った内容になったり、変化していったりすることもあります。一度、注意を受けたからと落ち込まず、是非、体当たりでぶつかってみてください。当たり前のことですが、初めからうまくできる人なんていませんから。

(2) もともと初めての場所が苦手

もともと緊張場面が苦手という人がいます。そのような人には「慣れる」ということが大変難しいことなのは分かりますが、「慣れるように」努力することは必要だと思います。

保育の場は人前に出る機会が多く、緊張場面も多くあります。緊張場面において少しでも自分らしさが発揮できるように工夫してみてください。

(3) 自分の力以上のことをしている

自分の力を正確に把握している実習生は、どのくらいいるのでしょうか？

人は、高望みしすぎると失敗します。気負って自分の力以上のことをしようとしたときは、「失敗」を恐れて体が硬くなるのです。張り切りすぎると、から回りします。

自分の力を把握することは、案外重要なことなのです。高すぎる理想を掲げ、その理想に到達できなかったとしたら、自分の力のなさに情けなくなってしまいますよね。

大きな失敗からは希望は生まれにくく、挫折感を生み出すだけです。努力すれば到達できそうな目標を少しずつ進んでいきましょう。小さな失敗を重ねることで成功体験も少しずつ積み重なっていきます。スモールステップで。

2．「同じ考察しか思いつかない」を改善していく

★毎日同じようなことばかり書いてしまいます

なぜでしょうか？　それは、同じような子どもを見た場合に、同じ考察しか思いつかないからです。下記の例で考えてみましょう。

> 【子どもの姿】
> Aちゃん（1歳7か月）が昼食の途中にウトウトした。
> 【考察】
> Aちゃんは、昨日もごはんの途中でウトウトしていた。昨日と同じで、今朝も早い登所だったからだろう。

もし、Aちゃんが毎日早朝保育を利用している場合、このような考察の仕方では明日も明後日も同じ日誌になってしまうでしょうね。原因は、「子どもの姿」の捉え方にあると思います。

（1）考察のポイント内容をもっと詳しく探っていこう

考察は、何をポイントに書いているのでしょうか？今回は、どうやらAちゃんがウトウトした理由を書こうとしていますよね。考察のポイントが「Aちゃんのウトウト理由」であるならば、その理由もっと詳しくを探る必要があります。

＜Aちゃんがウトウトした理由は？＞
①Aちゃんの朝食・昨夜の睡眠の様子は、連絡帳にどのように記されていたのでしょうか？Aちゃんが、ウトウトしたのは、昨日と全く同じタイミングだったのでしょうか？
②体調はどうでしょう？
③早朝保育での様子は、どうだったのでしょうか？
④今日の昼食は、Aちゃんの好きなものかしら？
⑤普段、遊びの場面ではどのようなものを好んでいますか？
　今日の遊びの様子は、どうだったのでしょう？充実して遊べたのでしょうか？

（2）発達段階を見極めよう

また、Aちゃんの発達段階の見極めも大切になります。そもそもAちゃんは、食事中にウトウトするはずがない発達段階なのでしょうか？「睡眠」に関してだけではなく、さまざまな発達を押さえておくとよいでしょう。

(3) 子どもの姿を詳しく描写する

- ウトウトという表現ですが、どのようにウトウトしていたのでしょうか？
- 昼食中の様子も具体的に伝わってきません。
- 昼食の途中というのも、何分ほど経ってからなのか、それはAちゃんの食事時間としては、どのくらいの時間なのでしょうか？
- どんな言葉を発していたのでしょう？"からだが語ることば"からは、何か感じることはなかったのでしょうか？表情や体の動きはどうでしょう？

　子どもの姿を短い文で端的に表現することが大切な時もありますが、たくさんの修飾語を付けることで、その子が見えることもあります。実習日誌には、分かりやすい表現で書く必要がありますが、日誌の構想を練る段階では、たくさんの修飾語を付けた子どもの姿を想像するとよいでしょう。

＜日誌の構想段階でのAちゃんの姿＞
　今朝も早い登所で、眠そうに保育所にきたAちゃん。（連絡帳には、昨夜はいつもより2時間も遅く寝たことが記されている。）しかし、しばらく保育士に抱っこされたあとは、ブロックや絵本でたっぷり遊び満足した様子。オムツも替えすっきりしたところで、大好きなハンバーグを食べ始めたが、いつもの食事時間の半分ほどの時間で急にウトウトし始めた。昨日も昼食中ウトウトしていたが、食べ始めてすぐうつらうつらといった具合で、ウトウトはするが食事が終わるまでは寝込まなかった。しかし、今日は急に睡魔が襲い、今にも寝込みそう。

　どうでしょうか？修飾語をたくさんつけると、詳しい子どもの姿が浮かび上がってきますね。
　その中での大切なポイントだけを「子どもの姿」として取り出して書き、修飾語の部分は考察に含め、より詳しい考察にしてみてはどうでしょう。その子の関してのたくさんの情報を得ることは、考察を深めるポイントです。

3．保育者の専門性

(1)「保育のセンス」と「保育の知識」

　実習生の中には、学校の成績はあまり芳しくないけれど、実習中の子ども対応に関する評価はとても高いという人がいます。当然、その逆の場合もあるわけですが、そこには「保育のセンス」があるかどうかが関係してくるように思います。
　保育のセンスとは、刑事の勘ならぬ「保育者の勘」とでもいうべき、子どもと関わる際の感性です。
　では、この保育のセンスは、生まれつき備わっているものなのでしょうか？　もちろん、生まれもって保育のセンスがあるという人はいると思います。しかし、そのセンスだけを頼りにしている

と、「保育者の勘」のみで行動し、その勘が外れた場合は、「なぜ、うまくいかなかったか」といった理由を考え出すことは難しいでしょう。

　上記の実習中の評価が高い実習生は、もともとこのセンスを備えていたと考えられます。しかし、実習中子どもと共にいるときの動きは褒められるのに、いざ「実習日誌を書こう」とすると、言葉が見つからず、うまく書けないこともあるのです。どうしてでしょうか？

　それは、生まれ持って備わっている保育のセンスのみに頼って保育をしたためです。「なんとなく…」子どもと関わったらうまくいったというだけなのです。

　本当の「保育のセンス」とは、たゆまぬ努力に裏打ちされたものなのではないでしょうか？多くの保育体験と山積みの専門書。学び深き保育者こそが、真の「保育者の勘」を備えていくのだと思います。その蓄えられた保育の知識こそ、実習日誌を書く際に必要なものなのです。

　保育のセンスを高めていく近道は、多くの文献にふれること。そして、子どもとのたくさんの体験を省察することなのです。

(2) 科学的な視点　VS　子どもの可能性を信じること

①科学的な視点で見てみよう

　専門性を考えるときに、科学的な視点は不可欠です。学生にとって初めは、マニュアルやパターンも必要でしょう。まずは、マニュアル通りに動いてみる。科学に裏付けられた発達表と実際の子どもを比べてみる。

　しかし、そうやって子どもと接しているうちに、科学的な視点では見ることが難しい、分類できない子どもにも出会います。例えば、チェックリストで子どもを見ようとした場合、チェックを付けるかどうか判断に迷うことが多いことが分かります。

②子どもの可能性を信じること

　チェックリストで子どもの発達を見るということは、子どもの気になる行動（マイナス行動）をクローズアップさせることです。子どもの意欲・満足感・自信や成長は、チェックリストでは測れないのではないでしょうか？

その子なりの物語を見出し寄り添うことこそ、保育者の最大の専門性であると私は考えます。

当たり前のようですが、子どものマイナス面が気になっていると、この可能性はなかなか見えません。一見、気になるマイナス行動としか見えない子どもの行動を「何かを学ぼうとしている」「自分で行おうとしている主体的な場面」と捉え直すことで、子どもの行動の意味が分かることがあります。

実習日誌の中で実習生が「子どもが見える」と感じる瞬間は、このようなときが多いものです。

(3)「発達が分かる瞬間」「子どもの思いに気付く瞬間」「環境が見える瞬間」

実習日誌が書けるようになったという実習生の多くは、実習中に「発達が分かる瞬間」や「子どもの思いに気付く瞬間」「環境が見える瞬間」があるようです。何かしらのきっかけで、急に保育が見えるようになるのでしょう。

「視点を変えてみる」と世の中が別世界になることは、日常の生活でもありますよね。同様に、保育実習中も無意識に視点が変わることがあります。その瞬間、自分でもどうしてなのかよく分からないけれど、「ああ、こういうことだったんだ」という納得をもって、保育の世界が見えてくるのだと思います。

視点を変えてみたり、無意識に視点が変わったりする瞬間を逃さないようにしたいですね。

(4) 人と関わる仕事のプロフェッショナルとして

遊びの大切さを他分野の人に伝えられますか？
保護者対応の知識は十分ですか？
子どもの発達を見極められますか？
恥ずかしさを越えて語り合える仲間がいますか？

保育実習では、どんなに取り繕っても"普段のあなた"が出るものです。

弱い自分が見えてしまうこと、逆に、自信を持ちすぎて他者からの注意が耳に入らないこともあるかもしれません。

実習は、保育者のプロになるための学びの場です。是非、充実した実習ができるように、日々、真摯な態度で実習日誌に取り組み、その中から"自分"を見出し、省察を深めていきましょう。

プロの保育者になったら、自分らしさだけを発揮した楽な状態で過ごしてもよいわけではないのです。

・どんなあなたなら、相手は心地よく過ごすことができるのでしょうか？
・どんな状態なら、相手のことを理解することができるのでしょうか？

人と関わる仕事のプロフェッショナルとして、日々の振り返りを大切にしていきましょう。

第5章

保育所（3歳未満児）

1 保育所実習（0歳児クラス）
2 保育所実習（1歳児クラス）
3 保育所実習（2歳児クラス）

① 保育所実習（0歳児クラス）

　乳児保育、とりわけ0歳児クラスにおいて、もっとも重要なことは、乳児の心に人への信頼感を育んでいくことではないでしょうか。「自分は周りの人から愛されている」と感じる自己信頼感や自己肯定感がやがては、他者理解へとつながり人間関係を豊かにしていくのです。このような信頼関係（愛着関係）の基盤を築く意味でも、0歳児クラスの中では、保育者が一人一人の乳児の心のよりどころ（安全基地）となり得るよう、個別的対応による「担当制保育」が行われています。また、最近の傾向としては、高月齢になるにつれて、数人の小グループに複数の担当保育士を定める「グループ担当制保育」への移行や養護面（生活面）だけ担当制を決めて活動（遊び）の場面では、複数の保育士が関わる場合など、担当制保育の形態も保育所によって多様化しています。特に、0歳児クラスにおいては、実習先がどのような担当制を導入しているのかをしっかり把握した上で、実習に臨むことが必要となってきます。

１．実習日誌のポイント

（1）観察実習時のポイント（1、2日目）

①めあての持ち方

　実習初日では、実習生として見通しをもって動けるようになるためにも、まず「一日の保育の流れを理解する」ことが必須となります。次に早い段階で、担当クラスの子どもたちの一人一人の名前を覚えることも必要となります。0歳児クラスでは、乳児との言葉によるコミュニケーションは不可能です。早い段階で名前を覚え、呼びかけることが、乳児と触れ合うためには最も大切なことです。

②観察の仕方

　保育の流れをつかむためには、0歳児クラスでは、子どもの動きを視点に観察するのではなく、担当保育士がどのような動きをしているのか、その動きをしっかり目で追っていくことが必要です。0歳児の保育はその大半が養護（生活）で占められています。保育士がどのように乳児の生活面の援助（おむつ交換・授乳・離乳食の介助・睡眠への誘いかけなど）を行っているのか、保育士の動きから読み取り、理解していくことが求められます。

③記録の仕方

　観察実習時には、一日の保育の流れを時間にそって捉えてくことや室内外の環境設定を詳細に書き留めておくことが必要となってきます。しかし、全てを記憶に留めて、後から記録として書き綴っていく作業はとても難しいので、ある程度のメモ書きが必要となってきます。ただし、自分も保育に参加しながら、同時に観察をする「参与観察」の形態では、メモ書きをするタイミングに気をつけなければなりません。小さく折りたたんだメモ用紙などをポケットにしのばせておいて、気づかれないように書く工夫は、実習全般を通して必要です。特に0歳児の場合は、何でも口に入れて確かめるとい

う発達上の特性があることに留意して、メモ書きに使うボールペンのキャップなどを床に落とさないように、触らせないように細心の注意を払って行いましょう。また、環境設定に関する記録は、所定の記録用紙に全て書き表わすことは難しいと思われますので、別紙を用いて、定規を使い図式化するなど、記録者以外の第三者が見ても分かるように工夫をして描くことが必要です。

(2) 参加実習時のポイント（3～8日目）

①めあての持ち方

担当クラスの保育の流れや環境設定などおおまかに全体を捉えた後は、個々の場面を見つめていくことが必要となります。0歳児は、一日の生活の大半が養護を中心として行われていますので、先ずは、食事介助やおむつ交換など養護面における1対1の関わりや触れ合いの中から援助の仕方を学び、実践力を高めていくことをめあてとして挙げてみるとよいでしょう。次に、保育士間同士のやりとりにも着目してどのような連携を図っているか見ていくことが大切です。0歳児保育は、児童福祉施設最低基準に掲げてあるように、通常保育士1人が2～3人の乳児を担当しています。1人の乳児に手が離せない状態の場合も多く、このようなときに周りの保育士がどのように連携して、他の乳児を見守っているかクラス内での協力体制について捉えていく必要があります。

②観察の仕方

場面ごとに観察する方法としては、養護を中心とした生活の場面と遊びを中心とした活動の場面に分けて見ていくとよいでしょう。そして、場面ごとに丁寧な目を持って、詳細に捉えていく努力が必要となります。できれば、一日の保育の中でそれぞれどのような場面を取り上げたいのか、予め1～2場面を目的として掲げておくとよいでしょう。事前にこのような作業をしておくことで、偏りのない場面記録を取ることができます。

③記録の仕方

一日の保育の流れを時間ごとに追って書く時系列の記録については、実習当初は必要ですが、この段階では、エピソード記録など場面ごとの詳細な記録を付加していくことが必要です。エピソード記録については、保育現場においても、「子ども理解」や「自己評価」という観点から主流となりつつあります。実習生の段階から、エピソード記録を導入して書く経験を積んでいくことは大切です。
（実習日誌例（2）参照）

(3) 部分・全日実習時のポイント（9、10日目）

①めあての持ち方

実習も終盤にかかるこの時期は、担当保育士の動きや関わりから学ぶ段階を経て、自分と子どもを中心としためあてへ進んでいく必要があります。例えば、「子どもの動きを見て、子どもの気持ちを読み取る」「子どもの動きを予測した関わりを持つ」「子ども一人一人にあった言葉かけを探す」など、個々の子どもの発達の違いを理解した上で、丁寧に関わっていくことを目標とするなど、めあてそのものの内容も高まっていかなければなりません。

②観察の仕方

観察の主眼は、一人一人の子どもたちにあります。しかし、個を捉えると同時に、指導実習に向け

て、子どもたちの全体像を把握する必要があります。特に、朝の会など一斉に活動を行う時間帯では、個々の子どもの様子と全体の様子を同時に捉える二つの目が大切です。

③記録の仕方

この時期の記録は、エピソード記録の中に自分（実習生）と子どもの関わりを書き入れることが大事です。これにより、実習後に自分自身の言葉かけや援助の仕方がどうであったのか、振り返りを行うことができます。また、指導実習時の記録もエピソード記述的に描いていくとよいでしょう。（実習日誌例（3）参照）

2．実習日誌例

（1）観察実習時

○月○日（　） 天候　晴	0歳児　8名 欠席　○名	ひまわり組	今日の主な活動 散歩に出かける。
今日の実習のめあて 「一日の保育の流れを理解する」「子ども一人一人の名前を覚える」など			

時間	環境の構成	子どもの活動	保育者の援助・配慮	◎実習生の動き○気付き
7：30	環環図 ↑ ＊任意の形式で別紙に描く。	○順次登園する。 ・おむつ交換、検温をする。	・子どもを迎え入れ、保護者と挨拶を交わし、連絡帳を受け取る。 ・一人一人に声をかけて子どもが嫌がらないように励ます。	
8：30	ジャングルジムの下には、安全なようにマットが敷かれている。 ＊（安全面での配慮などを文章で表す）	○自由遊びをする。M男とC子は「ぶーらん、ぶーらん」と口ずさみながら、ジャンブルジムの上に座っている。	・子どもたちの遊んでいる様子を見守りながら、時折名前を呼び、言葉を掛ける。	○目の前の子どもだけではなく少し離れたところにいる子どもにも目を配ることが大切であると気付いた。 ◎一人一人の子どもの遊びを注意深く見守りながら、優しく言葉掛けをする。
9：00	保育士の前に座る。（隊形図などを示す） おやつの椅子の配置図など。	○朝の会をする。手遊び「　　　」名前を呼ばれたら、返事をする。	・子ども一人一人に優しく呼び掛ける。 ・子どもが椅子に座りタオルで手を拭き、エプロンをつけるよう援助をする。	◎まだ1人で座ることができない子どもは、膝の上に抱きかかえる。 ◎食べ終えた子どもの口を拭き、エプロンを片づける。
9：30		○おやつを食べる。 （牛乳・ミルクなど）	・子どもがくつ下をはき帽子をかぶるよう援助する。	◎保育士の指示に従い、乳母車の用意をする。
10：00	散歩のコースを図式化する。	・散歩の準備をする。 ○散歩に行く。 （目的地を記入）	・乳母車を押しているときも一人一人に優しく声かけをする。	○乳児に対しては、常に優しく言葉を投げかけることが大切であると気付いた。

時間	環境の構成	子どもの活動	保育者の援助・配慮	◎実習生の動き○気付き
10:30		○目的地から園に帰る。 ・おむつ交換をする。 ・昼食準備をする。	・園に到着した後は、一人ずつ乳母車から降ろす。 ・部屋に連れていき、おむつ交換をする。 ・おむつ交換を終えた子どもから椅子に座るよう援助する。	◎部屋に入ったら、一人ずつタオルで手を拭く。 ◎席についた子どもからエプロンをつける。
11:00	昼食の配置図を記入する。	○昼食を食べる。「いただきます」と手を合わせてから食事を始める。 ・食後にお茶を飲んで、ごちそうさまをして、手と口をタオルで拭いてもらう。 ・おむつ交換をした子どもからパジャマに着替える。	・食べることに集中しない子どもには、言葉をかけて食べることを励ます。 ・一人一人の子どもに対しては、「すごいね、かっこいいね」などと声を掛けて食べられた喜びを伝える。	○個々の子どもの食べるペースに合わせて、食事介助をすることが大切であると学んだ。 ◎昼食の片づけをする。
12:00	ベッドサイドの棚、危険物の有無など安全点検事項。	○午睡をする。	・一人一人の入眠リズムを大切にして、睡眠に誘う。	◎子どもの午睡中、実習生は、おもちゃの片づけや点検、洗濯物の整理、掃除などをする。
14:30		○随時、起床する。目覚めた子から検温・着替えをする。	・目覚めの悪い子どももいるが、急がせずにその子のペースを見守る。	◎布団畳みや着替えの援助を行う。
15:00	おやつの配置図を記入する。 自由遊びの設定など環境図を記入する。	○おむつ交換をする。タオルで手をふいてもらい、席につき、おやつを食べる。 ・おやつの後は室内で、静かに遊ぶ。	・おやつが食べやすいように小さく切って渡す。 ・子どもと一緒に遊ぶ。絵本を読むなど。	・おやつが食べやすいように援助を行う。 ◎子どもと一緒に遊ぶ。絵本など子どもの興味を示したものには、積極的に関わる。
16:00		○随時降園する。延長保育に入る。		

<今日の反省と明日への課題>	<指導者の所感>
今日は、昼食時の食事介助に入ったが、私は子どもたちに対して、ほとんど言葉掛けができなかった。明日からは、子どもたちの名前を早く覚えて積極的に言葉掛けをしていかなければいけないと思った。	実習初日ということもあり、声も小さく不安そうにされていましたが、子どもたちの名前を覚えられたら、どんどん名前を呼んで声をかけてあげて下さいね。おそるおそる接していると、子どもたちにもそれが伝わり不安になります。

（2）参加実習時

○月○日（　） 天候　くもり	0歳児　8名　ひまわり組 　　　　　欠席　○名	今日の主な活動 好きな遊びをする。

今日の実習のめあて
保育者の言葉かけや乳児への関わりを注意深く読み取る。

時間	一日の流れ	記録（子どもの活動・保育者の援助など）	考察
7：30	○順次登園する。 ・排泄（おむつ交換）・検温をする。	○エピソード記録（客観的事実のみ） タイトル「A先生が大好きなSちゃん」 　Sちゃんは、A保育士の姿を見ると直ぐに、駆け寄り、膝の上に乗ったり、A保育士が他の子どものおむつ交換をしているときも、隣に座りじっと待っている様子が見られた。 　また、A保育士が何か作業をするために部屋の中を歩いたり、部屋から出て行こうとすると、泣きながら、後を追う姿も見られた。 　A保育士は、Sちゃんと触れ合うことのできる時間は、膝の上に乗せたり、抱っこしているが、他の子を抱っこしているときや作業をしているときは、Sちゃんが泣きながら近づいても、声かけはするが、決して抱っこをしようとしていなかった。	○記録に対応する考察 　Sちゃんのこのような行動から、Sちゃんは、A保育士に対してとても信頼を寄せており、心のよりどころのような存在になっていると感じた。 　また、沢山甘えたいという気持ちも強く感じた。A保育士は、そんなSちゃんの気持ちを受け止めながら、Sちゃんが今は甘えてもよいとき、今はそうでないときという区別がつけられるように、メリハリをつけているように思った。 　何故ならば、A保育士がおむつ交換をしているとき、Sちゃんは、隣で泣かずに待っている姿が見られたが、これは、今は甘えられないけれど、後で甘えられるということを少しずつではあるが、理解できているからだと感じた。
8：30	○自由遊びをする。（室内） 　ボール 　すべり台 　おもちゃ ・片づけをする。		
9：00	○朝の会をする。 　手遊び 　挨拶・絵本		
9：30	○おやつを食べる。		
10：00	○ホールで自由遊びをする。 　カラーブロック・トンネル		
10：30	○昼食準備をする。 ・排泄（おむつ交換）手洗いをする。		
11：00	○昼食を食べる。		

時間	一日の流れ	記録（子どもの活動・保育者の援助など）	考察
12：00	・排泄（おむつ交換）着替えをする。 ・午睡をする。	タイトル「Nちゃんの食事の場面」 　Nちゃんは、とり皿に入っているおかずなどを手づかみでマイペースで食べている。私は、Nちゃんが自分で食べている合間に、とり皿をずらし、スプーンにご飯をのせて口元に運んだ。 　するとNちゃんは、スプーンをつかみ口元から離そうとする。食べたくないのだと思い、Nちゃんの手からスプーンを離し、とり皿を前に置いた。すると、Nちゃんは、またおかずを手づかみで食べ始めた。しばらく待って、再び、ご飯を口元に運ぶと、今度は口をあけて食べてくれた。	○記録に対応する考察 　Nちゃんのこのような行動は、自分のペースで食べたいという思いがあっての行動なのかと思った。 　Nちゃんが意欲的に食べていて、集中して食事をしている様子だったので、私がご飯を食べさせようとすることにより、Nちゃんの食べるペースを乱してしまったのではないかと反省した。
14：30	・目覚める。 ・着替える。 ・排泄（おむつ交換）		
15：00	・おやつを食べる。 ・室内で遊ぶ。 ・絵本、おもちゃで遊ぶ。		
16：00	・順次、降園する。		
16：30	・延長保育に入る。		

＜今日の反省と明日への課題＞	＜指導者の所感＞
実習も1週間を過ぎ、ほぼ全員の子どもたちと遊びや生活の中で関わることができたが、まだ人見知りをするA子ちゃんとは、うまく関わることができない。自由遊びの時間などに名前を呼んだり、声かけなど試みてはいるが、反応が返ってこなかったり泣きだしてしまう。しかし、諦めずに、残りの1週間は積極的に関わっていこうと思う。	子どもたちにも個性があり、人なつっこく、直ぐに甘えてくる子、なかなか心を開かず、慣らし保育などにもとても時間がかかる子などさまざまです。そんな子どもに1週間はまだ短いのかもしれません。もう、1週間ありますので、あまり「仲良くならなければ」という焦りの気持を表面に出さず、自然体で接して下さい。

保育所（3歳未満児）●第5章

(3) 部分・全日実習時（1枚目、一日の流れの記録）

○月 ○日（ ） 天候 くもり	0歳児 8名 ひまわり組 欠席 ○名	今日の主な活動 タンポ遊びをする。

今日の実習のめあて
担当の保育士と協力しながら保育を進める。

時間	一日の流れ	記録（子どもの活動・保育者の援助など）	考察
7:30	○順次登園する。 ・排泄をする。 　（おむつ交換） ・検温する。	○エピソード記録（客観的事実のみ） 「自由遊びの場面」（遊び・活動） 　Sちゃんは、携帯電話を触りながら「もしもし」と電話をする真似を何度も繰り返し、もくもくと一人遊びに集中していた。 　Yちゃんは、私が何気なくマットの囲いに携帯電話を並べていると、近づいてきて、囲いの下に携帯電話を落とした。私は、もう一度囲いの上に携帯電話を並べると、Yちゃんは、また下に落とし、その後、何度も自分で囲いの上に載せては落としを繰り返していた。	○記録に対応する考察 　保育士とおもちゃを通して、関わりを楽しんでいる子どももいれば、Sちゃんのように一人で遊びに集中できる子もいる。 　また、Yちゃんのように、一つのおもちゃから、違う遊び方を見つけて楽しむ子どもの姿も見られた。自由あそびの場面では、一人一人の遊びの様子をじっくりと見つめながら、関わっていくことが大切であると感じた。
8:30	○自由遊びをする。 ・片づけをする。 ・手洗いをする。		
9:00	○朝の会をする。 ・挨拶をする。 ・手遊びをする。		
9:30	○おやつを食べる。 ・絵本を見る。		
10:00	部分実習部分　※　詳細は次頁（4）参照		
	・昼食準備をする。 ・排泄する。（おむつ交換） ・手洗いをする。		
10:30	○昼食を食べる。	「着替えの場面」（養護・生活） 　午睡前、私は、Iちゃんの洋服の着替えのため「Iちゃん、お着替えしよう」と声をかけ近づいたが、Iちゃんは、逃げようとした。無理に捕まえようとすると、身体をバタバタさせて嫌がる。そんなやりとりを少し離れた所から見ていたA保育士は、「Iちゃん、見ているよ」「バンザイしてごらん」などと声をかける。すると、Iちゃんは、静かになり、バンザイなどして積極的に着替えに協力してくれるようになった。その間、A保育士は、ずっとIちゃんを見守っていた。	Iちゃんは、慣れていない私に対しては、嫌がる様子を示したが、普段から信頼をよせているA保育士に見守られているとわかると、安心して落ち着いた気持ちになったのだと感じた。また、Iちゃんは、まだ1歳になったばかりなのに、A保育士の言葉を理解して、受け止めているように感じた。二人の間には、信頼関係が成り立っているからこそ受け止め合うことができたのだろう。
11:00	○着替えをする。 ・排泄をする。 　（おむつ交換）		
12:00	○午睡をする。		
14:30	・起床する。 ・着替え・排泄をする。		
15:00	・手洗いをする。 ○おやつを食べる。		
15:30			
16:00	○帰りの会をする。 ○自由遊びをする。		
16:30	○順次降園する。 ○延長保育に入る。		

(4) 部分・全日（主な活動場面）実習の実際の記録

ねらい：タンポを押すという動作を楽しむ。	反省：動作よりも感触の方が適していた。
内　容：タンポ遊びをする。	反省：0歳児には、適している内容であった。

時間	環境の構成	子どもの姿、保育者の援助・配慮	省察
10：00 10：20	環境図 ↑実際の配置図を描く。 準備物： 机　○台 机の上には、新聞紙を敷く。 スタンプ皿 　　　○個 画用紙○枚 タンポ（実際の図を描く） 終わった子どもの動線にも配慮して、全体的に描く。	・実際どのような姿が見られたか。実習生自身がどのような思いでそのとき関わり、子どもの姿をどう読み取ったのか、エピソード記述的に書く。 「タンポ遊び」 　今日、午前の設定あそびの時間帯にタンポ遊びを導入した。私がタンポを押す動作を見せると、積極的にタンポを押し楽しんでいる子どもや、援助をしなくても、自分でタンポを押し楽しんでいる子どももいて、さまざまな様子を見ることができた。 　しかし、N子は、あまり楽しんでいない様子に感じたので、私が手を持ちながら、一緒に画用紙にタンポを押すように援助した。N子は、タンポに興味を持ったのか、じっと画用紙に描かれたタンポの跡を見ていたが、表情は緊張した様子に見えた。しばらくして、N子はタンポを持つことを嫌がり出した。泣きだしそうな顔になったので、慌てて終了した。 （図：割り箸棒／しっかりと止める／わたをガーゼで包む）	・実際に保育を行った後、その時点でどのような読み取りをして、どのように援助すべきだったか、振り返り省察したことを書く。 　N子は、このクラスの中で一番月齢が低く、まだ、上手くタンポを持ったり押したりすることができなかったのだと思った。そして、思うようにできなかったことに不安を感じ、今にも泣きだしそうな表情になったのだろう。タンポを押すと画用紙に色がつき、これが楽しいと感じるには、もう少し後の段階かと思った。 　0歳児では、月齢の差は、とても大きく、このような製作の場面では、その差が最も表れるので、どの月齢に合わせてテーマ・内容を決めたらよいのか難しいと感じた。

＜カンファレンスから学んだこと＞
・反省会、討議、指導を受けてからの学び、気付き、今後の課題など
　絵の具に合わせた水の量が多く、強くタンポを押す子どももいて、タンポについた絵の具が飛び散ってしまう場面があった。また、テーブルには新聞紙を敷いていたが、子どもには、汚れてもよい服を着せるなど、事前の配慮に欠けていたと反省している。また、今回の実習では、子どもたちの行動が全く予測できていなかったので、今後はある程度の予測を立てた上で実践ができるように努力していきたい。

＜指導者の所感＞
　タンポ遊びでは、準備物もよく考えられていました。ただ、「押す」ことだけが目的なのか、それが、何かの作品（製作）になるのか、分かりませんでした。始まる前に、そのことを子どもたちに伝えた方がよかったと思いました。

② 保育所実習（1歳児クラス）

　1歳児クラスでは、盛んに探索活動を繰り広げる活発な子どもたちの姿を目の当たりにします。今、心を動かされたことを実行せずにはいられない行動的な1歳児ですが、まだ自分で危険を回避する力は育っていません。子どもたちの動きに付き添いながら、安全面での配慮を徹底的に行う必要があるでしょう。

　また、1歳児クラスでは、「かみつき」が最も多く見られます。かみつきの背景には、さまざまな要因が絡んでいますが一過性のものであることを理解して、かみつく癖のある子どもからかまれないように、子どもたちの行動を見守ることが大切です。さらに、1歳後半からは、自我が芽生え、自己主張が始まる時期に入ります。さまざまな場面を通して、保育者と子どもがどのような対話をして、他者との折り合いをつけていくのか、先ずは観察を通して学んでいきましょう。

1．実習日誌のポイント

(1) 観察実習時のポイント（1、2日目）

①めあての持ち方

　観察実習時においては、「一日の保育の流れを把握する」や「子どもの顔と名前を覚える」事は、基本的なめあてとして必須ですが、その他に、「保育室の環境についての理解」や「個々の子どもたちの関わり方」も大切なめあてです。特に1歳児は、歩行・言葉の獲得、排泄の自立へ向けて生活に必要なさまざまな技能を獲得していく時期なので、それらを獲得するためにふさわしい保育室の環境や援助の仕方について早い段階から捉えていく必要があるでしょう。

②観察の仕方

　1歳児は、探索活動が盛んになる時期であり、ささいなことで事故に遭ったり、怪我をしやすい年齢である事を理解した上で、保育室内外の環境が安全面においてどのように配慮されているかよく観察しておく必要があります。また、生活面における環境（食事や睡眠の場、手洗い、トイレ）の整備についても把握しておかなければなりません。特に、1歳児前半は、まだ生活の大半が保育士の介助に委ねられております。手洗い、着替え、排泄の誘い方、食事の援助など個々の子どもの発達に合わせた担当保育士の関わり方もこの時期からしっかりと見つめておくことが、後の参加実習に役だっていきます。

③記録の仕方

　一日の保育の流れについては、ただ時間を追って活動を羅列するだけではなく、子どもの一日の生活リズムがどのように移り変わっていくのかという視点で記録を取る方がよいでしょう。「環境設定」に関する記録については、備品などに至るまでできるだけ丁寧に描かなければなりません。その際には白紙の用紙を用いて表わす方がより自由に多くの事柄を書くことができるでしょう。また、生

活場面の記録では、個々の子どものさまざまな発達の違いを記述しておくと、参加実習時の実践に役立つでしょう。例えば、食事の場面では、一人一人の子どもの食べさせ方には違いがあり、排泄の場面では、終日おむつが必要な子どももいれば、排泄の自立に向けてトイレットトレーニングを始める子もいるので、個々の発達に合わせた援助が必要になってきます。但し、個人記録を書く際には、個人が特定されないように、イニシャルでA子やB男などと表わすように注意しましょう。

(2) 参加実習時のポイント（3〜8日目）

①めあての持ち方

この時期の実習のめあての立て方としては、「個々の子どもの年齢（月齢）に合った遊びを観察した上で、一人一人に合わせて適切な援助をする」など、子ども一人一人を丁寧に見つめ、関わっていくことが中心となってきます。このような経験が次の指導実習の土台になることを理解し、日々、めあてに忠実に保育に参加していく姿が望まれます。

また、0歳児同様、クラス内では、複数の保育士が連携のもと、日々の保育が行われています。「保育士間のチームワークについて理解し、援助を行う」ことも大切な柱です。

②観察の仕方

1歳児のクラスでは、月齢によりさまざまな遊びが展開されています。1歳児前半では、容器の中に入れたり、出したりする遊びが、1歳児後半では道具を使って差し替える移しかえ遊びへと変化し、1歳を過ぎたころから、親指と人差し指でものをつまむ技術を習得した子どもたちは、ひも通し、棒さし、パズルなどより複雑な遊びに挑戦していきます。また、1歳児後半の時期から、まわりの友達との関わりも徐々に増えてきます。しかし、まだ仲良く遊ぶことができない年齢なので、物の奪い合いやかみつきなどトラブルは、日常よく起こります。個々の子どもの興味・関心・遊び方などをよく観察していくことが必要です。

③記録の仕方

この時期の記録には、観察した個々の子どもの遊びや生活習慣の場面をエピソード記録として記述していくことが必要です。特に1歳児後半頃からよく見られる子ども同士のトラブルの場面では、担当の保育士がどのような仲立ちをして、子ども自身が納得の持てる援助をしているのか、先ずは、保育士と子どもの様子を詳細に書きとめた上で、気づきや考察を重ねながら、方法論を身につけていくことが大切です。

(3) 部分・全日実習時のポイント（9、10日目）

①めあての持ち方

実習の完成期ともいえるこの時期には、個々の子どもの発達の特性を十分に理解した上で、「子ども一人一人の言葉や反応をしっかりとつかみ、関わる」など、関わり方そのものにも、目標をおいてより注意深く、丁寧に子どもとの関係を深めていくことが大切です。

また、指導実習の比重が増えるこの時期には、「活動の一つひとつにメリハリをつける」ことや「子どもたちが動きやすい環境を設定する」など、半日、一日実習を行う際の自分自身の目標をめあてとして掲げていくこともよいでしょう。

②観察の仕方

この時期の観察では、保育士の子どもたちに対する援助の場面において、単なる方法論を学ぶのではなく、その保育士がどのようなめあてを掲げながら、子ども援助を行っているのか、その背景を探る繊細な目を持つことが観察時において要求されます。

③記録の仕方

記録は、エピソード記録を用いますが、特に「考察」の部分が重要なポイントです。

この中で子どもが何を思い、何故このような行動を示しているのかという「子ども理解」と同時に、自分自身が関わった場面では、自らの関わりが当事者の子どもにとってどうであったのか、自己を評価する「振り返り」の作業が行うことが大切です。

2．実習日誌例

(1) 観察実習時

○月○日（　） 天候　晴	1歳児　11名　うさぎ組 欠席　○名		今日の主な活動 戸外（園庭）で遊ぶ。
今日の実習のめあて 一日の保育の中で子どもたち一人一人の姿を捉える。			
時間	環境の構成	子どもの活動	保育者の援助・配慮	◎実習生の動き○気付き
8：00 8：30	環境図 ↑ ＊任意の形式で別紙に描く。 ＊安全面における配慮事項なども記入する。	○順次登園する。 ・登園してきた子どもから検温をする。 ○自由遊びをする。ままごと、ブロック、手作りおもちゃで遊ぶ。絵本を見る。	・子ども一人一人に声を掛け、迎え入れる。 ・保護者と挨拶を交わす。 ・子どもの安全面に気をつけ、見守りながら子どもと一緒に遊ぶ。	○朝の迎え入れの時間は、保育士と保護者をつなぐ大切な時間であると感じた。 ◎一人一人の子どもの遊びを見ながら、時折声をかけて、一緒に遊ぶ。
9：00		○片づけをする。 ・手洗い・排泄をする。	・子どもと一緒に片づける ・おむつ交換、排泄の援助を行う。	◎子どもと一緒に片づける ◎手洗いの後、タオルで拭くことの援助を行う。
9：30 10：00	おやつのいすの配置図など 環境図 ↑ ＊園庭の環境も詳細に描く	○おやつを食べる。 （牛乳・ビスケット） ・帽子を被り、くつを履いてテラスに並ぶ。 ・すべり台・ブランコなどの固定遊具で遊ぶ。	・牛乳をコップに、ビスケットを皿に入れて配膳する。 ・くつが履けない子どもには、「できるよ」などと声かけをして励ます。 ・固定遊具などは子どもたちが使って危険のないように常に側について見守る。	◎配膳の手伝いをする。 ◎なかなかくつを履けない子どもには、援助する。 ○すべり台は逆さに登らないように注意を促すことが必要だと気付いた。

時間	環境の構成	子どもの活動	保育者の援助・配慮	◎実習生の動き ○気付き
10：00		○砂場で、スコップやコップを使って遊ぶ。		
10：50		○遊具、用具を片づけて、部屋に入る。	・個々の子どもに片づけるよう声をかけ、子どもと一緒に片づける。	◎最後に、園庭に残っている用具などないかを確認してから入る。
		・手洗い・排泄（おむつ交換）をする。 ・昼食準備をする。	・エプロンを配り、つける援助を行う。	◎担当保育士と昼食の配膳を行う。
11：20	昼食の配置図を記入する。	○昼食を食べる。（メニュー）「いただきます」と挨拶をしてから食べる。 ・手と口をタオルで拭いた子どもから排泄（おむつ交換）をして、パジャマに着替える。	・「おいしいね」などと声をかけながら、子どもと一緒に食べる。皿に残っている食べ物を集めて子どもの食べやすいようにする。 ・食べ終えた子どもから手拭きタオルを渡し、「ごちそうさま」の挨拶を促す。	◎子どもの様子を見守りながら、一緒に食べる。 ◎手を拭き終えた子どもから、排泄、着替えの援助を行う。
12：20	子どもの布団の配置など、午睡の場所を記入する。	○午睡をする。	・布団に入った子どもから、やさしく背中をとんとんして入眠を促す。 ・午睡中も時折、子どもの様子を見守る。	◎子どもの午睡中は、テーブルの床の掃除をする。
15：00		○午睡から目覚める検温、着替え、排泄をする。		
15：20	おやつの配置図を記入する。	○おやつを食べる。（メニュー）	・おやつを配膳する。おやつを食べ終えた子どもに手拭きタオルを配る。	◎おやつをのどに詰めないかなど気をつけて見る。
16：00	自由遊びの設定など環境図を記入する。	○保育室内で遊ぶ（積木、人形、絵本） ・随時降園する。	・子ども同士にトラブルがないかを常に注意しながら、一緒に遊ぶ。	◎子どもの遊ぶ様子を見守りながら、一緒にブロック人形などで遊ぶ。
16：30		○延長保育に入る		

＜今日の反省と明日への課題＞	＜指導者の所感＞
今日は、子どもたちの姿「個」を捉えることを目標に、子どもたちと先生方の関わりや先生方の援助について観察をしました。まだ言葉にならない思いを沢山持っている子どもたちと気持ちを通わせていくためには、個々の子どもたちの行動や表情や声色をよく見て、聞いて工夫して関わり、同じ目線の高さを持って過ごしていかなければいけないことを強く感じました。	1歳児クラスでは、一人一人に伝わる言葉掛けの工夫も大切ですが、一緒にいて共に寄り添うことや子どもが主体であるということも大切なので、さりげなく導いてあげながらできるようにしたりするなど、実習を通して、子どもへの関わり方について、多くの事を経験され、そこから学びを広げていってほしいと願っています。

(2) 参加実習時

○月○日（　） 天候　くもり	1歳児　11名　うさぎ組 　　　　　欠席○名	今日の主な活動 ホールで遊ぶ。
今日の実習のめあて 子どもの表情や目線から気持ちをくみとり、適切な言葉をかける。			

時間	一日の流れ	記録（子どもの活動・保育者の援助など）	考察
8：30	○順次登園する。 　検温をする。	○エピソード記録（客観的事実のみ） タイトル「おかわりが欲しいYちゃん」	○記録に対応する考察
9：00	○自由遊びをする。（室内） ボール・人形おもちゃなど・片づけをする。	昼食の時間、Yちゃんは、そうめんを「つるつる～つるつる」と言って、食べていた。そのとき、他のおかずは食べず、ずっとそうめんを食べていた。そうめんがなくなると、「つるつるおかわり」と保育士に伝えたが、保育士は、「Yちゃん、たまごとなすびも食べてみようね」と声をかけた。しかし、Yちゃんは、その言葉かけに対して「いや」と言い、「つるつるおかわり」と伝え続けていた。 　たまごとなすびを食べたがらないYちゃんに対して、保育士は、「先生もたまご食べるよ、あーおいしい」「K君も食べるよ、K君、Yちゃんに見せてあげようね。Yちゃん見ていてね」などと声をかけた。すると、その言葉かけに対して、まっすぐに目を見据えながら、Yちゃんは、少しずつ口を開き、なすびを一口食べ始めた。その後、なすびのお皿を自分の近くから遠ざけ、「つるつる、つるつる。」と再びそうめんのおかわりを保育士に伝え始めた。保育士は、「Yちゃん、つるつる欲しいのね。なすびも食べられたみたいだね」と声をかけて、そうめんのおかわりを盛りつけた。	担当の先生は、自分自身や他の子どもたちが食べている姿を積極的に示しながら、「おいしそう」「食べてみようかな」とYちゃんが思えるような言葉かけをしていた。 　Yちゃんは、なすびを食べることに対して、少し抵抗があったようだが、先生や友達がおいしそうに食べている姿を見て「食べてみよう」という気持ちになり、不安と一歩踏み出した勇気とが混じり合い、その心情が真っ直ぐに目を見据えるという表情に出ていたのではないかと感じた。
9：30	・排泄に行く。 ○朝の会をする ・挨拶、うたをうたう。		
10：00	○おやつを食べる。		
10：30	○ホールに移動して遊ぶ。 （固定遊具・マット・すべり台）		
10：20	○昼食準備をする。 ・排泄・手洗いをする。		
11：00	○昼食を食べる。		
12：00	○食べ終えた子どもから、排泄、午睡の準備をする。 ・午睡をする。		

時間	一日の流れ	記録（子どもの活動・保育者の援助など）	考察
14：30	○目覚める。 ・着替え、排泄、検温をする。	タイトル「いやだ、いやだ」 　おやつの準備をする場面で、H男、C太は、B也とRの席にすわっていたため、B也とRは、「やだー」と言って、H男たちを叩こうとする。保育士や実習生の仲裁でそれぞれ自分の席に着くことができた。 　このとき、担当保育士は絵本『いやだいやだ』を持ってきて、子どもたち（H男、C太、B也、R）の前に座り「このごろ、皆がやーだ、やーだって言っているから、この絵本を読むよ」と伝え読み始めた。絵本の場面を見せながら「やーだって言われると嫌だよね。悲しくなるよね」と子どもたちの側によって語りかけるように、絵本を見せ「やーだより、にこっ！が素敵ね」と伝え、微笑みかけた。すると、H男とC太が「にこっ」と言って保育士に笑顔を見せた。「まあ、素敵な笑顔ね。にこっ」とH男とC太、B也、Rの顔を見つめると、すかさずB也とRも笑顔になった。	○記録に対応する考察 　「やーだ」と言うだけではなく、友達を叩く場面が、一日のうちで何度も見られたが、その都度、子どもたちに叩かれたら、痛くて嫌なことや、何故叩いたかという気持ちを代弁し受け止めることだけに集中していた。 　しかし、このように絵本を通して、「いやだ、いやだ」の情景を想像して、どうしたらよいのかをゆったりとした気持ちで捉える時間の大切さを感じた。 　怒っているときや悲しいときは、子どもたちの感情が高ぶっていると考えられるので、アプローチの方法を変えて、繰り返し伝えていくために、じっくりと子どもたちに向き合う、願いのこもった援助を学んだ。
15：00	○おやつを食べる。 ・保育室内で遊ぶ。（絵本、おもちゃ、人形）		
16：00	○順次、降園する。		
16：30	○延長保育に入る。		

<今日の反省と明日への課題>

　今日の実習では、子どもたちの思いや気持ちをしっかりくみ取るためには、あらゆる角度からさまざまな言葉を掛けてみる事が大切であると学んだので、それを実践してみました。（中略）子どもたちは、自分の思いをなかなか上手く伝えられないときもありますが、伝えたい思いはしっかり持っていることを確信しました。だからこそ子どもたちの伝えたい思いを、諦めたりせず引き出す言葉掛けが大切であると改めて感じました。

<指導者の所感>

　子どもたちの思いを探ろうと、また汲み取ろうとして、考えながら丁寧に言葉を掛けている姿が見られました。目の前の子どもたちが今どのような思いで遊んでいるのかということを常に心に留め、様子を見守ったり一緒に遊んだりしていくと次の行動も少しずつ予測できるようになると思います。

（3）部分・全日実習時（1枚目、一日の流れの記録）

○月　○日（　） 天候　くもり	1歳児　11名　　うさぎ組 　　　　　　　欠席○名		今日の主な活動 絵本・視聴覚教材を見る。
今日の実習のめあて 担当の保育士と協力しながら保育を進める。			
時間	一日の流れ	記録（子どもの活動・保育者の援助など）	考察
8：00	○順次登園し、検温する。	○エピソード記録（客観的事実のみ） 「朝の自由遊び」 　登園後の自由遊びの時間、BとE子は、楽しそうに声をあげ、小麦粉粘土で遊んでいた。その姿をままごとコーナーのRはじっとみつめているので、私は、「R君も小麦粉粘土をしたいけれど、入るタイミングが分からないのかな」と思い、「R君もする？」と声掛けをするが、Rは、ずっとままごとコーナーで、やかんから鍋に水を入れ、みかん（素材）と混ぜる動作を繰り返している。私は、遊びに展開が必要なのかと思い、他の野菜やスプーンを持ってくるが、Rは、同じ動作を繰り返すばかりである。	○記録に対応する考察 　この場面から、1歳児のこの時期は、一つのものにこだわりを持って、繰り返し、じっくり遊ぶことが大切であることに気付いた。 　また、途中担当のA保育士からの助言で、「子どもの動きを真似することも大切です」とアドバイスを受けた。今度は、Rの動作を真似ながら関わってみようと思った。
9：00 9：30 10：20	○自由遊びをする。 ○片づけをする。 ・手洗い、排泄する。 ・おやつを食べる。 　いすに座る。 ○朝の会をする。 　挨拶する。		
	部分実習部分　※　詳細は次頁（4）参照		
10：40	○排泄、手洗いをする。 （おむつ交換）		
11：00	○昼食を食べる。 着替え・排泄する。 （おむつ交換）	「午後の自由遊び」 　おやつの後の自由遊びのとき、Rは、おもちゃの車を持って立っていた。私は、「ブーブーどこに行くの」と聞くが、反応が見られないので、車を持って、足の下に通し「ワー、トンネルだ」と言って、車を通してみたが、Rはその姿をじっと見つめながら、車を動かし始めた。その後、私の手に一台の車をそっと乗せてくれた。	この場面から、子どもの目線に立って、面白い、楽しいという気持ちを共有していくことが大切であると感じた。 　そのことで、個々の子どもに合った関わりができるのではないかと感じとった。
12：20	○午睡をする。		
14：30	○起床する。 　検温、着替え、排泄する。		
15：00	○おやつを食べる。 ・帰りの会をする。		
15：30	○自由遊びをする。		
16：00	○順次降園する。		
16：30	○延長保育に入る。		

（4）部分・全日（主な活動場面）実習の実際の記録

ねらい：小さい窓から見える絵を想像して楽しむ。		反省：1歳児の発達を（言葉）を理解していたか。
内　容：視聴覚教材を見る。「ふしぎな窓」		反省：1歳児にふさわしい教材であったか。
時間	環境の構成	子どもの姿、保育者の援助・配慮	省察
10：20 10：40	環境図 ↑実際の配置図を描く。 ・保育室の中央にじゅうたんを敷いておく。（環境面での配慮事項を記入する） 準備物： 視聴覚教材 『不思議な窓』	・実際どのような姿が見られたか。実習生自身がどのような思いでそのとき関わり、子どもの姿をどう読み取ったのか、エピソード記述的に書く。 「視聴覚教材『ふしぎな』を用いて」 　今日は、おやつの後の朝の会の時間、手作りの視聴覚教材『ふしぎな窓』を楽しむことをねらいとして、部分実習を行った。最初、子どもたちに「今日は、不思議なおうちを持ってきました。このおうちには、色々な動物が住んでいますよ。さあ、誰が住んでいるのか、この窓から見てみましょう」とクイズ形式に説明をしたが、ほとんど反応が見られず、1歳児には難しい発問となってしまったと感じた。その後、一つ一つの窓を開くごとに動物の声を真似て語りかけたり、「〇〇色の動物みたいだね」などとヒントを出しながら、進めていったが、子どもたちの興味は、動物よりも窓にあるのか「ここ」と言いながら窓に指さしをする子どもが多く、この時期は場所に対する気持ちが強いようであった。	・実際に保育を行った後、その時点でどのような読み取りをして、どのように援助すべきだったか、振り返り省察したことを書く。 　この教材を以前、2歳児のクラスで使った経験があるが、そのときは、窓の色に興味が集中していた。同じ教材を使用しても、1歳児と2歳児では、興味・関心が大きく異なることを実感した。言葉のやりとりで成り立つ教材のため、1歳児の言葉の発達面においては、難しかったと思うが、今後、私の言葉の掛け方を工夫することで、1歳児にも十分楽しめる教材になりそうだと感じた。

<カンファレンスから学んだこと＞
・反省会、討議、指導を受けてからの学び、気付き、今後の課題など
　個々の子どもたちの反応を落ち着いて捉えながら、根気よく丁寧に応えていくことが何よりも大切であると学んだ。毎日、少しずつこのような関わりの場面を積み上げていくことが、1歳児の集団であっても、必要な事であり、それが今後の保育の中に生かされていくのだと感じた。

＜指導者の所感＞
　落ち着いて、子どもたちの反応にも、よく対応できましたね。一つ一つの動物を丁寧に話して下さったので、子どもたちも集中して聞くことができました。子どもたちの話をその場で受けとめることは難しいですが、楽しいことであります。これからも、視聴覚教材を保育の中に生かしていって下さい。

③ 保育所実習（2歳児クラス）

　2歳児クラスになると、かみつきはずいぶんと少なくなりますが、自分の好きな物や人への執着心やこだわりがますます強くなり、物の奪い合いや場所の取り合いなどによるけんかがよく起こります。特に2歳児前半では、まだ言葉によるコミュニケーションが上手く成立していないので、「貸して」と言いながらも、順番を持てずに相手から物を取り上げてしまったり、「じゅんばん」と言いながらも、人を押しのけるような行動が見られます。

　このような2歳児の自分勝手な行動は、保育士の悩みの種でもありますが、徐々に内面が育ってくると、「嫌なことは絶対にいや」ではなく「嫌だけどやってみるか」という自律心が育ってきます。難しい時期だからこそ、保育士の温かい眼差しや励ましがどのように子どもの姿を変えていくのかを日々の保育士と子どものやりとりの中から学んでみましょう。

　また、これまでは、ただ、そばに並んで遊んだり、保育士を介してでないと、つながりにくかった友達関係が少しずつ広がりはじめ、子ども同士が好きな遊びを通して関わる姿も見られるようになります。このような2歳児の子ども同士の関係性についても観察を通して見つめていきたいと思います。

1．実習日誌のポイント

（1）観察実習時のポイント（1、2日目）

①めあての持ち方

　2歳児クラスでは、実習の初日に「一日の保育の流れ」、「保育室の環境」を理解することを基本的なめあてとしてあげますが、2日目以降、早い段階から「子どもの動きをみて子どもの姿を読み取る」「子どもと保育士の関わりを見て、援助の方法について学ぶ」など一日の保育の流れを柱として、その中で営まれる個々の子どもの姿、子ども同士の関係性など多面的な視点で捉えていけるように、めあての内容にも多様性を持たせて書いてみるとよいでしょう。それが、次のステップに役立っていきます。

②観察の仕方

　2歳児くらいになると、自分自身のこだわりが一層強くなり、いつもと違う言葉かけややり方で接すると、拒否をしたり、時には大暴れするなど頑固な一面が見られます。実際の援助に関わった際に、子どもたちと少しでも良好なやりとりができるように、観察時から個々の子どもの性格や癖などをしっかりと捉えておく必要があるでしょう。また、2歳児クラスでは、友達への興味・関心から少しずつ仲間関係も芽生え始める時期ですので、子ども同士の関係性についても、捉えておかなければなりません。

③記録の仕方

　特に、2歳児のこの時期、子どもたちは集団の中で遊ぶ姿が見られ始めます。「Aちゃんが、Bと

Cと○○をしていた」など文章で描いても、第三者（特に担当の保育士）には、読みづらく、子どもの姿が全く浮かんでこない場合があります。特に、自由遊びなど活動の場面では、子ども同士の関係を矢印で結んだり、1つのグループに誰が所属していたのかを記すなど、図や線を使って「関係図」を描いてみることで、クラス内の友達関係をより鮮明に伝えていくことができます。

(2) 参加実習時のポイント（3〜8日目）

①めあての持ち方

2歳児のこの時期、「観察でつかんだ個々の子どもの特徴に合わせて適切な援助をする」など、一人一人に適した援助を実践していくことが、日々の保育の中では重要です。

また、自立に向かう2歳児という特徴をよく把握した上で、子どもとの関わりの中では「子どもたちが自分でできることには手を出さず、見守るようにする」などのめあてを定め、0、1歳児のように全面的に援助するのではなく、時には「一緒に行う」「見守り、励ます」など、2歳児の意欲を保育所生活中で上手く生かしていく配慮が必要です。

②観察の仕方

2歳児後半から3歳児にかけて、子どもたちの言語面での発達には著しい変化が表れます。個人差が見られるものの多くは、「多語文」「従属文」を話すようになります。また、象徴機能や記憶力も発達し、今、目の前にないことを言葉で表現できるようになります。言葉が豊かに育つ時期だからこそ見られる微笑ましい表現、発話にも耳を傾けてみましょう。時には一緒に話すことで、2歳児の世界観を感じることができるかもしれません。

③記録の仕方

この時期の記録は、エピソード記録を用いてみましょう。0・1歳児期よりに比べて、生活面では、何でも自分でしようとする「自立に向かう姿」が活動（遊び）の面では、「友達同士が関わり合う姿」が見られます。特に、遊びの場面を観察する中では、子ども同士の会話の内容をそのまま「　」を用いて書き記してみましょう。このように書くことで、いきいきとした子ども同士の関わりの場面が再現できるでしょう。

(3) 部分・全日実習時のポイント（9、10日目）

①めあての持ち方

実習の最終段階の時期では、指導実習に向けめあてを立てることが重要です。例えば、部分的な実習であれば、その活動の内容がそのままめあてとして上げられる場合が多いですが、一日（終日）実習であれは、「子どもとの関わりを大切にして、一日の流れを頭に入れ、落ち着いて保育を行う」など、まずは子どものことをしっかり捉えた上で、落ち着いて保育をすることを心がけたいという願いを込めて、めあてを設定するような例があります。また、全実習行程を通して、「家庭との連携や保護者支援の留意点、方法について学ぶ」事「保育所（園）の行っている行事の意味、取り組み内容について知る」なども付加しておきたいものです。

②観察の仕方

後半、部分実習、一日（終日）実習など指導実習が増えてくると、あらかじめ用意した指導案が現

在の子どもたちの姿に合わない場合が生じることを予測しなければなりません。その場合、書き換えることを前提として、クラスの子どもたちの興味・関心がどこにあるのか、何を主活動に取り入れるべきなのかを観察時にしっかりと把握しておく必要があります。

③記録の仕方

指導実習の回数が増えてくると、記録の中には、自分の行った保育に対する記述や実践に対する振り返りなどの項目が主体となってきます。ただし、反省ばかりあげるのではなく、うまく運んだ項目（環境、発話、全体計画）も記録としてぜひ残しておきましょう。

2．実習日誌例

（1）観察実習時

○月○日（　） 天候　晴	2歳児　15名　ぞう組 　　　　欠席　○名		今日の主な活動 ○○公園へ出かける。
今日の実習のめあて 子どもの動きを見て子どもの姿を読み取り、子どもと保育士の関わりを見て援助の仕方を学ぶ。			
時間	環境の構成	子どもの活動	保育者の援助・配慮	◎実習生の動き○気付き
7：30		○順次登園する。	・子どもの体調を保護者から直接聞いて、連絡帳の確認をする。	○朝の迎え入れの時間は、保護者と関わる唯一の場面で、ここから保護者支援が始まるのだと感じた。
8：00	↑ ＊任意の形式で別紙に描く ＊安全面における配慮事項なども記入する	・登園してきた子どもから健康観察を受ける。 ・自由遊びをする。 （ブロックコーナー） （丸ブロック）メダル作り （丸ブロック）ラムネ作り MN　B ＊お弁当づくりをする	・子どもの安全面に気をつけながら、子どもと共に遊びに参加する。	○一人一人の子どもの遊びを見ながら、子どもと遊びを共有することが大切であると知った。
9：00		○片づけをする。 ・手洗い・排泄をする。	・子どもと一緒に片づける ・排泄の援助を行う。	◎子どもと一緒に片づける。
9：30	おやつのいすの配置図など。	○おやつを食べる。 （牛乳・ビスケット）	・テーブルを設定しておやつを配る。	◎配膳の手伝いをする。

時間	環境の構成	子どもの活動	保育者の援助・配慮	◎実習生の動き○気付き
10:00	○○公園への道のり・公園を図式化する。 準備物：誘導ロープ	○帽子を被り、くつを履いて出かける準備をする。公園まで並んで歩く。 ・公園で遊ぶ。 公園内の図の中に子どもの活動を書きこむ（環境マップ参照）。	・途中、危険がないように十分に気をつけて誘導する（溝の側・歩道付近、曲がり角、車の死角など）。	◎なかなかくつを履けない子どもには、さりげなく手伝う。 ○公園までの道のりは危険な箇所も多いので、事前に十分チェックをしてから、出かけなければならないと感じた。
11:00		○保育所に帰る。 ・保育所に到着する。 ・手洗い、排泄をする。	・帰る途中、くつを脱げた子どもがいる場合は、子ども全体を止めて、くつが履けてから再び歩き出す。	○子どもたちの歩くスピードに合わせて、安全を確認しながら歩く。
11:30	昼食の配置図を記入する。	○昼食の準備をする。 ・昼食を食べる。 （メニュー） ・食べ終わったら、歯ブラシをもらい、先ず自分で磨き、仕上げは保育士が行う。 パジャマに着替えてから、布団に入る。	・エプロンを配り、昼食の準備を行う。先にお茶を配り水分補給をする。 ・おかわりをよそう。 ・好き嫌いの有無などよく観察しておく。 ・食べ終えた子どもからタオル・歯ブラシを渡す。 ・着替えが自分でできるように、服の前後が分かるよう配置したり、助言を行い励ます。 ・午睡中も時折見守る。	◎担当保育士と昼食の配膳を行う。お茶のおかわりを手伝う。 ◎歯磨チェック・着替えの援助を行う。 ○できるだけ自分たちでできるように、さりげない援助が必要であると気付いた。
12:20	子どもの布団の配置など、午睡の場所を記入する。			
15:00		○目覚める。 排泄と着替え、手洗いを行う。		◎洗濯物を取り入れたり、トイレの掃除を行う。
15:20	おやつの配置図を記入する。	○おやつを食べる。 （メニュー）	・おやつを配膳する。	◎一緒におやつを食べる。
16:00	自由遊びの設定など環境図を記入する。	○自由遊びをする。 （ブロック・ままごと・絵本など）	・子どもと同士のつながりなどをよく観察しながら、見守ったり、共に遊ぶ。	◎子どもの遊ぶ様子を見守りながら、一緒に遊ぶ。
16:30		○随時降園する。 ・延長保育に入る。		

<今日の反省と明日への課題>

今日は、子どもたちの姿の読み取りや指導保育士の援助の仕方を、一日の保育の流れの中で把握することをめあてと定めました。子どもたちは体調や気分によって、さまざまな表情・言動を発信しますが、その子どもの心の変化に保育士は受け止めつつ見守ったり、真剣に向かい合ったりしていました。これらの援助は、常に子どもたちの様子をじっくりと観察しているからこそできることなのだと強く感じました。

<指導者の所感>

2歳児クラスでの実習は、慣れるのに大変だったと思いますが、子どもの様子を見守って下さり、小さな動きに気づき、それを保育者に話してくれました。

一人一人の子どもの様子を把握し、その変化に気付くことは、保育現場に入るととても重要な事です。これからも、一人一人を見ながら、全体を見ることのできる目を養っていけるとよいと思います。

(2) 参加実習時

○月○日（　） 天候　くもり	2歳児　15名　ぞう組 　　　　欠席○名	今日の主な活動 園庭フィンガーペインティングをする。
今日の実習のめあて 子どもたち、一人一人に合った関わりや援助ができるようにする。		

時間	一日の流れ	記録（子どもの活動・保育者の援助など）	考察
8：30	○順次登園する。	○エピソード記録（客観的事実のみ） タイトル「靴下がはきたい」	○記録に対応する考察
9：00	○自由遊びをする。 （室内）	園庭に出る前に、H君は「お手伝いして」と靴下を持ってきました。私は、H君がどのくらい自分でできるか分からなかったので、最初はまず自分で履こうとしている姿を見守っていました。するとH君は、早く外に出て遊びだい気持ちがあったのか、なかなか靴下に足を入れられずに焦った様子になりました。 　私は、H君の「自分で履こう、履きたい」という思いがあることを感じたので、全部援助するのではなく、足先に少し靴下をかぶせてみました。するとH君はそこから、自分で履くことができました。その後、「ありがとう」と微笑みながら、急いで外に走って出ていきました。	この場面から、2歳児の「自分でしたいけれど、うまくできない」「今は、自分でしたくないから、して欲しい」などの子どもたちのさまざまな思いを感じとらなければいけないと思いました。そして、直ぐに全部援助してしまうのではなく、その時々の子どもの様子を見ながら、自分でできそうなら援助をある程度に留め、少し難しそうなら援助の幅を広げていくことも大切であると感じました。
9：30	○片づけをする。 ・排泄に行く。 ・朝の会をする。 　（挨拶・うた） ・おやつを食べる。 　（果物・茶）		
10：00	○園庭へ出て遊ぶ。 　（主にフィンガーペインティングのコーナーで遊ぶ）		
10：50	○皆でシートを洗い、遊具に乗せて乾かす。		
	・排泄・手洗いをする。		
11：00	○昼食準備をする。		
11：30	○昼食を食べる。		

時間	一日の流れ	記録（子どもの活動・保育者の援助など）	考察
12：00	○手洗い、排泄、歯磨き、着替えを行う。 ・午睡前に絵本を見る。	タイトル「きれいなカニの形がつくりたい」 　降園前の園庭で、砂遊びをしていたM子とTは、型抜きで、カニやウサギ、星の形を作っていた。しかし、型を返すという動きが少し難しいようで、なかなか思うように形はできずに型を返しては崩すという動作を繰り返していた。 　私が横に行くと、M子は「カニさん、作って」と言って、型抜きを差し出した。私は、「分かったよ。見ていてね」と言って、カニを作った。できたカニを見て、M子もTも「わぁーできた。きれい、きれい」ととてもうれしそうな表情をした。私は、「MちゃんもTちゃんも作ってみよう」と誘いかけると「いや、できない、作って」と言ったので、「じゃあ、先生砂を入れてみるから、一緒にひっくり返そうね」と言うと、「作る」と声を合わせて行った。私は、まずM子に「ひっくり返すとき、早くひっくり返すときれいなかにさんになるよ」と言うと、「分かった、せーの」と言い、一緒にひっくり返した。きれいに出来上がったカニを見て、M子は、「できたーやったー」と大喜びをした。次にTと一緒に作ろうと思い、型に砂をつめていると、M子はTに「これね、早くするときれいになるんだよ」と説明していた。TはM子に「分かった」と言い、私は、Tと一緒にカニの形を作った。 　きれいにできたTのカニを見て、M子は「Tちゃんのカニさんきれいだね」と自分のカニができたときのように喜んでいた。	○記録に対応する考察 　この場面は、友達と遊ぶことを楽しむのと同時に、友達とうれしい気持ちを共有している場面であると感じた。集団で生活していく中では、例えばおもちゃを取り合ったり、自分の思いをうまく伝えられずにいざこざが起きてしまう場面もあるが、そういう経験も、このような友達と楽しいことを共有する場面もどちらも大切で、ともに子どもたちの人間関係を豊かにしていく土台になっているのだと気づかされた。 　また、保育士が日々の生活の中で、「それは悲しいよ」「嬉しくないよ」などの言葉をかけることもしばしば見られるが、子どもたちは、これをしたら友達は、悲しくなるんだと知るきっかけになっていると思った。これからも、子どもたちとの関わりの中で、人間関係を豊かにしていく言葉掛けや接し方（援助）について、学んでいきたい。
12：30	○午睡をする。		
14：50	○目覚める。 ・着替え・排泄をする。		
15：20	○おやつを食べる。 　（クッキー） ・帰りの会を行う。 　（お話・歌） ・園庭で遊ぶ。 ・砂場や固定遊具で遊ぶ。		
16：00	○順次、降園する。		
16：30	○延長保育に入る。 　（別室へ移動する）		

＜今日の反省と明日への課題＞	＜指導者の所感＞
今日は、子どもたち一人一人の発達に合った関わりや援助をするように心がけました。そこで大切な事は、子どもたちの何ができて何ができないかを知った上で、自分でやってみたいという意欲を持てるように関わることだと知りました。そのためには、目の前の子どもたちと、さらに、深く関わっていかなければいけないと思いました。	クラス内では、友達と同じ遊びをしたり、手伝ってあげようとする姿なども見られるようになってきました。私達（保育士側）もその都度、子どもたちを見守ったり、うれしい気持ちに一緒に共感しながら、子どもたち同士一緒に遊べて、嬉しいという経験ができるように努めて関わっています。○○さんも一生懸命、子どもの思いを受けとめようと言葉を掛けている姿が素晴らしいと思います。

保育所（3歳未満児）●第5章

(3) 部分・全日実習時（1枚目、一日の流れの記録）

○月 ○日（ ） 天候 くもり	2歳児　15名　　ぞう組 　　　　　　　　欠席○名	今日の主な活動 製作○○をする。

今日の実習のめあて
秋の自然物に興味・関心を持つことができるようにする。

時間	一日の流れ	記録（子どもの活動・保育者の援助など）	考察
8：00 9：00 9：30 10：00 10：20	○順次登園する。 ・所持品の整理をする。 ○自由遊びをする。 ○片づけをする。 ・手洗い、排泄する。 ○おやつを食べる。 ○朝の会をする。 　朝の挨拶 　絵本『小さい秋みつけた』	○エピソード記録（客観的事実のみ） 「ぼくも誉めてほしいなぁ！」 　おやつの時間、せんべいの袋がなかなか開かないH子を見ていたC美は「貸して」と言って袋を開けてあげていた。そこで、私（実習生）は、「Cちゃん、素敵だね、お姉さんだね」と誉めた。それを横で見ていたK男は、私（実習生）が、おやつを食べる際に左手を受け皿にしてたべる姿を真似して「先生、見てK男もおやつきれいに食べているよ」と伝えた。私（実習生）が、「K君も、素敵なお兄さんだ」と言うと、H子も、C美も左手を受け皿にして食べ始めた。	○記録に対応する考察 　私（実習生）がC美を誉めているとき、同じ机に座っていた子どもたちが一瞬静かになったように感じた。きっと、私の言動（誉め言葉）に敏感に反応したのだと思う。K男も、また、私（実習生）の食べ方を真似ることで、注目してほしい、何とかして誉めてもらいたいという思いがあったのだと思う。
		部分実習部分　※　詳細は次頁（4）参照	
10：50 11：30 12：30 12：40 14：30 15：00 15：30 16：00 16：30	○昼食準備をする。 ・排泄、手洗いをする。 ○昼食をとる。 ○着替え、排泄する。 ・歯磨きをする。 　（午睡準備） ○午睡をする。 ○起床する。 ・着替え、排泄する。 ○おやつを食べる。 ○帰りの会をする。 ・自由遊びをする。 ○順次降園する。 ○延長保育に入る。	「むしバイキンをやっつけよう！」 　食事の後、歯ブラシケースで遊び、なかなか歯磨きをしようとしないK子に対して、私（実習生）は、K子の口の中をのぞき込みながら、「大変です。K子ちゃんのお口の中に、むしバイキンを発見しました」と言うと、K子は、急いでごしごしと歯ブラシを動かした。そして、私に口の中を見せて「むしバイキン出た？」と尋ねた。その後、私（実習生）が、仕上げ磨きをしているときも、「もう、むしバイキン隠れていない」と気にする様子が見られた。	私（実習生）は、「むしバイキンをやっつけよう」という言葉を使って、ある種ゲーム感覚のように、K子が歯磨きに興味を持つように導いた。この事で、歯磨きをさせられているのではなく、自ら歯磨きを行うという気持ちに変化してくれたのではないかと思った。K子からも、「むしバイキン、もういない？」と聞かれ、少しは歯磨きに意識が向いたのではないかと感じた。

（4）部分・全日（主な活動場面）実習の実際の記録

ねらい：秋の自然に興味・関心を持つ。			反省：ねらいにあげたことが具体的ではなかった。
内　容：落ち葉や木の実を使って作品を作る。			反省：のりの扱い方が子どもには難しかった。
時間	環境の構成	子どもの姿、保育者の援助・配慮	省察
10：20 10：50	環境図 ↑何処に何を置いたのか図に示す。 準備物： 秋の自然物（イチョウ、もモミジ、サクラなどの落ち葉、木の実、枯れ枝、小枝類）を入れた箱をテーブルの真ん中に置く。 のり（木工用ボンドを混ぜ合わせたもの）手ふきタオルを4つ。 画用紙（四つ切り大）	・実際どのような姿が見られたか。実習生自身がどのような思いでそのとき関わり、子どもの姿をどう読み取ったのか、エピソード記述的に書く。 テーマ「秋の自然物を使って、自由に表現する」 　子どもたちが戸外へ散歩に出かけたとき、近くの公園で拾ったイチョウやサクラの落ち葉を集めて、箱に入れて飾っておいたが、その他にも自分で集めた枯れた小枝や木の実なども加えて、実習当日は、机の真ん中に置いた。私自身、これらの素材を画用紙に貼って、動物の形などを表現できたらという願い（ねらい）があったが、抽象的な物から実際の形を作るには、2歳児のこのクラスには難しかったようで、どの子どもも形を考えることもなく、自由に画用紙に貼り付けていた。また、その中で数名の子どもは、素材（秋の自然物）のどこにのり（ボンド）をつければよいのか分からずに戸惑っていたり、全部の指を使ってしまい画用紙をべたべたに汚す子どももいた。	・実際に保育を行った後、その時点でどのような読み取りをして、どのように援助すべきだったか、振り返り省察したことを書く。 　秋の自然物を保育の中に生かそうという思いが強かったが、素材が紙に貼りやすい方法になっていなかったことに気がついた。例えば、落ち葉を新聞紙などに包み、プレスをして表面を平にするなどの事前の配慮を怠ってしまった。また、「貼る」ことに目を向けると、子どもたちの中には、貼る場所やどの指を使って貼ればよいかということが理解できていない子どももいて、私自身が2歳児の発達の特性（特に手や指の機能）について十分理解できていなかった結果であると反省していた。

＜カンファレンスから学んだこと＞
　子どもたちにとっては、のりをつけて、貼るという作業が難しかった子どももいたので、何か1つ手本になるものを作っておいたり、その都度、子どもたちがどこにのりを貼ればよいのかがはっきりと分かるような助言をしていくべきであった。また、同じ2歳児クラスでも、手指の発達には個人差があることを実習を通して学んだ。

＜指導者の所感＞
　少し戸惑っていた子どももいましたが、子どもたちは自分で作ったものは何度も大切なものだと感じているようです。のりをつける場所は一人一人に、「ここ」といってあげることも必要ですね。今後は、月齢に応じた適切な援助ができるように工夫していって下さい。

実習日誌下敷き用罫線（細）

第6章

保育所（3歳以上児）

1　保育所実習（3歳児クラス）
2　保育所実習（5歳児クラス）
3　保育所実習（3・4・5異年齢児クラス）

① 保育所実習（3歳児クラス）

　保育所の3歳児クラスにおいては、全員が新入園児で一斉に集団生活をスタートさせる幼稚園の3歳児クラスとは違い、入所した年齢がさまざまであることに加え、中には3歳から入所し、初めての集団生活を過ごしている子どももいます。このように、同じクラスの中でも、集団生活の経験や身についていることの差が最も大きい年齢といえるでしょう。保育者は、一人一人の発達過程や心身の状態に応じた適切な援助をしていくことが重要です。とはいえ、食事・排泄・衣類の着脱など自立できるようになる時期でもありますので、「自分でしよう」という子どもの意欲や態度を育てることが大切です。実習生として、「何かしなければ」と思わず援助してしまいがちですが、子ども自身の力を十分に認めた上で、ときにはじっくりと見守る姿勢も必要です。保育者が、一人一人にどのような関わりや援助をしているのか観察をして、しっかり学んでいきましょう。

1．実習日誌のポイント

（1）観察実習時のポイント（1、2日目）

①めあての持ち方
　保育所の3歳児クラスでは、食後に午睡をしたり、3時のおやつがあったりします。まずは、こうした「一日の生活の流れを知る」ことを実習初期のめあてとします。また、話し言葉の基礎ができてくる時期ですので、「一人一人の顔と名前を覚える」ことをめあてにあげ、子どもの顔を見て名前を呼びかけながら、安心して言葉を交わせる雰囲気づくりに努めましょう。

②観察の仕方
　保育所では、基本的に保護者と一緒に通ってきますが、3歳児においては、朝、母親との別れ際に泣いたり、ぐずったりする子の姿が見られることもあります。このような子どもに対して、保育者がどのような関わりをしているのか、しっかり観察して、それぞれに応じた適切な援助について学びましょう。

　また、ごっこ遊びや砂場遊びなどを好んで楽しむことも多いですが、お互いに機嫌よく「平行遊び」をしている場合もあれば、玩具の取り合いなどトラブルが起こることもしばしばあります。実習初期は、このような仲間関係について、じっくり観察できるチャンスですので、しっかり押さえておきましょう。

③記録の仕方
　実習初期の観察実習時は、めあてにあげたように「3歳児の一日の生活の流れを知る」ことが大切です。まず、子どもの活動を時系列に沿って記入し、その活動に対する保育者の具体的な援助や配慮を書き、その場面で実習生としてどのように動いたのか、さらにそこから自分は何に気付いたのかということを簡潔に記しましょう。ここで、実習生の動きは◎、気付きは○というように、印をつけて

違いをはっきりさせておきましょう。記録を振り返ってみたときに、「〜する」という動きの◎はたくさん書くことができても、気付きの○は少なくありませんか？ その場面から、実習生として自分は何に気付き、そこからどういうことを学んだのかを記しておくことが、今後の指導実習につながってくるのです。

(2) 参加実習時のポイント（3〜8日目）

①めあての持ち方

実習初期に、保育者が一人一人の子どもに応じた適切な関わりを行う様子について観察してきたことを生かし、今度は担任保育者に倣って、実習生として子どもと関わっていく時期です。ですから、「積極的に子どもと関わる」というめあてを掲げることは自然な流れと言えるでしょう。ただし、実習生が陥りやすい例として、3歳児によく見られる、「ぼくも」「わたしも」「先生、あそぼ」「一緒にごはん食べよ」という、「見て見て光線」を子どもの方から投げかけてくる子とばかり過ごしてしまいがちです。本当は、実習生と一緒に遊びたいのに、なかなか自分の気持ちを言葉で表現できない子どももいます。いつも特定の子とばかり過ごすことのないよう、クラス全体に目を向けられるように心がけましょう。そのような意味からも、「一人ひとりの子どもに適した関わり方を工夫する」といっためあてを持つことも大切です。

②観察の仕方

例えば食事の場面において、食べる速度には個人差があるので、早く食べ終わった子はどのように過ごしているのか、また、時間を要する子にはどのような関わりが必要なのか、食物アレルギーのある子への対応はどのようなものかなどについても把握しておきましょう。実習生も子どもと一緒にテーブルを囲んで食事を共にする中で、3歳児にふさわしい食生活は、どのようなものなのかを知りましょう。

③記録の仕方

一日の流れをだいたい把握できた実習中期の記録は、子どもの活動とそれに対する保育者の援助（やりとり）などについて、客観的事実をエピソード記録として書いてみましょう。ここで、保育者の言葉掛けや、子どもが発言した内容を聞いたまま「　」で表すことで事実に対する考察がしやすくなります。特に、3歳児は話し言葉の基礎ができてきて、保育者や友達の言葉や話に興味や関心が高まっているので、会話を記録することで、やりとりが鮮明になってくることでしょう。

(3) 部分・全日実習時のポイント（9、10日目）

①めあての持ち方

実習後期においては、部分・全日実習が入ってきますので、実習生という立場でありながら、自身が保育者として活動をすすめるにあたっての「めあて」にしましょう。例えば**部分実習日誌例（3）**のように、3歳児のクラス担任として「クラス全体を見渡しながら保育をすすめる」というように、「お客さん」ではなく、クラス運営をしていく責任と自覚をもって、めあてを定めましょう。

②観察の仕方

部分・全日実習を行うまでに、担任保育者が日常の保育の中で、どのような製作や活動、歌や手遊

び、絵本や紙芝居を取り入れているのかを観察してきたはずです。ですから、この時期になると、目の前にいる3歳児がどのようなことに興味や関心を示しているのかを把握できていることでしょう。そのような子どもの姿を踏まえて、指導案を立案して実践することになります。自身が子どもの前に立って保育を実践したときには、自分の選んだ題材や言葉掛け、環境構成などによってどのような反応があったのかを客観視することで、プラス面・マイナス面両方の省察につながります。

③記録の仕方

部分・全日実習の保育者の援助については、基本的に実習生が主語の記録となります。ここでも、参加実習時と同様に客観的事実を記録し、記録に対する考察を記述しましょう。また、部分実習の場合、あらかじめ立案しておいた指導案とは別に、実践した後の記録を残しましょう。自身の指導案に基づいて保育を実践した結果、実際どのような姿が見られたのか、実習生自身がどのような思いでそのときに関わり、子どもの姿をどう読み取ったのかをエピソード記述的に書き、省察の欄には実際に保育を行った後、その時点でどのような読み取りをして、どのように援助すべきだったかを振り返り、省察したことを書きましょう。

2．実習日誌例

（1）観察実習時

6月20日（月） 天候　晴れ	3歳児　18名　もも組 　　　　　　　欠席0名	今日の主な活動 避難訓練（地震想定）に参加する。

今日の実習のめあて
子どもたちの名前や、3歳児の一日の流れを把握する。

時間	環境の構成	子どもの活動	保育者の援助・配慮	◎実習生の動き ○気付き
8：30	・保育室の窓を開け、換気をする。 [保育室の見取り図]	○順次登園する。 ・挨拶をする。 ・所持品の始末をする。 ・連絡帳を出す。 ・出席シールを貼る。 ○好きな遊びをする。 ・おうちごっこ ・食べ物屋さん ・折り紙、ぬり絵	・一人一人に声をかけ、元気に挨拶をして明るい雰囲気で受け入れる。 ・保護者から連絡事項などを聞く。 ・持参薬の確認をする。 ・それぞれの気持ちを受け止めながら、好きな遊びを見つけて遊びだせるよう、コーナーごとに環境を整えておく。	◎明るい声で挨拶をして子どもたちを迎え入れる。 ◎所持品の始末を自分から進んでする子どももいるが、保育者に促されてから始める子もいるので、それぞれの様子を見守る。 ○ごっこ遊びを楽しむ子が多く、コーナーごとに盛り上がっているので、それぞれの雰囲気を壊さないように会話をしながら一緒に遊ぶ。
10：00 10：30	・一斉放送 [園庭の見取り図]	○片付けをする。 ・排泄、手洗いをする。 ○避難訓練（地震）に参加する。 ・一斉放送を聞く。 ・園庭に避難する。 ・園長先生の話を聞く。 ・「お・か・し・も」の約束を知る。	・静かに放送を聞き、揺れがおさまるまで頭を守るよう伝える。揺れがおさまったら、各自の座布団を頭に当てるよう促し、上靴のまま園庭の真ん中へ避難誘導し、人数確認をする。	◎トイレ内など、残留している子がいないか確認する。 ◎未満児クラスで避難誘導に時間がかかるところには、援助しに行く。 ○訓練とはいえ、保育者も子どもも、緊張感をもって取り組む姿が見られた。ただし、恐怖感をあおるのではなく、非常時にも安心感をもって行動できるように的確な指示をすることが大切だと学んだ。
11：00 11：30	・保育室の前に濡れタオルを置いておく。 ・消毒液を出しておく。	・上靴の土を落とし、入室する。 ○避難訓練の振り返りをする。 ・手洗い、うがいをする。 ・排泄する。 ○給食の準備をする。 ・椅子を並べる。 ・机を拭く。 ・手指の消毒をする。	・「おさない、かけださない、しゃべらない、もどらない」の約束を伝える。 ・子どもと共に、地震時の避難の仕方について振り返り、命を守ることや約束事などを再確認する。 ・子どもが進んで準備ができるよう、「上手にできているかな」と声を掛ける。	◎テーブルクロスを机に敷き、台拭きを各机に配る。 ◎保育者と共に配膳をする。

時間	環境の構成	子どもの活動	保育者の援助・配慮	◎実習生の動き ○気付き
11:40 12:10	(室内配置図)	○給食を食べる。 ・「いただきます」のあいさつをする。 ・「ごちそうさま」のあいさつをする。 ・歯磨きをする。 ・片付けする。 ・排泄する。 ・着替えをする。	・保育者や友達と会話のやりとりをしながら、一緒に食べることに楽しみが感じられるようにする。 ・歯磨きの際、水を出しっ放しにしないで、コップに溜めたら、水道の栓を止めるよう声を掛ける。	◎子どもと会話を交わしながら、食事を楽しめる雰囲気づくりをする。 ○水道の蛇口を上に向けて噴水のようにしてみたり、歯磨きが水遊びに発展してしまうことがある様子なので、注意を促す必要がある。
12:40		○紙芝居を見る。 「あめ こんこん」	・みんなが紙芝居の見える位置に座ったことを確認してから読み始める。	○着替えに時間がかかる子には、紙芝居が始まることを伝えて、みんなの輪に入れるようにする。
12:50	・カーテンを閉めて電気を消す。	○午睡をする。	・子どものそばに座ってトントンたたいたりして、安心して眠れるようにする。	◎保育者と一緒に布団を敷いて午睡の準備をする。
14:40	(室内配置図)	○起床する。 ・着替え・排泄する。 ・手洗いをする。	・排泄に行くよう促し、必要に応じて着替えの援助をする。	◎子どもの名前を呼びながら優しく起こし、布団を片付ける。
15:00		○おやつを食べる。 ・片付け・うがいをする。	・おやつと牛乳を配り始めたら、落ち着いて自分の椅子で待つよう声を掛ける。	◎一人一人のコップに半分程度の牛乳を注ぐ。
15:30 15:40 16:00		○降園準備をする。 ○帰りの会をする。 ・「さようなら」のあいさつをする。 ○順次降園する。 ○延長保育に入る。	・忘れ物はないか、服装は乱れていないか一人一人に声を掛けて確認する。 ・今日一日の出来事を振り返り、明日の予定を伝え、期待につなげていく。	◎子どもと一緒に確認したり、必要に応じて手伝ったりしながら降園準備を自分でしようとする姿を認める。

<今日の反省と明日への課題>

　今日は地震を想定した避難訓練がありましたが、私が想像していた3歳児より、子どもたちはとても落ち着いており、先生の話をしっかり聞いて行動することができていました。地震や火災など、保育中に非常事態が起こった場合、保育者としてどのように対応すればよいか、貴重な学びの機会となりました。

　今日一日、初日で緊張の中、もも組に入りましたが、3歳児と共に過ごし、私自身も園生活の流れがつかめたので、明日からは見通しをもって行動できるように心がけていきたいです。今日から2週間、よろしくお願い致します。

<指導者の所感>

　初日で緊張の中、実習お疲れさまでした。

　緊急時においても、子どもたちの命を守り、安全に避難誘導することは、大切な子どもを預かっている我々保育者の使命です。3歳児であっても、落ち着いて行動できるようにと願い、共に生活しています。普段から落ち着いて保育者の話を聞き、行動できる子どもに育てることの大切さを感じとってもらえたことと思います。

(2) 参加実習時

6月24日（金） 天候　曇り	3歳児　18名　もも 組 欠席　0　名	今日の主な活動 カエルを観察してから自然に還す。

今日の実習のめあて
　子どもの姿を受け止めながら、一人一人の遊びや発言に寄り添う。

時間	一日の流れ	記録（子どもの活動・保育者の援助など）	考察
8:00	○順次登園する。 ・あいさつをする。 ・所持品の始末をする。 ○好きな遊びを楽しむ。 ・ごっこ遊び（食べ物屋、ヒーロー） ・ブロック	・H児は、他の子どもたちより少し遅れて登園する。所持品の始末を始めるが、園庭で遊んでいる友達のことが気になり、外ばかり見つめて手が止まってしまう。「Hちゃん、みんなと一緒に早く遊びたいよね。あと、何しないといけないかな」と、実習生が声をかけると懸命に片付け始めた。 ・ごっこ遊びでは、自分のなりたい役になり、保育者や友達と言葉や物のやりとりをする姿が見られる。 ・S児とT児は、遊びに使いたいブロックが重なり、取り合いをしている。保育者は互いの思いを聞き、「どうしたらいいかな」と問いかける。	・遅れてきたH児に対して「早くしようね」と、せかすのではなく、早く友達と遊びたいというH児の気持ちを汲み取り、共感した上で、そのためにはどうすればよいのかを伝える大切さを実感した。 ・遊びの中で、トラブル場面においては、保育者の思いを一方的に伝えるのではなく、子ども同士で考える機会を作ることが保育者の援助として大切なことだと感じた。
9:45	○片付けをする。 ・排泄する。 ・手洗いをする。	・トイレに行くことを促すとき、次の活動に期待が持てるように、保育者は「カエルになってトイレに行こうね」というように誘いかけていた。	・子どもたちは、保育者に言われた通り、全身でカエルの表現をしながらトイレへ移動していたので、片付けで遊びが途切れるのではなく、次の活動へのつながりが感じられた。
10:00	○朝の会をする。 ・手あそび「一匹のかえる」 ・「かえるのうた」を歌う。	・「一匹のかえる」の手遊びが始まると、その場でジャンプしたり、池の中を泳いでいるような動きが見られ、言葉と身体の動きで、それぞれのイメージを膨らませてカエルを表現している。	
10:30	○カエルについて話し合う。 ・田んぼまでカエルを逃がしに行く。	・保育室で飼っていた「おたまじゃくし」がカエルに変身したことについて、保育者から話題にする。「みんなが帰った後、カエルさんは淋しそうにケースの中にいるの」と伝え、何故、淋しそうなのか子どもたちに問いかける。Y児は「お母さんに会いたいんだよ」と答えるなど、口々にカエルの気持ちについて自分のイメージを発言する。	・カエルの気持ちについて話し合った結果、近くの田んぼに逃がしてやることになったが、すぐに「かわいそうだから逃がす」という答えに導くのではなく、子どもたちが考えるきっかけを作ることも大切な援助の一つだと感じた。
11:00	○入室する。 ・排泄する。 ・手洗いする。 ・うがいをする。 ・給食の準備をする。	・カエルを逃がす場面では、子どもたちがたくさん触っていたので、保育者が「カエルさんビックリするし、疲れちゃうよ」と伝えると、その場にしゃがんで、カエルが跳んでいく様子をじっと観察していた。	・カエルとの別れが名残惜しくて、子どもたちはじっと観察していたが、自然にかえすことで、身近な小動物をいたわる気持ちが育ち、よい経験になったと思う。

時間	一日の流れ	記録（子どもの活動・保育者の援助など）	考察
11：30	○給食を食べる。 ・「いただきます」の挨拶をする。 ・給食を食べる。 ・歯磨きする。 ・片付けをする。 ・排泄する。 ・着替えをする。	・J児は、おかずの肉をなかなか食べず、最後まで残している。「Jちゃん、お肉も食べようね」と保育者が声を掛けても、口に運ぼうとしない。肉を食べやすくするために、保育者が小さくカットすると、J児は少しずつ口に運び、全て食べることができた。保育者は、J児が肉を食べている間そばにいて、「カミカミするよ」と声を掛けたり、食べ終えたときには「Jちゃん、全部食べられたね」と伝えると、J児は「ピカピカになったー」と空っぽになった皿を周囲の友達にも見せていた。	・J児は保育者に肉を小さくしてもらうと食べ始めたので、その子に合った適切な援助が必要であると感じた。さらに、全部食べられたことを、保育者から認められることによって、J児は自信をもった様子だった。保育者の言葉掛け一つで子どもの意欲につながるので、私も見習いたい。
12：40	○絵本を見る。 「999ひきのきょうだい」	・保育者は「おたまじゃくし」が題材の絵本を用意していて、午前中のカエルを逃がす経験から、子どもたちは絵本に見入っていた。	・子どもたちは、自分の経験を結びつけ、集中して絵本を見ていたので、絵本の題材は季節や幼児の興味などに沿って選択することが大切だと学んだ。
12：50	○午睡をする。		
14：40	○起床する。 ・着替えをする。 ・排泄する。 ・手洗いをする。	・M児は、起床後の着替えがなかなか進まない。「お着替えしようね」と実習生が声を掛けると脱いだものを畳まずに袋へ入れる。「Mちゃん、このままでいいのかな」と問いかけると「いいの！」と言う。このため、「他のお友達はどうしているか見てみよう」と、一緒に見に行き「みんなきれいに畳んでいるね」と伝えると、M児は自ら進んで畳み始める。	・M児は昨日も脱いだ服を畳んでいなかったので、昨日は「畳んで入れようね」と声を掛けたが、今日も同じ場面があったので「友達のを見てみよう」という呼びかけに変えてみた。こうすることで意識が高まり、自分からやろうという行動をおこしたので、今後も自立心が育つような関わりを心がけていきたい。
15：00	○おやつを食べる。 ・片付けをする。		
15：30	○降園準備する。 ○帰りの会をする。		
16：00	○順次降園する。 ○延長保育に入る。		

＜今日の反省と明日への課題＞	＜指導者の所感＞
今日は、子どもたちがこれまで身近に観察していた飼育ケースのカエルを田んぼに逃がす場面で、環境を通しての子どもの気付きや学びが、たくさんあるということについて実感できました。また、保育者の問いかけによって、カエルに対する子どもの思いが変化していったので、「どのように育ってほしい」という子どもの姿を見通した上での保育者の願いや意図に気付くことができました。 　3歳児になると、イメージを膨らませて自分の言葉で思いを表現して、相手に伝えられるようになるということがよく分かり、一人一人の発言を受け止めて、それぞれにふさわしい関わり方をすることの大切さを学びました。	この季節ならではの自然の中で、子どもたちのつぶやきや考え、保育者と子どもとの関わりが多く見られてよかったですね。 　衣服をたたんで片付けるM児とのやりとりの場面では、保育者としての関わり方をみつめ直し、言葉掛けを変えることでM児の様子にも変化が見られましたね。「さまざまな状況の中で瞬時に判断してやってみる」という経験を日々積み重ねていくうちに、自分のものになっていくと思います。実習中に是非、数多くこのような経験をしていって下さいね。

(3) 部分・全日実習時（1枚目、1日の流れの記録）

6月28日（水） 天候　晴れ	3歳児　18名　もも組 欠席　0名	今日の主な活動 動物の身体表現を楽しむ。
今日の実習のめあて 　クラス全体を見渡しながら保育をすすめる。		

時間	一日の流れ	記録（子どもの活動・保育者の援助など）	考察
8:30	○順次登園する。 ・所持品の始末をする。 ・出席シールを貼る。	・登園時、A児は母親と離れることができず、一緒にカバンを片付けていた。その後も母親のそばで、折り紙をしていた。「何を作っているの?」と実習生が尋ねると、A児は黙って母親の背中へ隠れてしまう。しばらくして、A児は母親と別れることができた。	・A児が母親と離れにくいのは、最近妹ができ「私にもかまって」というサインのようである。母親がそばで見てくれている安心感の中、折り紙をしていたところに、私が声をかけたことによってA児の気持ちを乱してしまったので、話しかけるタイミングが早すぎたと反省した。
9:00	○好きな遊びをする。 ・折り紙 ・ごっこ遊び ・ブロック	・T児は風呂敷のスカートをはき、他の友達にも「スカートはいて」と伝えるが、断られる。T児は「誰もはいてくれない。お祭りだから、はいて欲しいのに」とつぶやく。保育者は「お祭りだったら風船作ろうか」と、新聞紙で紙風船を作り始める。すると、子どもたちが集まってきて、しばらく風船で遊んだ後、新聞紙を丸めて投げる遊びへと変化していった。	・T児が友達に呼びかけて、祭りごっこを始めようとしたが、断られてしょんぼりしていたとき、保育者はT児の気持ちを汲み取り、新たな遊びが展開されていったので、保育者の関わり方によって、子どもたちが生き生きと遊ぶ姿へ変化することを学んだ。
10:00	○片付けをする。 ・排泄、手洗いをする。		
10:15	○遊戯室へ移動する。		
10:20	○動物の身体表現を楽しむ。	部分実習部分　※　詳細は137頁（4）参照	
11:00	○入室する。 ・排泄する。 ・手洗いをする。 ・うがいをする。 ・給食の準備をする。	・S児は給食のご飯は食べていたが、おかずはあまり進んでいないようだった。時間が経っても手が止まっていたので、「Sちゃん、どうしたの?」と実習生から声を掛けるが返事がなかった。その後、体をくねらせていたので「トイレに行きたいの?」と尋ねたが「行かない」と言う。しばらくして「お茶飲みたい」と言う。	・S児は昨日、腹の調子が良くなかったため、まだ影響しているのかと思い、トイレへ行くことを促したが、そうではなかった。S児の気持ちが分からず、問い詰めてしまい、本当の自分の思いがなかなか伝えられなかったのだと思う。
11:30	○給食を食べる。 ・「いただきます」の挨拶をする。 ・給食を食べる。 ・歯磨きをする。 ・片付けをする。	・Y児は食後の歯磨きをするが、友達が歯磨きを終えて着替えを始めると、そちらに気をとられて、うがいをせずに自分も着替えに行こうとする。そこで、保育者は「Yちゃん、うがいしないと、お口のバイキンが『悪さできるぞ』って喜んでるよ」と伝える。すると、Y児はうがいを始めた。おやつの後も、Y児はうが	・「歯磨きの後はうがいをしようね」と声を掛けるのではなく、子どもの状況を把握した上で、うがいをしないとどうなるのかを伝えて、自らうがいをしようと思えるような声掛けを行うことが大切だと、

時間	一日の流れ	記録（子どもの活動・保育者の援助など）	考察
12：40	・排泄する。 ・着替えをする。 ○絵本を見る。 「そらまめくんのベッド」	いをしようとしなかったので、実習生から「Yちゃんのお口の中、バイキンがたくさんいるんじゃないかな。バイキンをやっつけないと」と声を掛けてみた。Y児はその後、しっかりとうがいをしていたので「ちゃんとうがいをしたから、きっとバイキンいなくなったよ」と伝えるとY児は「よかったー」と言っていた。	Y児と保育者のやりとりで感じた。また、おやつの後も同じような場面があったので、保育者に習って声を掛けると、Y児は念入りにうがいをしていた。子どもは、このような経験を積み重ねて、さまざまな習慣が身についていくのだと思った。これからは、子どもの育ちを見通して、そのためには今どのようにして関わればよいかを判断しながら適切な援助をしていきたい。
12：50	○午睡をする。		
14：40	○起床する。 ・着替えをする。 ・排泄する。 ・手洗いをする。		
15：00	○おやつを食べる。 ・片付けする。	・H児は降園準備の際、タオルをかばんに入れ忘れていた。実習生が「Hちゃん、何か一つだけ忘れているよ」と声を掛けると、「えーっと」と言いながら考えている。すると、Iちゃんが「Hちゃん、タオル忘れてるよ」と、H児にタオルを手渡していた。H児は「あっ、タオルだ」と気づき、I児にお礼を言ってかばんに入れていた。	・H児は「次に何をするの?」と問いかけると、自分で考えて行動できるので、自ら気付いて欲しいと思い、「一つだけ忘れているよ」と伝えた。結果、本人が気付く前にI児が持って行ったが、友達との関わりの中で互いに育ち合っていることが分かった。
15：30	○降園準備をする。 ○帰りの会をする。		
16：00	○順次降園する。 ○延長保育に入る。		

(4) 部分・全日（主な活動場面）実習の実際の記録

ねらい：友達と一緒に、リズムに合わせて身体を動かすことを楽しむ。	反省：この活動に入れない子どもがいた。
内　容：動物の動きを身体で表現する。	反省：動きにストーリー性をもたせればよかった。

時間	環境の構成	子どもの姿、保育者の援助・配慮	省察
10：20	（舞台・音響・ピアノ・実習生・大型積み木の配置図）	「動物のシルエットクイズ」 ・ペープサートが見える位置に集まるよう呼びかける。K児は「見えない」と言って、友達を押しのけて一番前に来ようとするので、「近すぎると見えにくいよ」と声を掛ける。 ・これから楽しいクイズが始まることを知らせると、子どもたちのまなざしが実習生の方に向く。 ・ペープサートを見せながら「これ、なーんだ」と問いかけ、シルエットクイズをする。子どもたちは口々に「ウサギ」と言うので、実習生が「さん、はい」と合図をすることで、一斉に「ウサギ！」と答える。「正解！」と言いながら、ペープサートを見せると、「合ってたー」「知ってるー」とその動物について話し始める。	・子どもたちがワクワクしてクイズを楽しめるように、ペープサートを少しずつずらしながら問いかけたので、集中して参加してくれた。主活動の導入としては、子どもたちの関心を高めることができたと思う。 ・それぞれの動物が出てきたときに、子どもたちは、自分なりに、思ったことを言葉で表現していたので、もう少しゆとりをもって丁寧に受け止め、周りの子どもたちと共有する姿勢が必要だった。
	（舞台・音響・ピアノ・実習生・自由に動き回る・大型積み木の配置図）	「動物になりきって身体で表現する」 ・E児は「先生みてー」と積極的に自分の動きをアピールする。U児は「ゾウは、こうやって歩くんだよ」と友達同士で動きを見せ合う。 ・R児が「次はライオンがいい！」と言うので、できる限り、その場で出てきた子どもの意見を取り入れ、みんなで表現してみる。 ・子どもたちが慣れてきたところで、タンブリンやカスタネットを使い、リズムを感じながら動物の動きをする。このとき、子どもたちの動きや動物の種類に応じてテンポに変化をつけてみる。 ・子どもたちは、ゆっくりしたテンポでゾウの動きをしていた後に、リスのような細かな動きを小刻みなリズムで動くことが楽しいようで、テンポが速くなるとキャーキャー歓声をあげて表現する姿が見られた。	・自分自身、身体を大きく使い、表現を楽しむことができた。しかし、例えばライオンの動きのとき、単に強そうに歩くだけではなく「ライオンは、ご飯を食べたので眠たくなりました」など、ストーリー性をもたせることで、イメージが広がり、動きにもっと幅が出たのだと思う。 ・子どもの動きを見ながら楽器を使ってリズムを表現したが、自分自身も動き、それぞれの表現を認めて声をかけることは、なかなか難しく、保育者はさまざまな面に気を配らないといけないことを実感した。

保育所（3歳以上児）●第6章

時間	環境の構成	子どもの姿、保育者の援助・配慮	省察
		・活動を終えて、どの動きが楽しかったのか子どもたちに尋ねると、一番人気が高かったのはピョンピョンジャンプをするウサギだった。また、床を這うようにして進むヘビの動きが面白かったという意見もあった。	・実際に体験したことを、その場ですぐに振り返り、楽しかったことや感じたことを言葉で伝え合う時間をもつことができて良かった。

＜カンファレンスから学んだこと＞
・反省会、討議、指導を受けてからの学び、気付き、今後の課題など
　ペープサートを使っての「動物シルエットクイズ」では、クラスのみんなが集中して参加していたので、引き続き「動物の身体表現」の活動を展開しました。ところが、保育室とは違う環境の遊戯室での活動ということもあり、K児とW児は大型積み木の陰へ行き、なかなか活動に入ってこようとしませんでした。2人のこうした姿は分かってはいたものの、指導実習ということで、「まず全体を進めていかなければならない」という思いで精一杯でした。主として保育を進める担任の役割の場合、クラス全体に呼びかけて次の活動を展開しながらも、集団活動から外れてしまう子どもにも、適切な言葉掛けと関わりをする必要があると学びました。
　また、担任として「今から○○をします」とはっきり伝えるときと、子どもたちに「○○する?」と問いかける場面など、その場の状況をしっかり判断して、メリハリのある言葉掛けを先生方から学んでいきたいと思います。
　実習も残り少なくなりましたが、特に集団活動の流れに乗りにくい子どもへの関わりを大切にし、友達と一緒に活動することの楽しさを伝えていきたいです。

＜指導者の所感＞
　部分実習、お疲れさまでした。子どもたちの前に立つことで、多くのことに気付かれたことと思います。その気付きが、今後の実践に生かされていくことでしょう。活動や遊びを計画通りに進めることは大切ですが、そのことばかりに気をとられていると、一人一人の子どもの姿や様子が把握できなくなったり、子どもとのやりとりを、楽しむことができなくなってしまう場合があります。
　残りの実習では、子どもたちと思い切り遊び、先生自身が楽しいと思う時間を作ってみてください。子どもたちも同じように先生と遊ぶことが楽しいと思えるはずですよ。

② 保育所実習（5歳児クラス）

　5歳児クラスになると、保育所では一番年長児にあたり、最も長い子どもでは6年目の集団生活に入っています。基本的な生活習慣が確立し、見通しを立てて、自分で考えて行動するようになります。また、社会性が育ってきており、子ども同士で思いや考えを伝え合い、ルールのある遊びを楽しんだり、トラブルを解決したりする姿も見られるので、保育者として介入しすぎず見守る姿勢も大切です。場面に応じて、どのような関わりや言葉掛けをされているのか、保育者の援助の仕方について観察時からしっかり学びましょう。

1. 実習日誌のポイント

(1) 観察実習時のポイント（1、2日目）

①めあての持ち方
　実習初期におけるめあての例として、「一人一人の子どもの名前を覚える」「5歳児の園生活における一日の流れを把握する」「保育者の言動に、どのような意図があるのかを理解する」などが挙げられます。実習生として、その日のめあてを具体的に書きましょう。めあてを明確にしておくことで、一日の過ごし方が変わってくることでしょう。

②観察の仕方（観察の視点）
《登所（園）時》
・朝、子どもを受け入れる際、保育者は保護者とどのようなやりとりを行っているのか。（体調不良や迎え時間の変更などの連絡事項や、持参薬がある場合の対応など）
・登所時刻にばらつきがある保育所の子どもたちは、どのように友達を誘い合って遊びに入っていくのか。

《遊びの場面》
・遊びの環境はどのように構成されているのか。
・子どもたちが遊びに取り入れている素材や、工夫している点はどのようなことか。
　（例えば、ガムテープ・セロハンテープ・ビニールテープ・カッターナイフ・はさみなど、子どもたちが自由に製作する際に、必要な道具や素材はどのように提供されているのか）
・保育者はどのような場所に位置し、子どもの遊びにどのように関わっているのか。
・5歳児では、子ども同士のトラブルについて、自分たちで思いや考えを伝え合うことができるようになってきているが、保育者はどこまで見守りどのような援助をしているのか。

《クラス活動の場面》
・保育者の声量や、クラス全体の子どもたちへの呼びかけ方はどのようなものか。
・子どもの当番活動の内容はどのようになっているのか。

・歌や身体表現の場面では、ピアノやオルガンなどを使用しているのか。また、その伴奏楽器は室内のどのような位置に配置され、子どもと保育者の位置関係はどのようになっているのか。

③記録の仕方

観察実習の段階では、環境の構成、子どもの活動、保育者の援助・配慮と実習生の動き、気付きを分けて記入しましょう。

実習初期は、子どもの活動に対して、保育者がどのような働きかけをしているのかをじっくり観察する貴重な機会です。なぜ、この場面においてそのような言葉掛けをされたのかなど、保育者の意図を読み取って記入しましょう。

《実習生の動き・気付き》

保育者としての援助や配慮点を観察しながらも、実習生としてはどのように動き、子どもと関わったのか、また、そこから何を感じ、どのようなことに気が付いたのかを記入しましょう。このように、自分の動きや気付きを整理しながら省察するという一連の流れが、今後の「参加実習」「部分実習・全日実習」に生かされてくるのです。

(2) 参加実習時のポイント（3～8日目）

①めあての持ち方（実習中期におけるめあての例）

「一人一人の個人差や特徴をつかみ、それぞれに合った言葉掛けや援助をする」「保育者間の連携や役割を知る」など、観察実習から得た5歳児の生活に自身が参加することを通して、何を学び、どのように動くのかということを具体的に、めあてとしましょう。

②観察・記録の仕方

実際に子どもと関わりながら、友達同士のやりとりや、実習生として子どもに声を掛けたことによってどのような反応がかえってきたのか、個々の子どもの言動をしっかりと観察・記録しておくとよいでしょう。特に、5歳児になると、集団で何かをやり遂げる充実感や楽しさを味わうようになったり、相手を思いやったり、リーダーシップを発揮する子も出てくるので、そうした遊びや生活の中で、それぞれの場面における客観的事実をエピソード記録として残しましょう。

(3) 部分・全日実習時のポイント（9、10日目）

①めあての持ち方

実習後期のこの時期は、指導実習の機会も増えてきます。実習生が保育をすすめるにあたって、「子どもが活動を楽しめるように様子を見守り、適切な援助をする」（部分・全日実習日誌例(3)）というように、5歳児の活動においては、保育者が予想していなかった遊び方や、新しいルールが展開されていくかもしれません。計画にとらわれすぎず、子どもたちの創意工夫による新たな遊びの発展を見守る姿勢も大切です。

②観察の仕方

指導案に基づいて進めた部分実習の様子について、自分が用意した製作の素材や環境構成などが適切であったか、子どもたちの姿や会話などから汲みとりましょう。

③記録の仕方
　子どもの姿は、会話を「　　」で表しておくと、保育者とのやりとりも明確になり、省察しやすいでしょう。また、子どもの遊び方に応じて環境を再構成したことなども、しっかり記録に盛り込んでおくと、今後の保育に活きてくることでしょう。

2. 実習日誌例

(1) 観察実習時

6月20日（月） 天候　晴れ	5歳児　29名　つばめ組 　　　　欠席　1名		今日の主な活動 ルールのある「しっぽとり」を楽しむ。
今日の実習のめあて	・5歳児の園生活の一日の流れをつかむ。 ・一人でも多くの子どもの名前を覚える。		
時間	環境の構成	子どもの活動	保育者の援助・配慮	◎実習生の動き　○気付き

時間	環境の構成	子どもの活動	保育者の援助・配慮	◎実習生の動き　○気付き
8：15 9：50 10：00 10：05	・窓を開け、換気をする。 ・カレンダー、シールなどを整えておく。 ・個々のイメージに応じて製作遊びができるよう、さまざまな素材の材料を準備しておく。（素材ごとに箱に入れ、絵表示をする） ・危険なものは端に寄せるなど、できるだけ広いスペースを確保する。	○順次登園する。 ・挨拶をする。 ○所持品の始末をする。 ・連絡帳を出す。 ・出席シールを貼る。 ・カバンをかける。 ○好きな遊びを楽しむ。（室内） ・折り紙・粘土 ・廃材製作遊び ○片付けをする。 ・排泄する。 ・遊戯室へ移動する。 ○朝の集まりをする。 ・「おはようのうた」 「にじ」を歌う。 ・当番の紹介をする。 ○しっぽとりをする。 ○砂場で遊ぶ。	・安心して楽しい気持ちで生活が始められるよう、保護者や子どもに笑顔で挨拶を交わす。 ・保護者から連絡事項などを聞き、一人一人の体調や気分に気を配る。 ・自分なりにイメージして製作などをする姿を見守り、子どもの言葉を受け止めたり、工夫していることを認めたりする。 ・遊びを振り返り、それぞれが作ったものを紹介したり、楽しかったことを聞いたりして、次の遊びの意欲につながるようにする。 ・子どもたちの様子を見ながらピアノ伴奏をする。 ・全員で一斉に朝の挨拶をするよう呼びかける。 ・しっぽとりの遊びの中でトラブルになったときには、お互いの思いを伝え合うことで相手の気持ちにも気付けるよう援助する。 ・既にしっぽをとられてしまった子どもには、友達を応援するよう声をかける。	◎一人一人に笑顔で挨拶し、温かく迎える。 ○登園して来る子どもの表情を観察していると、初めて見る実習生の私に対して、様子をうかがっているように感じた。 ◎所持品の始末を終えた子どもから、自分の好きな遊びを見つけて遊びはじめる様子を見守る。 ○子どもたちと一緒に片付けをする。 ○遊びの振り返りによって子どもの新しい発見や、廃材で作った迷路ゲームに楽しさを見出していることを知ることができた。 ◎実習生の自己紹介をする。 ○全体を見渡しながら、子どもたちに語りかけるような紹介の仕方をする必要があった。 ○しっぽが取れたとき、歓声をあげるだけでなく、全身で喜びを表現する姿を見て、子どもたちが心からこの活動を楽しんでいる様子がうかがえた。

時間	環境の構成	子どもの活動	保育者の援助・配慮	◎実習生の動き　○気付き
10：50	・砂場遊びで水を溜めることを楽しむ姿から、バケツやペットボトル、雨どいなどを用意しておく。	・穴を掘り、水を溜める。 ・山を作り、水を流す。 ・砂と水でごちそうを作る。	・保育者も裸足で砂場へ出て遊びの仲間になり、山や川を作ったり、水の流れがつながったりする面白さや、達成感を友達と一緒に感じられるようにする。	◎自分なりの目的を持って道具を使って遊び始めたり、仲間を誘ったりする姿を見守る。 ◎完成したごちそうを持って来てくれた子どもの気持ちを受け止め、できたうれしさに共感する。
11：30	・足洗い用のタライと、足拭きマットを用意しておく。	○片付けをする。 ・手洗い、足洗いをする。	・使った物の片付けを促すが、これまで作ったごちそうや、山などは次の遊びにつなげるため、自然な形で残しておく。	◎子どもたちが作ったものを「大事にしたい」という気持ちを大切にして、残しておくという保育者の配慮に気付いた。
11：45		○入室する。 ・排泄する。 ・うがいをする。	・班ごとに子どもを呼び、配膳をする。	◎子どもたちと一緒に机を並べ、テーブルクロスを敷く。
11：50	・テーブルクロスと台拭きを用意する。	○給食を食べる。 ・準備をする。 ・当番は机を拭く。 ・「いただきます」の挨拶をする。	・当番に前へ出て合掌するよう声を掛け、皆で挨拶ができるようにする。 ・食事中の姿勢や箸の持ち方などをよく見て、個々に応じた言葉掛けをする。 ・クラス全体を見渡して「ごちそうさま」の挨拶をするよう呼びかける。	◎楽しい雰囲気の中、子どもと一緒に食事をしながら、箸の持ち方や食べ方などを観察する。 ○食事中、思い思いに話す子どもたちに対して、応えながらも、マナーや食べる速度にも気を配る必要があると思った。
12：00	[配膳机・机・ピアノ・水道・タオルかけの配置図]			
12：30		○「ごちそうさま」の挨拶をする。 ○歯磨きをする。	・机を片付け、床掃除をする。	◎机を拭いたり、片付けたりする。
12：40		○好きな遊びをする（室内）・粘土・折り紙・廃材製作遊び	・午前中に製作したものを使って遊びが発展するよう、保育者も作ったもので遊んだりして、子どもの発見や楽しさに共感する。	◎子ども同士が教え合ったり、認め合ったりしながら遊ぶ様子を見守り、何に楽しさを見出しているのかを観察する。
14：45		○片付けをする。 ・手洗い、うがいする。		
15：00		○おやつを食べる。 ・うがいをする。 ・排泄する。	・おやつを配る。 ・牛乳をこぼしてしまった子どもへの配慮をする。	○牛乳がこぼれた後の、保育者の落ち着いた対応を見習いたいと思った。
15：30	[机・机・ピアノの配置図]	○降園準備をする。 ○帰りの集まりをする。 ・絵本を見る。 ・「さようなら」の挨拶をする。	・身支度を整え、忘れ物がないよう呼びかける。 ・絵本『せんたくかあちゃん』を読みきかせる。	◎子どもと一緒に落ち着いて絵本を見る。
16：00		○順次降園する。	・明日への期待がもてるように話をする。	◎降園する子どもと保護者に笑顔で挨拶をする。

＜今日の反省と明日への課題＞	＜指導者の所感＞
5歳児の子どもたちが、何でも自分たちでこなしていく様子を見て、実習生として何をすればよいのか戸惑ってしまう場面がいくつかありました。まず、子どもの主体性を尊重していくところから始めていこうと思いました。また、初日の実習でとても緊張していたため、私の自己紹介をする際には、子どもたちの顔を見る余裕がありませんでした。もう少し、ゆったりと自分のことを覚えてもらえるような工夫が必要だと感じました。 　今日から10日間、精一杯頑張りますので、ご指導よろしくお願いします。	5歳児ということもあり、自分のことはほとんどできるようになっています。保育者に促されるのではなく、子どもたちが自分で気づき、考えて行動できるような援助、言葉掛けを心がけています。 　今日は、初日ということもあり、子どもたちも初めは緊張していましたが、遊びの中で少しずつ心を開いていったと思います。子どもの様子をよく見て、内面を理解しながら接していくのはとても大切なことです。これから10日間、子どもたちと沢山関わり、さまざまなことを学んでくださいね。

(2) 参加実習時

6月24日（金） 天候　晴れ	5歳児　30名　つばめ　組 欠席　0　名	今日の主な活動 6月生まれ誕生会に参加する。
今日の実習のめあて	・一人一人にふさわしい言葉掛けや関わりをする。 ・誕生会において、保育者同士の連携や役割を知る。	

時間	一日の流れ	記録（子どもの活動・保育者の援助など）	考察
8：15	○登園する。 ・挨拶をする。 ○所持品の始末をする。 ○好きな遊びを楽しむ。 ・カルタ ・折り紙 ・粘土	・風邪で欠席していたK児が、久しぶりに登園する。保育者は「K君、待っていたよ」と温かく迎える。 ・「カルタとり」で、同時に取ったS児とY児がジャンケンをするが、周囲の子が「S君は後出しした」と言い、S児は泣く。子ども同士で話し合った結果、再度ジャンケンをしてS児が勝ったので、そのカルタはS児のものになる。	・K児が欠席の間、子どもたちは「K君どうしてるかな」と心配していたので、保育者が温かく迎え入れることで、相手を思いやる心の育ちにつながると考える。 ・S児に共感しようと、すぐにどんな気持ちなのかを尋ねたが、大泣きしていて言葉に表せない状態だった。子ども同士でどのように解決するのか、もう少し見守る姿勢が必要だった。
9：45	○片付けをする。 ・排泄する。 ・手洗いをする。	・次の活動に期待を持てるように声を掛け、片付けに誘い、保育者も子どもと一緒に片付ける。 ・誕生会なので、トイレに行っておくよう促す。	
10：10	○6月誕生会をする。 ・誕生児入場する。 ・歌「たんじょうびって」を歌う。 ・祝いの言葉を言う。 ・自己紹介する。 ・プレゼントを渡す。 ・風船ゲームをする。	・友達の誕生日を祝う気持ちをもって参加し、歌を歌ったり、お祝いの言葉を言ったりすることを子どもたちに伝えてから遊戯室へ行く。 ・音楽に合わせて、隣の友達に風船を渡すゲームを楽しむ。 ・司会進行、ピアノ伴奏、ゲーム担当など学年に関係なく保育者間で連携して役割分担し、全園児が誕生会を楽しめるよう、盛り上げる。 ・昼食時、T児がピーマンを残して「これ食べられない」と実習生に言うので、ピーマンと残っていた肉をセットにして食べるよう伝えた。結果、T児は全て食べることができたので「すごいねKちゃん、食べられたね」と言葉掛けると笑顔を見せていた。	・少し照れながら自己紹介する誕生児もいたが、冠をつけ祝ってもらううれしさや、大きくなった喜びを感じる大切な会であることが実感できた。 ・風船ゲームでは、子どもたちがドキドキしながらも豊かな表情を見せていた。 ・ピーマンと肉をセットにして食べる方法はT児に合っていたようである。残さず食べ、自分の頑張りを認めてもらったことによって自信がつき、次への意欲につながるということを学んだ。
11：30	○入室する。 ・排泄する。 ・手洗いをする。		
11：40	・給食準備をする。	・サッカーをしていたA児は、遊びを終えて自分が使っていたボールを片付けようとした途中、落としてしまった。そのボールをY児が拾って片付けにいこうとした。A児は「僕が片付けるからY君、返して!」と叫んでY児を追いかけ、結局A児がボールを片付けた。私が「Y君、片付けようとしてくれてありがとう」と伝えたがY児は黙ってその場を去った。	・この場面で、A児もY児も片付けようという気持ちは同じだったが「自分がやる!」という互いの気持ちがぶつかってしまったようである。Y児にとっては「片付けようとしただけなのに…」というわだかまりが
11：50	○給食を食べる。		
12：20	・片付けする。 ・歯磨きする。		
12：40	○自由に遊ぶ。 （園庭）		

時間	一日の流れ	記録（子どもの活動・保育者の援助など）	考察
14：40 14：50 15：00 15：30 16：00	・片付けをする。 ・入室する。 ・手洗いをする。 ・うがいをする。 ○おやつを食べる。 ・片付けする。 ○降園準備をする。 ○帰りの集まりをする。 ・絵本を見る。 ○順次降園する。	・おやつの後、当番がごみを集めるため園内を回っていた。I児が他のメンバーに呼びかけ、「MちゃんはH組に行ってきて!」「みんなちゃんとやってよ。袋は私が持つ!」など指示をしていた。他の子どもたちは、「ちゃんとやってる!」「私も袋持ちたい!」と言い返していた。	残ってしまったのではないか。もう少し丁寧にY児と話をするべきだった。 ・A児は集団の中でリーダーシップを発揮できる子である。一方、友達に自分の意思を押し付けてしまう面があるので、A児のよさを認めた上で、うまく気持ちをコントロールできるよう、支えていく方法を考えていきたい。

＜今日の反省と明日への課題＞

　実習5日目を終え、一人一人の個人差や特徴について、じっくり見ることができるようになったと感じています。どうしてこのような言動をするのか、その背景にはどのような気持ちがあるのかなど、少し余裕をもって考えられるようになりました。しかし、考えることができても適切な関わりや言葉掛けにまだ自信がないため、これからさらに学んでいきたいです。

　誕生会において、先生方は学年・クラスに関係なく協力して場を盛り上げておられました。こういった保育者間の連携についてもしっかり学び、私自身も臨機応変に動けるよう努めていきたいです。

＜指導者の所感＞

　一人一人に丁寧に関わることで、信頼関係が築けると思います。そうすることで子どもたちは自然と先生についてきて、まとまりも生まれてくるのです。個々から集団へという意識で、T児の食事場面のように子どもが達成感を味わえるように関わっていきたいですね。

　誕生会は全園児参加の行事ですので、特に係にあたっていなくても、保育者みんなで協力しながら進めています。今回の風船ゲームでは、年齢によって活動内容やルールに変化をつけて、どの子どもたちも楽しめるよう工夫しています。

(3) 部分・全日実習時（1枚目、1日の流れの記録）

6月28日（火） 天候　曇り	5歳児 30名　つばめ　組 欠席　0名	今日の主な活動 UFO的当てゲームを楽しむ。
今日の実習のめあて	・子どもが活動を楽しめるように様子を見守り、適切な援助をする。	

時間	一日の流れ	記録（子どもの活動・保育者の援助など）	考察
8：15	○登園する。 ・挨拶をする。 ○所持品の始末をする。 ○好きな遊びを楽しむ。 ・廃材で製作する。 ・折り紙をする。 ・粘土で遊ぶ。	・所持品の始末をしていたM児が、実習生に「自分でリボン結びしてきたよ」と、弁当袋を見せる。「Mちゃん、上手にできているね」と声をかけると、力強く頷き、友達にも見せていた。 ・実習生が用意していたストローを使って、ロケットを作って遊ぶ子の姿が多く見られた。片付けの時間になって、N児が「僕も作りたかったけど、ストローがなかった」と話す。私は「N君もやりたかったんだね。また明日持ってくるからね」と伝えた。	・自分でできた喜びを伝えるM児の気持ちを、保育者としてしっかり受けとめることで、自己肯定感の育ちにつながると感じた。 ・N児が残念そうに、自分の思いを実習生に伝える姿を受け、遊びに使う素材をどこにどれくらい準備しておくか考えておくことも、環境構成を整える上でとても大切なことだと実感した。
10：10	○片付けする。 ・排泄する。 ・手洗いをする。		
10：30	○UFO的当てゲームをする。	部分実習部分　※　詳細は次頁（4）参照	
11：30	○片付けする。 ・排泄する。 ・手洗いをする。 ・昼食準備をする。	・食事の前なので、しっかり手洗いをするよう言葉を掛ける。 ・子どもがヤカンからお茶を注ぐ様子を見守り、必要なときだけ援助する。	・弁当日ということもあり、普段以上に子ども同士の会話が盛り上がっていたようである。保育者も会話に入り、食べることが楽しいと思える雰囲気作りをすることで、苦手な物も食べてみようという意欲を育てることができると感じた。
11：50	○昼食（弁当）を食べる。 ・片付けする。 ・歯磨きする。 ・絵本を読む。	・月に1度の弁当日で「これAちゃんと同じ！」とおかずを見せ合い、楽しく会話をしながら食べる子どもたちの姿が見られた。 ・食後なので、室内で静かに絵本を読むよう声を掛ける。	
13：00	○自由に遊ぶ。 （園庭） ・虫探し ・サッカー	・園庭で見つけた虫を「先生、見てー！」と持ってくる子どもと共に観察をしたり、「どこにいたの？」と尋ね、一緒に探したりする。	・共に虫探しをする中で、子どもが感動する場面に出会い、どのようなことに興味をもっているのか学びになった。
15：00	○おやつを食べる。 ・片付けする。	・R児がおやつのクッキーを床に落としてしまったが、保育者はすぐに指示するのではなく、まずR児がどうするのか様子を見守っていた。	・R児は、クッキーを落としてしまったことを保育者に伝え、自分で片付けていたのですぐに何か援助しなければという行動に出る前に、自主性の育ちを見守りたいと思った。
15：30	○降園準備する。 ○帰りの集まりをする。		
16：00	○順次降園する。		

（4）部分・全日（主な活動場面）実習の実際の記録

ねらい：身近な素材を使って描いたり、作ったりすることを楽しみ、友達と一緒に工夫して遊ぶ。	反省：予想以上に製作に時間がかかったので、遊びの時間が足りなかった。
内容：UFO的当てゲームで、投げ方を工夫して的に当てることを友達と楽しむ。	反省：慣れると簡単に的に当てられる子もでてきたので、環境を再構成してレベルを上げた。

時間	環境の構成	子どもの姿、保育者の援助・配慮	省察
10：30	話を聞くとき、製作をするとき （保育室の図） ○…子ども ●…保育者	「導入としてUFOの話をする」 ・これから始まる活動への期待を高められるように、的当てゲームに使用するUFOを子どもたちに見せながら話をする。D児は「僕、知ってる!」と立ち上がって発言する。材料は何でできているのか、紙コップは幾つ使っているのかを子どもたちに問いかけ、会話のやりとりをしながら進める。	・UFOの作り方の説明では、実際に紙コップを見せたり、手順を書いておいた模造紙を掲示しながら説明をしたので、集中して話を聞く姿が見られてよかった。
10：35	的当てゲームをするとき （保育室の図） ビニールテープで並ぶ場所を貼る	「UFOの作り方を説明し、製作の援助をする」 ・UFOの作り方を理解しやすいように、あらかじめ模造紙に手順を図示しておいたものを掲示し、順を追って丁寧に説明する。それでも、何をすればよいのか分からず困っているE児には、個別に関わり、ゆっくり説明しながら一緒に作る。その間に、早く作り終わった子には的作りをするよう呼びかける。	・製作の仕上げで、私がホッチキスで紙コップをとめているとき、自分の作業に気をとられて、子どもたちの作業の進み具合を十分に把握できなかった。もっと保育室全体を見渡し、作っている子、ゲームを楽しんでいる子などの様子を見られるようにするべきだった。
11：00	〈準備物〉 ・紙コップ （1人2個×30人分＋予備） ・手順を書いた模造紙 ・ホッチキス ・セロハンテープ ・水性マジック ・的（牛乳パック、ペットボトルで作ったもの）	「遊び方の説明、遊びの援助をする」 ・子どもたちが安全に楽しくUFO的当てゲームができるように、遊ぶときのルールを伝える。子どもたちの遊びを見ていると、それぞれ投げ方を工夫し、簡単に的に当てられるようになってきたので、距離が遠くなるように調整したり、的を机の上に置いたりしてレベルアップさせたりする。	・的当てゲームを始めたとき、子どもの立ち位置に特に印をつけずに活動をしていたが、担任の先生が位置を明確にするため、床にビニールテープを貼って下さると、子どもたちはその線を守り、そこからUFOを飛ばしていたので、距離の調整をするためにも、具体的に示した方がよりよいと学んだ。
11：20		「遊びの姿：悔しがるK児」 ・K児は自分が作ったUFOを、的を目がけて必死に投げていた。ゲームが終わる頃になって、実習生に「一つも当たらんかった」と悔しそうに伝える。「また後からやってみようね。次は当たるといいね」と声を掛けると、K児は「うん!」と少し明るい表情を見せていた。	・K児が自分の思うようにいかない悔しさを自分の言葉で表現したので、「また挑戦してみよう」と思えるような言葉掛けをして、ゲームに対する子どもの意欲を引き出すことが大切だと実感した。

＜カンファレンスから学んだこと＞
・反省会、討議、指導を受けてからの学び、気付き、今後の課題など
　部分担任実習を終えて良かった点は、自分が思いを込めて作ったUFOを、工夫して飛ばし、的に当てて友達同士で喜ぶ姿が見られたことです。しかし、的に当てられず悔しがる子の姿も見られました。
　反省点は、水性マジックを使って絵を描くとき、机の汚れを防ぐため新聞紙などを敷いておくべきだったこと。また、クラス全体の様子を把握するために、保育者としてどの位置に居ればベストだったのかということ、予想以上に製作に時間がかかり、的当てゲームを開始するのが遅くなり、時間を気にして焦りながら活動を進めてしまったこと、UFOを投げるときに立つ位置を分かりやすくするため、床に線を示すことなどが挙げられます。その場その場で、子どもの様子や、担任の先生の動きからたくさんの気付きと学びを与えられました。今後の保育で是非、活かしていきたいです。今日は、ご指導ありがとうございました。

＜指導者の所感＞
　部分担任実習、お疲れ様でした。指導案を書いて保育を実践しても、予想外の子どもたちの動きや、活動の流れになることもよくあります。その時に、保育者は臨機応変に対応することで活動内容が発展していきます。私自身も日々、勉強で、上手くいく時もあれば盛り上がりに欠けることもあります。目の前の子どもたちの様子をよく見て、今何を求めているのか、どんな言葉掛けが必要なのかを読み取っていくことができれば、と思います。
　今回の反省を通して、多くのことに気付くことができたと思います。自分が作った物ですぐに遊べる、この活動内容は、これから保育の場で活躍される時にも使えるので、改善すべきところをよりよいものにして是非、実践してみてくださいね。
　楽しいUFOゲームをありがとうございました。

③ 保育所実習（3・4・5異年齢児クラス）

　実習先で異年齢児クラスに配属が決まった場合、「異年齢児のクラスだからどうすればよいか分からない」といった実習生の声を聞くことがあります。しかし、異年齢児保育は何も特別なことではありません。実際、早朝保育や延長保育、土曜保育など、子どもの人数などに応じて0～5歳児、または、3～5歳児というように、異年齢児混合で保育をしている場合もあります。また、登園後特に、園庭で好きな遊びをして過ごしている時間には、年齢に関係なく、自然に子ども同士の関わりがみられる場面もあります。ですから、不安に思わず、まずは年齢の違う子ども同士がかかわる様子を観察して、どのようにすれば相乗効果で、さらに関わりが深められるかを学んでいきましょう。

1．実習日誌のポイント

(1) 観察実習時のポイント（1、2日目）

①めあての持ち方
　実習初期におけるめあての例として、まず「各年齢の一日の流れをつかむ」ことから始めてみましょう。異年齢児クラスと言っても、例えば午後からは年齢別保育を基本とし、午睡は3歳児のみという保育所もあります。実習先によってさまざまですので、異年齢児保育によってどのような子どもの育ちを期待しているのか、担任保育者に尋ねてみるのもよいでしょう。

②観察の仕方
　5歳児は進級した際、「○○バッチになった！」というように、年長児としての自覚をもって過ごすようになります。遊びや生活の中で、積極的に年少児を誘って一緒に過ごしたり、ケガをして泣いている子に優しく声を掛けながら、保育者のところへ連れて行ったりと、異年齢児の関わりに着目して観察していると、さまざまな異年齢児保育ならではの場面に出会えることでしょう。年少児・年長児、互いにとって、そこから何が育っているのかを汲み取りましょう。観察実習時は、異年齢児保育の効果について学べるよい機会です。

③記録の仕方
　環境の構成、子どもの活動、保育者の援助・配慮と実習生の動き・気付きを分けるところまでは、他の年齢と同様に記録していけば問題ありません。ただし、途中から年齢別活動に移る場合や、記録の内容によって後から振り返った時に、それは何歳児のことを言っているのか分からないようでは困ります。観察実習時の実習日誌例（1）を参考に、特定の園児をさす場合ではなくても、文脈から、何歳児のことを意味しているのか読み手に伝わるような記録を心がけましょう。

(2) 参加実習時のポイント（3～8日目）

①めあての持ち方
参加実習時の日誌例（2）のように、「異年齢児同士の関わり方について知る」など、異年齢児だからこそのめあてを定めましょう。また、担当保育者は複数であることが多いので、「異年齢児担当の保育者同士の連携について知る」というめあても有効でしょう。

②観察の仕方
実習生も異年齢児同士の遊びの中へ積極的に入ることによって、子ども同士の交流を間近で感じることができるでしょう。また、3歳児と5歳児では同じ活動をしていても保育者の関わり方には違いがあるはずです。一人一人の年齢や発達に応じた援助について、子どもと共に過ごしながら、保育者がどのように配慮しているのか、よく観察してみましょう。

③記録の仕方
一日の流れを記した後、子どもの活動・保育者の援助などについて客観的事実をエピソード記録として書き、考察することについては、他の年齢と同様です。ただし、異年齢児保育の特色は、年齢の違う子どもたちが一緒に過ごしているわけですから、A児・B児・C児と書かれてあっても、同じ年齢同士なのか、異年齢児なのかが伝わりません。記録である以上、第三者が見ても分かるように、例えば、A児（3）・B児（4）・C児（5）というように（ ）内に年齢を記しておくと、交流している様子が見え、より分かりやすい記録となるでしょう。

(3) 部分・全日実習時のポイント（9、10日目）

①めあての持ち方
「それぞれの年齢の子どもたちの思いに寄り添い、共に遊びを楽しめるよう援助する」というように、実習生自身が保育者としての自覚をもって、保育を進めるにあたってのめあてを定めましょう。

②観察の仕方
自身が立案した指導案に基づいて、準備した活動内容や使用した素材などは、異年齢児が共に遊ぶのに適していたかどうか、子どもたちの表情や発話を観察しておきましょう。

③記録の仕方
一日の流れと記録については、参加実習時と同じようにエピソード記録として書きます。部分実習を担当した箇所については、別紙とし、指導案に基づいて保育を実践した後に、実際、保育者と子どもとの関わりの中でどのようなことが起こったのか、エピソード記述的に書きましょう。ここでも、異年齢児クラスなので、個人をさす場合は、何歳児か一目で分かるようにA児（3）というように記載しておきましょう。また、ねらいと内容の横にある反省欄には、実際そのねらいや内容で実践してみての反省を簡潔に書き込みます。

2．実習日誌例

（1）観察実習時

6月20日（月） 天候　曇り	3・4・5歳児　28名　ぱんだ組 欠席　1名	今日の主な活動 ・異年齢児同士で、戸外遊びを楽しむ。
今日の実習のめあて	・各年齢の一日の流れをつかむ。 ・多くの子どもの名前を覚える。	

時間	環境の構成	子どもの活動	保育者の援助・配慮	◎実習生の動き　○気付き
8：30		○順次登園する。 ・挨拶をする。 ・所持品の始末をする。 ・連絡帳を出す。 ・出席シールを貼る。	・登園してきた子どもとその保護者を明るく迎え、挨拶を交わしながら健康状態を把握する。 ・保護者から直接連絡事項を聞く。	○朝、登園時の子どもの様子や、表情などをしっかり把握しておくことが大切であると感じた。また、3歳児では、母親と離れたくないと泣き出してしまう子どもも見られたので、落ち着くまで保育者がそばにいることの大切さを学んだ。
	（保育室見取り図）	○好きな遊びをする。 ・ごっこ遊び ・廃材工作遊び ・折り紙・ぬり絵 ○片付けをする。 ・排泄・手洗いする	・保育者は、時には遊びの仲間になり、子どもと一緒に折り紙など、遊びを共有して楽しむ。	○子どもと共に遊び、例えば折り紙においては、本の通りにいかなくても、一緒に考えながら折るという過程で、子ども自身が新しいやり方を発見できたりすることにつながると感じた。
10：00		○朝の会をする。 ・出席調べ ・「あめふりくまのこ」をうたう。	・保育者はピアノ伴奏をしながら、子どもたちに優しく語りかけるように一緒にうたう。	◎子どもと一緒にうたう。 ○ピアノ伴奏をしながらも、子どもの表情を見ながら、呼吸を合わせてうたうことが大切だと感じた。
10：20 11：00	・砂場の遊具は種類ごとに出し入れしやすいように、かごを分ける。 ・消毒液（机用、手指用）	○戸外遊びをする。 ・砂場遊び ・固定遊具（鉄棒、ジャングルジム、ブランコ、登り棒） ・三輪車に乗る。 ○片付けをする。 ・部屋に戻る。 ・手洗い・うがいをする。 ・お茶を飲む。 ・給食の準備をする。	・保育者も、砂場のままごとに入って遊びの一員となり、会話を交わしたり、子どもが作ったものを認めて共感したりしながら一緒に楽しむ。 ・子どもと一緒に使った物を元の場所に片付ける。	○砂場で4歳児が遊ぶ様子を観察していると、葉っぱを細かくちぎって、ブルーベリーに例えたり、植物をうまく取り入れてごちそうを作ったりと、身近な草花も遊びの大切な材料なのだと知ることができた。今後、子どもが関心を示している自然環境にも目を向けていきたい。

時間	環境の構成	子どもの活動	保育者の援助・配慮	◎実習生の動き ○気付き
11:30	・台拭き、テーブルクロス（各机に1枚） （配置図：棚、配膳机、お茶、3・4・5歳混合グループで1テーブルを囲んで座る。）	・5歳児と3歳児が一緒にご飯を取りに行く。5歳児は3歳児クラスのご飯を机に並べる。 ○給食を食べる。 ・歯磨きする。 ・片付けする。	・子どもが食器を運んでいる時に、落とさないか気を配り、配置など注意する。	○給食の準備で、異年齢児の関わりを見ることができた。年少児の世話をする5歳児の姿があり、このような日常の活動を通して、思いやりの心が育っていくのだろうと感じた。
13:00 14:40	（配置図：水道、棚、食、ピアノ、机、入口）	・午睡の準備をする（3歳児）。 ○午睡をする。 ○起床する。 ・着替えをする。 ・排泄する。 ・手洗いをする。	・なかなか寝付けない子には、そばで優しくトントンたたく。 ・目覚めた子からトイレへ行くよう促す。	○入眠のタイミングはそれぞれ違うので、一人一人丁寧にかかわる必要がある。 ◎トイレのスリッパをきちんと揃えるよう、声を掛ける。
15:00 15:30 16:00	（配置図：ピアノ、子どもの円座）	○おやつを食べる。 ・片付けをする。 ○降園準備をする。 ○帰りの会をする。 「さようなら」のあいさつをする。 ○順次降園する。 ○延長保育に入る。	・当番の子には、おやつを配膳するよう声を掛け、様子を見守る。 ・降園準備を自ら進んで整えていく子や、なかなか気が向かない子もいるので、その子に応じた言葉を掛ける。 ・延長保育担当者に子どもの様子や連絡事項を伝え、引き継ぐ。	◎おやつの配膳を見守りながら、牛乳をコップに入れていく。 ◎タオルやコップなど、忘れ物をしている子には名前を呼び、自分でかばんにしまえるようにする。

＜今日の反省と明日への課題＞	＜指導者の所感＞
今日は各年齢の一日の生活の流れをつかむことができました。また、子どもたちから寄ってきてくれたことがとても嬉しかったです。ただ、たくさんの子どもから「遊ぼう」と誘われ、「ちょっと待っていてね」と伝えても「イヤ!」と言われ、戸惑う場面がありました。その時には、先生に教えていただいたように、皆で出来る遊びを考えたりして、遊びを発展できるようにしていきたいです。 今日から10日間、宜しくお願い致します。	実習お疲れ様でした。 一日目は慣れるのに精一杯で大変だったと思います。子どもたちは、実習生が来てくれたことをとても喜んでいます。甘えたい気持ちを受け止めてくれる先生に、思いっきり甘えているのかもしれません。みんなに甘えられて戸惑うこともあると思いますが、子どもたちとどのように約束をしていくのかも大切なことだと思います。 また、自分から気持ちをぶつけられる子に目が行きがちですが、本当は「一緒に遊んでみたいな」と思っている子もたくさんいると思います。たくさんの子どもたちと一緒に楽しく実習していただけたら嬉しいです。

（2）参加実習時

6月23日（木） 天候　晴れ曇り	3・4・5歳児　28名　ぱんだ組 欠席　0名	今日の主な活動 異年齢児みんなで公園へ散歩に行く。

今日の実習のめあて	・異年齢児同士の関わり方について知る。

時間	一日の流れ	記録（子どもの活動・保育者の援助など）	考察
8：30 9：00 9：45 10：00 10：15 11：00 11：20 11：30	○順次登園する。 ・あいさつをする。 ・所持品の始末をする。 ○好きな遊びを楽しむ。 ・トランプ ・塗り絵 ・パズル ○片付けをする。 ・排泄する。 ○朝の会をする。 ・出席調べをする。 ・お茶を飲む。 ○公園へ散歩に出かける。 ○園に戻る。 ・排泄する。 ・手洗いをする。 ・うがいする。 ・給食の準備をする。 ○給食を食べる。 ・歯磨きする。 ・片付けする。	○エピソード記録（客観的事実のみ） ・K児（5）・S児（4）・R児（5）はトランプをしている。「先生も一緒にやろう」と実習生を誘う。R児（5）は、「同じのが2枚揃ったら、ここに出すんだよ」とS児（4）に、"ばば抜き"のルールを教えている。"ばば抜き"が終わると、カードが何枚あるか、皆で声をそろえて「1・2・3」と数え始める。次に、"神経衰弱"を始め、お互いに何枚当たったか数えて競い合う姿が見られたので、「Sちゃん、たくさん取れたね」と声をかけ、楽しい雰囲気をつくるようにする。 ・外が晴れていたので、異年齢児みんなで散歩に出かける。4歳児は4歳児同士で、5歳児と3歳児がペアになるように手をつないで歩く。前の子どもと離れてしまったら、「○○ちゃんの前には透明人間がたくさんいるよ。間をつめてね」と声を掛ける。信号では、全員が着いたことを確かめ、一度で渡れるように4列になることを促してから押しボタンを押す。保育者は先頭で引っ張る役、横断歩道の真ん中あたりで前へ進むよう促す役、最後尾で全体を把握する役というように役割分担し、安全には十分注意をはらう。 「着替えたがらないT児」 ・T児（3）は、寝起きで不機嫌な様子で着替えようとせず、部屋の隅に座り込んでいる。実習生は「T君、まだ眠いのかな?」と声を掛け様子をうかがう。しばらく、T児が自分から	○記録に対応する考察 ・4・5歳児になると、ゲームを楽しみながら、勝ち負けにもこだわる姿が見られる。また、年下の子に優しくルールを教える場面もあり、遊びの中で自然に異年齢児の関わりが深まっている様子である。トランプ遊びの中で、保育者も一緒に数を数えたりすることで、数量に対する感覚を豊かにすることも大切だと感じた。 ・今日のように暑い日は、外へ出ると脱水症状になる恐れもあるので、しっかりと水分補給をしてから出かけるということを学んだ。 ・5歳児と3歳児がペアで手をつないで歩くことによって、互いにペースを合わせていたので、年下の子への優しさやいたわり、また年上の子への憧れや、「ついて行かなきゃ」という気持ちの芽生えなど、相乗効果を実感した。 ・保育者は、安全に十分留意して、交通ルールや集団で行動するときの約束ごとを子どもたちに伝えながら見守る必要があるのだと学んだ。 ・子どもにただ「着替えなさい」「早くしなさい」と指示するのではなく、その時の様子を見てどのような気持ちな

時間	一日の流れ	記録（子どもの活動・保育者の援助など）	考察
11：30	・排泄する。 ・着替えをする。	着替えをしようと思うまで待ってみる。既におやつを食べ始めた周りの友達の方を見ていたので、「T君も着替えておやつ食べようね」という実習生の声掛けで、少しずつ着替えようとするが、シマ柄の半袖シャツを嫌がり投げ捨てる。T児は、着替えかごに入っている○○レンジャーの長袖シャツを着たいと指をさして主張する。しかし、保育者に「T君、さっき約束したよね」と言われ、少し考えた後に涙を見せながら、半袖に着替えた。	のか考えて、しっかり受け止めることが大切であると感じた。「T君は、実習生に甘えたいという気持ちがあったのだと思うよ」と保育者から教えていただいた。甘えたいという気持ちを理解した上で、しかし「約束したことは守ろうね」という姿勢でかかわっていくことを学んだ。
12：50	○午睡をする。		
14：40	○起床する。 ・着替える。 ・排泄する。 ・手洗いをする。		
15：00	○おやつを食べる。 ・片付けをする。		
15：30	○降園準備をする。 ○帰りの会をする。		
16：00	○順次降園する。 ○延長保育に入る。		

<今日の反省と明日への課題>

　今日の実習のめあてである「異年齢児同士の関わり方」について、遊びの中や散歩に出かけた時など、随所に異年齢で過ごしているからこそのよさが見られました。特に、外へ出ていく散歩では、5歳児と3歳児が手をつないで一緒に歩くことで、年上の子がしっかりとモデルとして自覚をもって引っ張っていたし、年下の子はペースを合わせて「ついて行こう」という気持ちで歩いていました。

　共に過ごすことが互いに刺激となって、育ち合っており、異年齢児保育の実習は不安も多かったのですが、よさをたくさん知ることができました。

　今後の部分保育につなげていきたいです。

<指導者の所感>

　異年齢児保育ならではのよさについて、記録の中にしっかり表れており、よく観察して考察されていると思います。

　ただし、子どもの発達については、その年齢の発達過程も大切ですが、一人一人のペースや、その子の特性などを尊重し、その子の育ちを見守っていくということも必要です。

（3）部分・全日実習時（1枚目、1日の流れの記録）

6月29日（水） 天候　曇り/晴れ	3・4・5 歳児　27名　ぱんだ組 欠席　1名	今日の主な活動 「七夕バスケット」ゲームをする。

今日の実習のめあて
それぞれの子どもたちの思いに寄り添い、共に遊びを楽しめるよう援助する。

時間	一日の流れ	記録（子どもの活動・保育者の援助など）	考察
8：30	○順次登園する。 ・あいさつをする。 ・所持品の始末をする。	○エピソード記録（客観的事実のみ） ・J・M・Y（4）児は、折り紙で七夕飾りを作る。出来た形を友達同士で見せ合ったり、保育者や実習生に見せて回る。また、N児（3）が星の折り方を実習生に尋ねていると、M児（4）がやってきて、「折り方知ってるよ」と教え始める。	○記録に対応する考察 ・子どもたちの"できた"という思いを受け止めながら、「すてきな星ができたね」と認めることで達成感や自信をもつことにつながると感じた。また、遊びの中で、異年齢児ならではの、子ども同士のつながりが見られたので、こうした姿を見守りたい。
9：00	○好きな遊びを楽しむ。 ・折り紙をする。 ・七夕飾りを作る。		
10：00	○片付けをする。 ・排泄する。 ・手洗いをする。	・K児（5）は、片付けの時間になっても遊びを続けている。実習生が声をかけても、首を横に振る。その後、保育者がK児に「折り紙、途中になっちゃったね。作りたかったね。後で一緒に作る？」と尋ねると、明るい表情を見せ、「うん」と頷いていた。	・保育者がK児の様子を見守った後、適切な援助をされる姿を見て、他の子どもの動きとK児の様子を把握しながら、その時優先させるべきことを判断し、行動する必要性を学んだ。
10：10	○朝の会をする。		
10：30	・出席を調べる。 ○七夕バスケットをする。		
11：10	○片付けをする。 ・排泄する。 ・手洗いをする。 ・給食の準備をする。	部分実習部分　※　詳細は次頁（4）参照	
11：40	○給食を食べる。 ・歯磨きをする。 ・排泄する。 ・着替えをする。	「大根が苦手なM児と、応援するY児」 ・M児（3）は大根が苦手なため、なかなか食べ終わらない。実習生が、M児の口へ大根を運ぶと少し食べる。その後、Y児（4）が来て「Mちゃんどうしたの？頑張れ」と声を掛ける。M児は応援してくれたY児に「ありがとう」と伝えると、Y児は喜びの笑顔を見せていた。	・大根に苦戦するM児の思いを受け止めながら、保育者や周りの友達が見守ったり、応援したりすることによって、M児の気持ちに変化が見られたのだと感じた。年上の子から応援されたことが嬉しくて、自分から苦手なものも食べようという意欲につながっていった様子なので、異年齢の子ども同士の関わりが、さらに深められるよう、援助していきたいと思った。
12：50	○午睡をする。		
14：40	○起床する。 ・着替えをする。 ・排泄する。 ・手洗いをする。		
15：00	○おやつを食べる。		
15：30	○降園準備をする。		
15：45	○帰りの会をする。		
16：00	○順次降園する。		

（4）部分・全日（主な活動場面）実習の実際の記録

ねらい：友達や異年齢児と一緒に、ルールのある遊びを楽しむ。	反省：ルールに可変性をもたせることが必要だった。
内容：異年齢児と関わって、一緒に「七夕バスケット」ゲームをして遊ぶ。	反省：ゲームの活動時間が長くなりすぎて、子どもの集中力が持続しなかった。

時間	環境の構成	子どもの姿、保育者の援助・配慮	省察
10:30	（保育室見取り図）	「天の川の写真を見たい」 ・子どもたちに、天の川の写真を見せながら話を進めるが、写真が小さく見えにくい子もいたため、立ち上がって前に出てくる姿も見られる。子どもが動いてしまうと余計に見えにくくなるので、実習生が子どもの近くまで写真を持って回ることにした。	・もっと大きな写真のついた絵本や図鑑を用意しておくなど、子どもたちが落ちついて見られるように、資料提示の仕方を工夫する必要があった。
10:40	ペンダント	「ペンダントの色決め」 ・七夕バスケットのゲームで使うペンダントには、赤・黄・青いずれかの色の星がついていて、子どもたちがそれぞれ好きな色を選ぶよう準備した。すると、青色を選んだ子どもの数が一人多く、U児（5）は「ジャンケンで決める?」と提案したが、W児（3）は嫌がる。実習生は、何色が何個あるかを子どもたちに伝え、見守っていた。すると、F児（4）が「僕、黄色でもいいよ」と言って青色のペンダントを譲る。実習生は、「みんなでF君にありがとうって言おうか」と伝える。	・異年齢の子ども同士で話し合うことを大切に見守っていたが、「他の色でもいい」と言う子がいなかった場合を想定していなかったので、その場で瞬時に判断し適切な援助をすることはとても難しいと感じた。
10:45 11:15	（保育室見取り図・円形に座る）	「異年齢ならではの助け舟」 ・大きな声で「天の川!」と言える子がいる一方で、T児（4）のように、恥かしそうに小さな声しか出せない子もいる。また、「りんごの色のお星様もっている人!」と、すぐに思いついて、はきはき言える子もいれば、何と言ったらよいのか長く考えてもじもじしているR児（3）のような子の姿も見られる。どうなるかと見守っていると、M児（5）が「○○って言えば」と、R児（3）の耳元でそっと教えていた。	・自分の言いたいことを考えていても、いざ人前に出て大きな声で相手に伝えるとなると緊張したり、照れてしまう子もいるので、普段の遊びの中で、人前で話すという経験を積み重ねられるとよいと思う。また、自然と年下の子をいたわる姿が見られ、異年齢児の集団活動ならではのよさを学ぶことができた。

<カンファレンスから学んだこと>
・反省会、討議、指導を受けてからの学び、気付き、今後の課題など
　子どもの前で話をする際、素早く判断して、保育者としての立ち位置を決められるようになれば、子どもの活動を途切れることなく進めることができたと感じました。また、ゲームをしていて何かトラブルが起きると、子どもと一緒に考えてみるという方法をとりましたが、これでは折角、楽しんでいるところに水を差し、子どもの意欲を削いでしまうことにつながると学びました。そうならないように、ルールなどは、実際にゲームを進めていく中で感じていけるように、最初は保育者が続けて鬼役になり「天の川」などの新しいルールを意識づけるなどの援助をすることもできると学びました。
　ゲームの活動時間が長くなってしまったことで、子どもの集中力が続かない場面があったため、様子を見ながら臨機応変に対応することの必要性も実感しました。

<指導者の所感>
　ゲームをする中で、どこにポイントを絞って進めていくかを明確にすることが大切です。例えば、「ゲームを楽しむ」ことにポイントをおくのであれば、星のペンダントの色を決める場面で、子どもから「ジャンケンで」という言葉が出た時、それに準じて短時間で決めても良かったのでは?
　ゲームがあまり長くなると、集中できなくなり思わぬ行動に出る子もいます。全体の子どもたちの様子を見て、計画と違ってもよいので活動を切り替えることも必要です。

第7章

幼稚園

1　幼稚園実習（3歳児クラス）
2　幼稚園実習（4歳児クラス）
3　幼稚園実習（5歳児クラス）

1 幼稚園実習（3歳児クラス）

1．実習日誌のポイント

（1）観察実習時のポイント（1、2日目）

①めあての持ち方

年少児の中には、初めての集団生活を経験する子どももいるため、（a）「子どもが園生活の流れを理解して行動している場面をとらえる」、個人差が大きいため、（b）「子ども一人一人の言動の特徴をとらえる」、また、言葉の理解度を探るため、（c）「どのような言葉を話しているのかをとらえる」、「保育者の子どもへの言葉かけの仕方を学ぶ」、生活面はまだ援助が必要な時期ですから、（d）「基本的生活習慣はどこまで自立しているのかを理解する」、「基本的な生活面において保育者がどこまで援助しているかを学ぶ」、一人遊びを楽しむ時期であることを考慮し、（e）「一人一人の興味・関心をとらえる」、「道具や用具は何をどの程度使えるのかを理解する」、「保育室や屋外でどのような遊びが行われているかを理解する」、周囲への関心の程度を理解するため、（f）「友達と関わる姿をとらえる」、（g）「人や物、自然への関心の広がりをとらえる」などのめあてを持ち、一人一人の名前と合わせてメモすることで、年少児の理解、保育の理解につながるでしょう。

②観察の仕方

（a）登園時（カバンをフックに掛ける、出席ノートの今日の日付にシールを貼るなど）、遊ぶ時の準備（帽子をかぶるなど）、片付け時（ごみを拾う、使った物を元の場所に戻す、ほうきで掃く、雑巾で拭くなど）、おやつや給食の準備（排泄を済ます、手を洗うなど）、降園の準備（カバンや帽子を身に付けるなど）などの場面をとらえましょう。

（b）朝、保護者と離れにくい子ども、保育者のそばにいつもいる子ども、活動性の高い子ども、よく話す子どもなど、まずは目に飛び込んでくる子どもをとらえ、徐々に子どもたち全体に目を向けて、髪型や服装、場所や遊び、友達関係を絡めて特徴をとらえましょう。

（c）一人遊びの独り言、やりたいことがあるときの発言、保育者の問いかけへの答え方、トラブル場面の言葉など、その言葉が出た場面の様子を付け加えながらメモしてください。

（d）弁当や給食場面でのスプーンや箸の使い方、排泄場面での紙の使い方や水の流し方、排泄前後の下着の上げ下ろしや汗をかいたときの着脱場面などをよく見てみます。

（e）遊びの細かな様子を丁寧に見ていくことが大切です。また、はさみの持ち方やセロハンテープの切り方、遊び場については、ままごとコーナーにはどのような物が準備されていてどのような遊びが展開されているのかなど、しっかりとらえましょう。

（f）道具の貸し借りの場面、遊びに加わりたい時、おやつを食べる場面などに注目するとよいでしょう。また、保育者が子ども同士のかかわりを意図した場面についても考察してみましょう。

（g）仲のよい友達はいるのか、隣の遊びの様子を気にしながら遊んでいるのか、などを意識すると

よいでしょう。また、空き箱や人形などの保育教材、自然に関しては、自然現象、虫や草花、砂など、匂いや音、感触も含めて関心をとらえましょう。

③記録の仕方
（a）～（g）の視点を参考にして読み手がわかるように記述します。状況をよりわかりやすくするために、子どもが実際に話した内容を短く付け加えてもよいでしょう。

（2）参加実習時のポイント（3～8日目）

①めあての持ち方
（a）～（g）を参考に、前日までの観察実習での子どもの実態から、「～できるように援助する」というように、保育者・実習生がどのようなめあてを持って、その日の保育を行うのかを考えます。
《観察の仕方》
めあてに関わる部分について、上記の（a）～（g）を参考に観察しましょう。

②記録の仕方
（例）登園時「登園したA男はカバンをフックに掛けた後、母親に抱きしめてもらい、『早く迎えに来てね』と言って笑顔で手を振った」というように、子どもがどのようにして母親と離れるのか、その過程での言動・表情を丁寧に記録することが大切です。

（例）遊び場面「テラスで、1リットルのペットボトルに水を入れて、中に入っている葉っぱが上がってくる様子をじっと見て楽しんでいる」など、その場の情景が読み手に伝わりやすいように物の大きさや周囲の状況についても具体的に書きます。

（例）衣服の着脱場面「保育者が着替えマットの上にズボンを置き、その両脇を持てるようにB子に援助することで、数分後にはスムーズにはくことができた」というように、どのような援助をしたから子どもの行動が可能になったのかなど、その場の環境やかかった時間なども交えて詳しく書きます。

（3）部分・全日実習時のポイント（9、10日目）

①めあての持ち方
例えば、「子どもが粘土の感触を十分に味わえるように、実習生がさまざまなこね方を見せる」など、「見せる」なのか「一緒にこねる」なのか、これまでとらえてきた子どもの発達過程や経験からどのような活動を選び、どの程度の援助をするのが適切かを考えます。

②観察の仕方
めあてに関わる場面について、実習生の行った援助が子ども一人一人や全体にどのように受け取られ、次の言動に結びついたかを胸に刻みながら保育を進めましょう。

③記録の仕方
めあてに関わる場面について、予想していた事柄とそうでない事柄を洗い出し、自分の言動とそれに対する子どもの言動を具体的に記録しましょう。

2．実習日誌例

（1）観察実習時

6月 6日（火） 天候　雨	年少児　19名　すずめ組 　　　　　　欠席　1名	今日の主な活動 一人一人、好きな遊びをする。

今日の実習のめあて
子どもの生活の様子や、一つ一つの活動における保育者の援助を観察する。

時間	環境の構成	子どもの活動	保育者の援助・配慮	実習生の動き・気付き
9：00	・今日の日付がわかるように日めくりカレンダーを置いておく。	○登園する。 ・視診を受ける。 ・荷物の始末をする。 ・出席ノートにシールを貼る。	・笑顔で迎える。 ・子どもの体調について、数人の保護者と話をする。 ・シールを貼ってから遊ぶように声をかける。	○保育者の笑顔が、子どもの気持ちを穏やかにしていると感じた。 ○家庭での様子を聞くことは、今日の保育を行う上で大切なことだと思った。
9：30	・遊びを始めやすいように、道具や用具を出しておく。 環境図	○好きな遊びをする。 ・お母さんごっこ ・積み木遊び ・製作遊び	・スカートの衣装をはきたい女児を手伝う。 ・積み木のコーナーで遊んでいる子に、「長い電車ができたら乗せてね」と声をかける。 ・主に製作遊びの場にいて、道具の使い方を教える。	○保育者がそばにいなくても、声がけひとつで安定して目的を持って遊べるのだと思った。 ○はさみやセロハンテープをうまく使えない子がいた。
11：00		○片付ける。 ○排泄を済ませる。 ○手を洗う。	・弁当を食べる時間が来たことを伝えながら片付けを一緒に行う。	
11：30	○コップカゴの蓋を開け、コップをとりやすいようにする。	○弁当の準備をする。 ・保育者とテーブルを運ぶ。 ・椅子を運ぶ。 ・弁当とコップを配置する。 ・挨拶をする。	・テーブルは4人以上で運べるように声をかける。 ・弁当をランチョンマットにきちんと置いた子からコップにお茶を入れる。 ・全員の準備が完了するのを確認してから、「いただきます」の挨拶をする。	○子どもと一緒に手を洗う。 ○テーブルを子どもと一緒に運ぶ。 ・弁当を食べるまでに、たくさんの細かい準備や配慮点があることに驚いた。
11：45 12：20		○弁当を食べる。 ○片付ける。 ・弁当箱をカバンに入れる。 ・椅子・テーブルを元の位置に運ぶ。 ○歯磨きをする。	・こぼした子にすぐ声をかける。 ・一人一人箸箱もカバンに入れたか確認する。 ・一人一人に椅子の片付けの確認をする。 ・うがいをしてから歯を磨くよう声をかける。	○すぐに声をかけるのは、後で踏むことがないようにするためだと思った。 ○まだスプーンで食べている子どももおり、個人差が大きいと思った。

時間	環境の構成	子どもの活動	保育者の援助・配慮	実習生の動き・気付き
			・早く食べ終わった子は補助教員と折り紙をする。	○食べ終わる時刻がさまざまなので、大切な配慮だと思った。また、教員同士の連携がとれていると感じた。
12：40	○子どもたち全員が座れるようにスペースを空ける。 ○雨が激しくなり、暗くなってきたため電気を点ける。	○絵本『かえるくんの水たまり』を見る。 ○排泄を済ませる。	・子どもたちが興味を持って集まって来られるように、手遊びをする。 ・臨場感が出るように、声に抑揚をつけて読む。 ・子どもの反応を見ながら、ページをめくる速度を調節する。 ・ハンカチで手を拭くように声をかける。	◎子どもと一緒に座って絵本を見る。 ○表情豊かに絵本を読むことが必要だと感じた。 ○洋服で手を拭く子どもがいるため、必要な声かけだと感じた。
13：00	・廊下が混雑しないように、レインコート掛けを保育室内に移動する。	○降園準備をする。 ・帽子やレインコート、カバンを身に付ける。	・帽子のゴムがあごにかかっているか、カバンのチャックが閉まっているか、レインコートのボタンはとまっているかなどを子ども自身が確認できるよう声をかける。	◎身支度がきちんとできているか確認する。 ○一つ一つきちんと身支度ができるよう、子ども自身が確かめられるようにすることで、生活面の自立につながるのだと感じた。
13：15		○『あめふり』を歌う。	・歌いやすいようにゆっくりとピアノを弾く。 ・子どもと一緒に歌う。	○毎日歌っているからか、前奏を聞くと自然に子どもたちは歌い始めた。継続することは大切だと思った。
13：30		○降園する。	・笑顔で挨拶する。	◎保育者の横で挨拶する。

<今日の反省と明日への課題>
　弁当を食べたり、帰りの身支度をしたりする場面では、記録した以上にいろいろな配慮や注意点があったと思う。実際に自分が援助するとなると、もう一度しっかり観察しないと難しいと感じた。明日は、基本的な生活習慣の面ばかりでなく、遊びの場面での保育者の援助もさらに詳しく観察してみたい。

<指導者の所感>
　実習初日、お疲れ様でした。
　年少児は園生活の流れを理解し始め、次の活動を確かめながら過ごしています。集団生活では、一緒に準備したり、全員が揃うまで待ったりするなど、家庭とは違う生活の流れがあります。弁当の準備や片付けも園ならではですから、個別に一つ一つ援助する必要があります。これらのことが見通しを持ってできるようになることが自信につながり、主体的な活動を生み出す、ひとつのきっかけとなります。

（2）参加実習時

6月 8日（木） 天候　曇り	年少児　20名　すずめ組 　　　　　欠席　0名	今日の主な活動 泡ぶく遊びをする。

今日の実習のめあて
遊びや生活に必要な準備や片付けの仕方、そのときの言葉のかけ方を学ぶ。
子どもが自分の思いを友達に伝えながら遊べるように援助する。

時間	1日の流れ	記録（子どもの活動・保育者の援助など）	考察
9：00	○登園する。 ・視診を受ける。 ・荷物の始末をする。 ・出席ノートにシールを貼る。	・一人一人の様子を保護者に確認しながら、笑顔で子どもを迎えた。 ・朝の準備が終わった子どもに、テラスで作った泡ぶくを見せると、口々に「やりたい！」と言って駆け寄ってきた。 ・子どもの袖をまくり、ポリエプロン着用の援助をした。保育者は「この液、なめたらすごく苦いよ」と、苦そうな顔をしながら話した。	・朝の健康観察は今日一日の援助に関係すると思った。 ・もう出来ている泡を見せると、興味をもつのだと感じた。 ・思い切り遊べるように、衣服などの遊びの準備をする必要があることを学んだ。
9：30	○泡ぶく遊びをする。 ・洗面器の水の中で石鹸を手で溶かす。 ・液を手で泡立てる。	・M男が保育者と石鹸を水に溶かしながら、泡ぶく作りを楽しんでいると、A子が、「私もやりたい」とやってきた。実習生は、「M男に『まぜて』って言ってみたら？」とうながすと、A子はM男に「まーぜーて」と言った。しかし、M男は、「だーめーよ」と言うので、A子は困ったような顔をして実習生の顔を見た。実習生が、「『1回だけ貸して』って言ってみたら？」と再度うながしたが、M男は、「いいよ。ちょっと待ってて」と言いながらもなかなか貸さない。A子はM男に、「A子全然やってない！」と叫んだ。M男は、「いやー、まだA子ちゃんの泡ぶくができないから座って待っててくださーい」と言った。実習生は、「M男君、A子ちゃんのために泡ぶく作ってたんだ。でも、A子ちゃんは自分で泡ぶく作りたいんだって」とM男に伝えると、M男は、「だって、まだできてないから」と言う。そこへ保育者が来て「A子ちゃん、こっちの洗面器、使っていいよ」とA子に声をかけた。	・M男は泡ぶく作りを楽しんでおり、自分の洗面器、という意識が強かったのではないかと思う。友達に思いを伝えながら遊んで欲しいと考えていたため、一緒の洗面器で遊べないかと考え声をかけたが、A子が我慢の限界に達してしまったことから、A子にも洗面器を用意して側で一緒に楽しめるようにすればよかった。 ・M男は、A子が泡ぶく作りをしたいことを知っているが、自分がまだ遊びを続けたいために「A子ちゃんのを作ってる」と言ったのではないだろうか。それぞれの思いを読み取ることはとても難しいと感じた。
10：15	・ズックと靴下を脱ぐ。 ・たらいの中に足を入れて感触を楽しむ。	・保育者は、「この泡の中にはつるつるマンがいます。滑らないようにここにつかまって遊ぼうね」と言って、滑って転ぶ真似をした。 ・K子が、「わあ、ふわふわだ！」と言ったので、実習生が、「ほんとだ。雲の上みたいね」と足踏みした。すると、ずっと見ていたH男が、「ぼくも入りたい」と言った。	・泡は滑るため、子どもにわかりやすい言葉や動作で危険を伝えたのだと思った。 ・H男は、K子や実習生が楽しんでいる様子や会話を聞いて、やってみようかなと思ったのではないだろうか。

時間	1日の流れ	記録（子どもの活動・保育者の援助など）	考察
10：45	○片付ける。 ・道具を洗う。 ・道具をカゴに入れる。 ○手や足を洗って拭く。	・遊びを続けたい子がいたため、保育者が「おやつ楽しみだね」と声をかけると、片付け始めた。 ・保育者は、子どもの手足に付いた泡を乾いたタオルで拭いてから、水で洗うように伝えていた。	・次の楽しい活動を伝えることで、子どもは納得して片付けるのだと思った。 ・泡を先に拭くと、短時間でぬるぬるした石鹸成分がとれることがわかり、勉強になった。
11：15 11：45 12：00	○おやつを食べる。 ・テーブルと椅子を運ぶ。 ・コップをテーブルの上に置く。 ○『海』を歌う。 ○降園準備をする。 ・帽子やカバンを身に付ける。	・全員がおやつを食べ終わったころ、保育者が『海』の曲をキーボードで弾き始めた。すると、子どもたちが一人二人と保育者の側に集まってきて、歌い始めた。全員が集まってくると、保育者は、「大きい海だなあ、気持ちいいなあ、スーイスイ。うーみーはーひろいーなー♪」と歌いながら、保育室の中を泳ぐ真似をして動き始めた。すると、子どもたちも保育者を真似て泳ぎ始め、M美が、「わー、水が冷たーい！」と言った。実習生が、「ほんとだ、ここ、冷たいね」と言うと、H子が近づいてきて、「冷たいね」と笑うとM美も笑った。それを見た保育者が、「うーみーはひろいーな、つめたーいーなー♪」と歌詞を替えて歌うと、子どもたちはうれしそうに一緒に歌いながら泳いでいた。	・M美は感性豊かな子どもだなと思った。実習生は、M美の感じていることを他の子どもにも伝えたいと思い、近くの子どもに聞こえるように「冷たいね」と言った。H子とM美が笑いあっているのを見て、心が通じ合ったのではないかとうれしく思った。もしかしたら、このような遊びを繰り返すことで、自分の思ったことや感じたことを友達に伝えられるようになっていくのではないかと思った。
12：15	○降園する。	・降園時に保育者が、「『か』のつくものは持ったかな♪」と歌うと、子どもたちは「持ちました♪」と歌い、かばんを持ち上げて見せた。	・クイズ形式にして持ち物を確かめられるようにする方法は、子どもたちも集中していてとてもよいと感じた。

<今日の反省と明日への課題>

　泡ぶく遊びの時間では、M男は泡ぶくを作ることに夢中になっていたので、友達と関わるにはどうしたらいいか悩みました。子どもたちには主体的に遊んで欲しいと思っているのに、A子には無理に「まぜて」と言わせてしまったような気がして反省しました。あまり我慢をさせることのないよう保育したいと思います。

<指導者の所感>

　活動の中にもいろいろな場面がありますから、めあてをどの場面で意識し、援助するかはとても難しいことです。年少児のこの時期は、A子やM男に一人ひとつずつ洗面器を渡して思う存分泡ぶく作りを楽しめるように援助し、その遊びを通して道具や材料、言葉のやりとりを経験できるように働きかけるといいでしょう。

　大きな容器を使えば、「みんなで楽しみたい」という場になったかもしれません。道具ひとつで、子どもの思いや遊びの展開が変わることもあるので、いろいろと試してみてください。

(3) 部分・全日実習時（1枚目、1日流れの記録）

6月12日（月） 天候　晴	年少児　20名　すずめ組 　　　　欠席　1名	今日の主な活動 一人一人が好きな遊びをする。

今日の実習のめあて
友達とかかわりながら遊んだり生活したりしている場面をとらえて適切な援助をする。

時間	1日の流れ	記録（子どもの活動・保育者の援助など）	考察
9：00	○登園する。 ・視診を受ける。 ・荷物の始末をする。 ・出席ノートにシールを貼る。 ○好きな遊びをする。 ・お母さんごっこ ・積み木遊び ・砂遊び	・好きな遊びの時間に、Y子とS子が粘土の料理を作りながらお母さんごっこをしている。そこに、看護師の帽子をかぶったE子がやってきて、「まーぜーて」と言った。するとS子が、「ここはお家だから、看護師さんは入れません」と言う。E子は、「家にも看護師さんいるよ」と言うが、S子は、「いないよ」と言うE子は保育者を見て、「私、お母さん。病院に仕事に行ってるの」と言う。保育者は、「なるほどね。お母さんが病院にお仕事に行ってるから看護師さんの帽子かぶってるんだ」とS子の顔を見ると、「だめ」と言う。保育者が、「帽子をとったら入れるのかな？」と聞くと、S子はうなずいた。すると、E子が、「これ、看護師さんの帽子じゃないよ。ただの帽子だよ」と言った。保育者は、「ただの帽子なんだ…」と繰り返すが、S子は、「でもだめ」と言った。その後、Y子とS子が再び粘土で料理を作り出すと、E子はさっと帽子をとり、一緒に粘土をこね始めた。Y子とS子はE子の頭を見ることもなく、楽しそうに一緒に料理を作り続けた。	・E子と、Y子やS子とのお母さんのイメージとのギャップがこのような場面を生んだのだと思う。保育者は、E子のイメージが二人に伝わるように言葉を補っている。E子の母親が実際に看護師であることを反省会でうかがい、帽子をとらなかった理由がわかった。E子が帽子をとらずに粘土の料理を作る方法を考えている姿に驚いた。最後にE子が帽子をとったのは、帽子をかぶっていたい気持ちよりも、粘土で料理を作りたい気持ちが勝ったからではないだろうか。年少児は、やりたい遊びが目の前で展開されると、こだわりを捨て、自然に遊べるようになるのではないかと感じた。
10：30	部分実習部分　※　詳細は次頁（4）参照		
11：30	○絵本『そらまめくんのベッド』を見る。 ○排泄を済ます。	・そらまめくんのベッドがなくなり、えだまめくんたちが、「ぼくらにベッドをかしてくれなかったばつさ」と言った場面で、子どもたちの顔が悲しそうな顔になった。保育者は、その様子を見ながらも読み続けた。読み終わった後にY子が、「私、貸してあげるよ」と言うと、S子も、「私も」と言った。	・保育者は、初め意地悪をしていたそらまめくんが、最後は友達みんなにベッドを貸してあげるという場面を通して、友達を大切にしてほしいという思いを伝えたかったのだと思う。子どもたちの発言から、それが伝わったと感じた。
12：00	○降園準備をする。		
12：15	○降園する。	・子どもたちは隣の友達に、「さよならさんかくまたきなこ」と言って、手と手でタッチした。	・明日もまた幼稚園に来たくなる場面だと思った。

（4）部分・全日（主な活動場面）実習の実際の記録

ねらい：おやつを食べるための手順や態度を守って食べることができる。	反省：「守って食べることを楽しむ」というねらいのほうが適切だと思った。
内容： ・手洗いやうがいを自分で行い、小テーブルをグループの友達と準備する。 ・自分の椅子に座り、「いただきます」の挨拶をするまで待つ。	反省： ・小テーブルを友達と一緒に運ぶ経験はできなかった。ぶくぶくうがいも難しかった。 ・待てる態度が既にできており、事前の子どもの姿のとらえ方が甘かった。

時間	環境の構成	子どもの姿、実習生の援助・配慮	省察
10：30	・洗面所に手洗い手順図を貼っておく。 ・蛇口に一つずつ石鹸を補充しておく。	・片付けが早く終わった子どもから手洗いができるように、「手はいいにおいかな？くんくん」と実習生が自分の手のにおいを嗅いでみせた。すると、子どもたちも手のにおいを嗅ぎ始め「あ、バイ菌のにおいがする！退治しなきゃ」と言って、手を洗い始めた。	・実習生がモデルとなることで、子どもたちも手を何故洗うのか納得しながら行動できたと思う。
10：40	・洗面所のすぐ側にタオルかけを移動しておく。	・手を洗い終わったJ子が、一人でテーブルを運び、「先生、一人でできたよ！」とうれしそうに話しかけてきたので、「わあ、すごいね」と声をかけた。M男も一人で運んでいた。	・友達と一緒にテーブルを運べるように最初に声をかけたかったが、タイミングを逸した。ただ、2人の様子から、一人で運びたい時期なのかもしれないと感じた。J子は「一人でやってみたい」「先生にほめてもらいたい」という気持ちがあったのかもしれない。
10：50	・テーブルの上におやつカゴ、コップを準備する。	・子どもたちが全員椅子に座ったことを確認し、おやつを配り始めた。全員分配ったところで、「みんなえらいね。みんながおやつをもらうまで食べないで待ってるんだね」と話しかけた。すると、K子が「だって、みんなで食べるとおいしいもん！」と言い、次にH子が「気持ちいいから」と言う。続いてT男が「だって楽しいもん！」と答えた。	・おやつが全員に配られるまで待てることに驚いた。一人の子どもの発言が他の子どもたちにも大きな影響を与えるのだと感じた。
11：00	・洗面所の横に使用済みコップカゴを準備しておく。	・おやつを食べ終わった子に実習生が、「ぶくぶくうがいだよ」と言ってやってみせるが、まだうまくできない子どももいた。 ・カゴの中にコップを乱暴に入れる子がいたので「コップさん、痛いって言ってるよ。そっとね」と声をかけたが、次の子どももガチャンと入れた。	・ぶくぶくうがいができない子にどのように援助すればよいかわからなかった。 ・音を出さないで入れる方法を見せればよかった。

<カンファレンスから学んだこと>
　手洗いやうがいの指導の仕方などは家庭と連携すること、毎日継続してスモールステップで成長をとらえることが必要とうかがい、生活面の指導は毎日の子どもの小さな成長を伝えることが大切だと思った。

<指導者の所感>
　今後も子どもたちが今できること・理解していることを細かくとらえ、この時期に必要な人的・物的援助は何か、具体的にどうすれば子どもたちに伝わるのかを試行錯誤しながら実習を進めてください。

② 幼稚園実習（4歳児クラス）

1．実習日誌のポイント

(1) 観察実習時のポイント（1、2日目）

①めあての持ち方

年中児になると、体の動きが巧みになってくることから、(a)「運動機能がどこまで高まっているのかを理解する」、身近な環境に対しては、(b)「物や動植物の特性に気付いて遊んでいる場面をとらえる」、想像力も広がってくるため、(c)「イメージの世界を楽しんでいる場面をとらえる」、自分と他人の区別もはっきりついてくる時期なので、(d)「自分の気持ちを伝えようとしている様子をとらえる」、「子どもが自分の思いをうまく伝えられないときの保育者の援助を学ぶ」、仲間とのつながりも深まる時期ですから、(e)「子ども同士が主張をぶつけ合っている場面をとらえる」、「友達と協調していくための保育者の援助を学ぶ」などの視点から、めあてを持つとよいでしょう。ただ、個人差も大きいですから、年少児で挙げためあての持ち方も参照してください。

②観察の仕方

以下の視点を参考に、子ども一人一人や活動のかたまりごとに観察するくせをつけます。友達関係が外から見えにくい時期ですから、子どもの視線やその場のメンバーをとらえて観察しましょう。

(a) 片足跳びやスキップなどの運動的な活動や、全身を使って遊具で遊んでいるような場面、ひもやはさみの使い方などの手先の器用さにも注意してみてみましょう。

(b) 水・砂・土・草花・樹木などの植物、虫や動物などの生き物など、身近な環境にかかわっている様子をとらえ、その関わり方や遊び方をみてみましょう。

(c) 絵本や紙芝居、素話などの想像の世界を体験し、物語を自分なりにつくったり、その世界の不思議さやおもしろさを味わっている場面をとらえます。

(d) 活動や会話を通して、自分の気持ちを通そうとする場面や、思い通りにいかずに葛藤している場面をじっくりとみてみましょう。また、その様子を保育者がどのように見守り、どのような言葉をかけているかを、表情や環境の構成も含めて観察してみましょう。

(e) 仲間と一緒にいることの喜びを感じている場面を、遊びや会話などの場面をとらえて表情や言動からみてみましょう。また、けんかや競争などを通して、悔しい思いや相手の思いを受け止める経験をしている場面もとらえてみましょう。また、保育者が複数の子どもに声をかけ、一緒に環境を構成するような場面もとらえてみましょう。

③記録の仕方

(a)〜(e)の視点を参考にして読み手がわかるように記述します。状況をよりわかりやすくするために、子

もが実際に話した内容を短く付け加えてもよいでしょう。

(2) 参加実習時のポイント（3〜8日目）

①めあての持ち方
（a）〜（e）を参考に、前日までの観察実習での子どもの実態から、「〜できるように援助する」というように、保育者・実習生がどのようなねらいを持って、その日の保育を行うのかを考えます。

②観察の仕方
友達関係を理解するときは、好きな遊びの時間とクラス全員での活動場面の両面を記録することが必要です。実際に観察したりかかわったりする中で、子どもの反応や言動、表情や活動時間の長さにも注意してみるようにします。また、A男など対象児を決めると、A男に関わる子どもや保育者の援助も見えますし、活動の流れや援助の意図を継続してみることもできます。そのとらえが基礎となって、実習生も適切な援助を考えることができます。（a）〜（e）を参考に観察しましょう。

③記録の仕方
（例）登園時 「K子が母親と離れ、泣いている。するとM子が、『ままごとでお母さんになれば、もうさみしくなくなるよ』と言い、黙ってK子の頭をなでた」というように、子ども一人一人の表情や言動をなるべく正確に記録しましょう。

（例）集まり場面 「集まりの時間にT男が、友達とふざけあって5分経っても椅子に座ろうとしない。保育者は、『T男君の座れない病をみんなで追い出そう』とクラスの子どもたち全員に声をかけた。すると、……」というように、保育者が援助をする前後の様子も周囲の状況がわかるように記録します。

（例）遊びの時間 「T男が、自分で作ったパラシュートをうまく飛ばせず試行錯誤している。しばらくして保育者が、『S男君、パラシュートの飛ばし方、T男君に教えてあげてくれる？』と声をかけた。すると、……」というように、保育者がどのような援助をしているのか、時間的な経過も「すぐに」「数分後」など大まかにわかるよう記録します。その間の保育者や子どもの思いを考察することで、子どもや保育の理解が深まる場合があるからです。

(3) 部分・全日実習時のポイント（9、10日目）

①めあての持ち方
例えば、「好きな友達と一緒に遊び、会話を十分に楽しめるように、遊びの環境を整える」など、どのような相手とどこまで深くかかわり、どのような心情を味わって欲しいのか、これまでとらえてきた子どもの発達過程や経験から、どの視点を中心に援助をするのが適切かを考えます。

②観察の仕方
めあてに関わる場面について、実習生の行った援助が子ども一人一人やグループ、または全体にどのように受け取られ、次の言動に結びついたかを胸に刻みながら保育を進めましょう。

③記録の仕方
めあてに関わる場面について、予想していた事柄とそうでない事柄を洗い出し、自分と子どもの言動をグループのまとまりを思い出しながら記録しましょう。

2．実習日誌例

(1) 観察実習時

6月 4日（火） 天候　雨	年中児　24名　うぐいす組 欠席　1名	今日の主な活動 魚釣り遊びをする。

今日の実習のめあて
年中児の一日の生活の流れを把握し、保育者の援助の仕方を学ぶ。

時間	環境の構成	子どもの活動	保育者の援助・配慮	実習生の動き・気付き
9:00	・お便りの返信が入れられるように、ポストを準備しておく。 ・えさをあげやすいようにミニスプーンを置いておく。 ・昨日の遊びの続きができるように、場を整えておく。	○登園する。 ・視診を受ける。 ・荷物の始末をする。 ・カレンダーをめくる。 ・出席ノートにシールを貼る。 ・今日の予定を見る。 ・金魚（ミルフィー）にえさをやる。 ○好きな遊びをする。 ・組み木の家造り ・転がし遊び ・バスごっこ	・保護者からのお便りの返信を持ってきた子どもに、ポストに入れるよう、一人一人に声をかける。 ・「今日は、早い時間にお片付けよ」と注目できるように声をかける。 ・えさをあげ過ぎないように、量を確認する。 ・遊戯室と保育室で遊びが展開されているため、保育者同士で連携をとって援助をしていた。	◎保育士の入り口で「おはよう」と挨拶をする。 ○一人ずつ声をかけないと出すのを忘れる子どももいるのだとわかった。 ○今日の予定を見ない子どももいるため、黒板を見るように声をかけることは大切だと思った。 ◎保育室での遊びを観察した。
9:45		○片付ける。 ・道具を元の場所に戻す。 ・ゴミを拾う。 ・小ぼうきで掃く。 ○手を洗う。 ○『おすしやさん』を踊る。 ○テーブルと椅子を運ぶ。	・「ここに転がって入ったらどんなプレゼントがもらえるのかな」「こんなバスがあったらいいな」などと声をかける。 ・一人一人が片付けを進んで出来るように、「たくさんゴミを見つけられる達人は誰かな」などと声をかける。 ・一人目の子が手を洗い終わるとすぐに曲を流す。	○保育者の声がけは、遊びのイメージを広げたり、子ども同士で相談しながら次の展開を考えたりできる意味を持っていると思った。 ○保育者が声をかけると、子どもにやる気が湧いてきているのがわかった。「主体的に」の意味が分かったような気がする。 ○曲を流すと子どもたちが自然に集まってきたので、早めに流すとよいと思った。
10:00	・魚の形を書いた画用紙・クリップ大を人数分準備する。	○魚釣り遊びをする。 ・魚の色を塗る。 ・魚の形に切る。 ・釣り竿を作る ・釣って遊ぶ。	・最初に、保育者が作った魚を釣る様子を子どもに見せる。 ・「おしゃれな魚さんだね」「強そうなたこだね」と声をかける。	○子どもたちの目が輝いていたので、とてもよい導入だと感じた。 ◎子どもたちの作る様子をグループごとに観察する。

170

時間	環境の構成	子どもの活動	保育者の援助・配慮	実習生の動き・気付き
	・ラミン棒、釣り竿の糸になるモール、磁石をグループ分準備する。 ・保育室の後ろに、子どもとブルーシートを敷く。		・はさみがうまく使えない子に援助する。 ・子どものすぐそばで釣り竿を作る手順を見せる。 ・早くできた子と一緒にブルーシートを広げ、「泳がせてあげよう」と言う。	○「俺の魚泳ぐの速いよ」などの言葉から、イメージを膨らませながら魚を描くことを楽しんでいると思った。 ○はじめは自分の魚を重そうに釣ったり、何度も釣ったりして楽しんでいたが、友達の魚を釣ることの楽しみも味わうようになってきた。
11:00		○片付ける。 ○手を洗う。	・「うろこはここに入れてね」と画用紙の切れ端をごみ箱に入れるよう声をかける。	○「ごみ」と言わなかったのは、子どものイメージを大事にして、片付けを楽しく行って欲しいという願いからではないかと感じた。
11:20	・子どもと一緒にコップカゴを湯沸かし室から運ぶ。	○おやつを食べる。 ・テーブルを布巾で拭く。 ・コップを置く。 ・当番がおやつを配る。	・当番に、「一人二つね」と声をかける。 ・全員座っているグループからコップに牛乳を注ぐ。	○子どもたちがなるべく自分の力で活動できるように、最低限の声がけをしていると思った。 ◎Aグループで一緒におやつを食べる。
11:40	・子どもとレインコート掛けを保育室内に移動する。	○歯磨きをする。 ○降園準備をする。	・磨き終わった子ども一人一人の口の中をチェックする。 ・レインコートのボタンが留まっているか、隣同士で確認するよう声をかける。	◎歯磨きを一緒に行う。 ○友達同士で確認し合うことができることに驚いた。
12:20		○降園する。		

<今日の反省と明日への課題>
　雨の日は、室内で友達と楽しく活動できる遊びを準備しておくことが大事だと思いました。また、子どもと一緒に環境の構成を行うことやそのタイミングが大変勉強になりました。
　明日は生活面を中心に援助の仕方を学びたいと思います。

<指導者の所感>
　年中児は生活の流れを理解し、声をかけなくても自分で行動できるようになってきていますから、「自分でできる」「やってみたい」というプライドや願いを大事にして援助することを心がけています。また、友達に影響を受ける時期なので、友達関係も含めて遊びや生活をみていかれるとよいと思います。

（2）参加実習時

6月7日（金） 天候　晴れ	年中児　25名　うぐいす組 欠席　0名	今日の主な活動 パラシュート遊びをする。

今日の実習のめあて
友達と会話を楽しみながら生活している様子をとらえる。
体を動かして遊ぶ楽しさを味わえるように援助する。

時間	1日の流れ	記録（子どもの活動・保育者の援助など）	考察
9：00	○登園する。 ・視診を受ける。 ・荷物の始末をする。 ・出席ノートにシールを貼る。 ・今日の予定を見る。 ・金魚にえさをやる。 ○好きな遊びをする。 ・葉っぱ探し ・縄跳び ・鬼ごっこ 　　　など	・今日の予定を見たR男が、「先生、もう遊びに行ってもいい？」と保育者に聞いた。保育者が、「朝の準備が終わったならいいよ」と言うと園庭に飛び出していった。その後、K男が登園し、R男の姿を園庭に見つけると走っていった。 ・園庭で服にくっつく葉っぱを見つけたN子は、保育者に、「先生、この葉っぱ、服にくっつくんだよ」とうれしそうに見せに来た。F男が、「すごい！どこにあるの？」と驚いて尋ねた。N子が答えないので、保育者が、「Nちゃん、どこにあるか教えてあげて」と言うと、「うん、いいよ。こっち」と木まで案内した。そして、「木に登るときは一人ずつね。折れちゃうから」と大きな声で伝えていた。実習生は、木から子どもたちが落ちないように見守った。	・K男はR男と一緒に遊びたい気持ちが強いため、登園するなりR男を探したのだと思った。友達に対する強い思いが育っていることに驚いた。 ・さまざまな植物があることは、子どもの言葉や動きを自然に引き出し、子ども同士が関わるきっかけにもつながるのではないかと感じた。豊かな環境は大事だと思った。 ・保育者が「教えてあげて」と言ったことで、今まであまり友達と話したことのないN子が勇気を出して話しかけることができたのだと思う。
10：30	○片付ける。 ○手を洗う。	・F子とI子が、「石鹸で〜手を洗おう〜♪」と歌を一緒に歌いながら手を洗っていた。	・歌を一緒に歌うだけで、友達関係は楽しいものになるのだと思った。
11：00	○『しゃぼんだま』を歌う。	・保育者が、しゃぼんだまがあるかのように、子どもたちへ飛ばす真似をしながら歌うと、子どもたちも隣の友達に順々に飛ばす真似をしながら楽しそうに歌った。	・想像の世界を楽しみながら友達とも関わることができる方法だと思った。
11：20	○パラシュート作りをする。 ・テーブルを出す。 ・椅子を運ぶ。 ・絵を描く。 ・ひもを貼る。 ・錘を付ける。	・保育者が四角に切ったビニールを渡すと、子どもたちは絵を描き始めた。T男が、「先生できた。ひもちょうだい」と言う。保育者が、「K男君にも渡してあげてくれる？」と言うと、T男がK男に渡すが、K男は無言。約15分後、子どもたちのパラシュートが完成し、それぞれ飛ばし始める。T男はビニールをそっと持ってそっと落としたり、椅子の上から落としてみたりしているがうまく飛ばない。しばらくして保育者が、「K男君、T男君にどこ持って飛ばせばいいか教えてあげて」	・保育者は、T男に、友達のために何かを行う経験を味わって欲しかったのだと思う。 ・反省会で、K男はT男が苦手であることを聞き、無言になった訳がわかった。保育者は、遊びを通して友達関係を改善しようといたのではないだろうか。
11：45	○パラシュートで遊ぶ。	と言うと、そばに寄り、自分のパラシュートを持っ	・保育者が、ただ「飛ばしてあげて」と言うのではなく、

時間	1日の流れ	記録（子どもの活動・保育者の援助など）	考察
	・真ん中を持って飛ばす。 ・園庭のさまざまな場所で飛ばす。	て黙って飛ばす。T男がまだわからない様子でいると、H男がすばやく寄ってきて、「真ん中」と言いながら、T男のパラシュートの真ん中を指差す。R男は、「俺は真ん中にシール貼ってある」と言って見せる。T男は、「ねえ、先生見てて！」と言いながら真ん中を持って勢いよく飛ばした。 ・保育者は、どこを持って飛ばせばいいか、クラス全体の子どもたちに伝えた後、「今度は外に行って飛ばしてみよう」と声をかけた。実習生も自分で作ったパラシュートをH男やR男と一緒に「せーの！」と思い切り空に向かって投げ上げたり、K男やM子に声をかけて滑り台のてっぺんから落としてみたりした。	・「どこを持って飛ばせばいいか」と具体的な声がけをしたことで、K男が行動できたのではないだろうか。 ・R男はT男が苦手だが、H男とR男は仲がよいため、H男がT男に言動で飛ばし方を伝えた様子を見て、R男も伝えようとしたのではないだろうか。 ・子どもによって、どこで誰とどのように飛ばしたいのかが違うことがわかった。
12:00	○片付ける。 ○排泄を済ませる。 ○手を洗う。		
12:20	○弁当を食べる。	・弁当場面では、お茶当番のE子が、「お茶はどれくらいがいいですか？ストップって言ってね」と言いながら、グループの友達一人一人に声をかけた。実習生は、話すことが苦手なS子に、「どれくらいにする？」と聞くと、「これっくらい」と指を横にしてコップに当てた。それを見ていたE子は、「かしこまりました」と言って注いだ。	・実習生は、S子が自分の思いをE子に伝えられるようにと声をかけたが、直接会話ができるようにもう少し考えればよかったと思った。
12:50	○片付ける。 ○歯磨きをする。 ○排泄を済ませる。		
13:00	○絵本『ねえ、どれがいい?』を見る。	・絵本を見ながらI子がY子に、「どれもいやだね」と笑顔で話しかけ、Y子も笑顔でうなずいていた。	・子ども同士、さりげなく会話をしている場面も結構あるのだとわかった。
13:30	○降園する。	・隣の友達と手をつないで玄関まで移動した。	・手をつないで歩いている間にも会話が見られた。

＜今日の反省と明日への課題＞	＜指導者の所感＞
子ども同士で会話ができるようにと思って援助したつもりですが、結局、自分が話してしまうことが多く難しかったです。どんな風に声をかければよいのか、保育者の子どもへのかかわり方をしっかり観察し、明日からの実習に生かしていきたいと思います。	一日お疲れ様でした。めあてに沿い友達同士の会話についてしっかりとらえていますね。無理に子ども同士で会話をさせる方法を考えるのではなく、遊びを通して、環境を通して、「楽しいな」「友達っていいな」という内面を育んでいくことが先決です。先生も、「一緒に遊ぶと楽しいね」と子どもたちと一緒に行動してみてください。その中にヒントが隠れていると思いますよ。

(3) 部分・全日実習時（1枚目、1日流れの記録）

6月15日（金） 天候　晴	年中児　25名　うぐいす組 　　　　　欠席　0名	今日の主な活動 一人一人、好きな遊びをする。

今日の実習のめあて
友達の思いを伝え合いながら生活している様子をとらえる。
想像の世界を楽しみながら遊べるように援助する。

時間	1日の流れ	記録（子どもの活動・保育者の援助など）	考察
9：00	○登園する。 ・視診を受ける。 ・荷物の始末をする。 ・出席ノートにシールを貼る。 ・今日の予定を見る。 ・金魚にえさをやる ○好きな遊びをする。 ・レンジャーごっこ ・虫探し ・木蓮の芯のジュース作り 　　　他	・朝一番に登園したJ子とF子が、「先生、カレンダーめくるね」と元気に実習生に話しかけた。実習生が、「お願いね」と言うと、二人は一緒にカレンダーをめくった。 ・K子がシールを貼りながらF男に、「あと3個貼ったら誕生日なんだよ」と言うと、F男が「ほんとだ。お姉ちゃんになるんだね。ぼく、もう5歳だよ」と言う。K子は、「私、マーメイドの人形買ってもらうの」と返した。 ・Y男とR男がレンジャーになって積み木で基地を作っている。そこにK男が来て、「まーぜーて」と言うが、R男は、「だーめーよ」と言う。すると、K男は元気のない様子でその隣に積み木で基地を作り始めた。実習生は、「K男君にしか作れないのを作ろう」と声をかけた。 ・片付けの場面でM子とC男が、「お片付けの時間ですよ～」とクラスの子どもたちに伝えて回っていた。R子とS子は笑顔で競争しながら進んでゴミを拾っていた。	・一番に登園した子がカレンダーをめくることになっているが、二人でめくるという考えを持っており、驚いた。 ・シールは毎日日付を確かめるためのものだと思っていたが、誕生日を心待ちにしている思いを友達に伝えるきっかけにもなるのだと学んだ。うれしい思いは伝えたくなるのだと感じた。 ・R男は自分たちで作った基地のイメージを壊されたくなかったからなのか、K男と仲が悪いからなのか、なぜだめなのかを聞いて援助ができればよかった。 ・仲のよい友達と一緒に活動することが楽しくて仕方ない様子だった。この時期に必要な経験だと感じた。
10：30	○片付ける。 ○手を洗う。		
11：00	○おやつを食べる。	・おやつ当番のA子が、「クッキーは一個ずつで～す」とアナウンスしながら配ると、T男が、「おかわりは？」と言う。A子は、「食べたい人と半分こしてください」と言った。	・「半分こ」と言ったのは、これまでの経験からだろうか。T男の思いを受け止め、全体のことも考えていると思った。
11：30			

　　　　　　　　　　　部分実習部分　※　詳細は次頁（4）参照

11：50	○降園準備をする。	・降園時に、昨日製作した時計を自分の手提げ袋に入れて帰ることになった。N子が、「先生、D男君の手提げ袋がありません」と保育者に伝えた。保育者が、「この紙袋、渡してあげてくれる？」とN子に手渡すと、N子は、「はいどうぞ」と、入れやすいように両手で袋を開けた。	・N子は、周りの友達の様子も気にかけて生活しており、友達が困っていないか、どうすれば友達が喜ぶかということを考えて行動していると思った。
12：00	○『とけいのうた』を歌う。		
12：20	○降園する。		

（4）部分・全日（主な活動場面）実習の実際の記録

ねらい：お話の世界を楽しむ。	反省：子どもたちは意欲的に話を聞いており、楽しめたと思う。
内容： 『三匹のこぶた』のエプロンシアターを見て、建ててみたい家をイメージする。	反省： 建ててみたい家をⅠ男にしか聞けなかった。

時間	環境の構成	子どもの姿、実習生の援助・配慮	省察
11：30 11：50	・実習生が座る椅子を準備しておく。 ・子どもたち全員がお山座りで座れるように、スペースを空けておく。	・全員がおやつを食べ終わった頃に、実習生がエプロンシアターのエプロンをして歩きながら、「始まるよ♪」と歌い始めると、子どもたちが一人二人と寄ってきた。S男が「先生、何するの？」と言ったので、「このポケットに誰かいるんだよ」と話すと、子どもたちが「誰がいるの？見たい見たい！」と口々に言って触ろうとした。触られると大変だと思っていると、保育者から「ここに座って」と椅子に座るよう助言を受け、実習生が椅子に座ると子どもたちも座り、話を聞き始めたのでほっとした。実習生が、「あ、鳴き声が聞こえるよ…、ブーブーブー♪」と泣き声を真似ると、R子が、「あ、三匹のこぶただ！」とうれしそうに叫んだ。家が吹き飛ばされる場面では、子どもたちも実習生と一緒に、「フーフーフウ〜！」とそろって声を出した。狼の尻尾に火がついて逃げていく場面では、全員が笑顔になっていた。 ・話が終わって、実習生が、「みんなはどんな家を建ててみたい？」と聞くと、Ⅰ男が「動く家！」と言うと、A男が、「映画の動く城、ぼくも見た」と言った。実習生が、「おもしろそうな家だね」と言うと、Ⅰ男が、「足が付いてるんだ」と返した。	・エプロンをして目に見えるようにしたり歌を歌ったりすると、子どもが興味を示して集まってきたので、言葉で呼びかけるよりも効果的だと思った。ただ、歩きながら一人一人に見えるように声をかけたので、子どもがエプロンシアターを触ってきた。触らないでと言えず、どうすればいいのかわからなかったので、助言をいただき助かった。自分が座ると子どもたちも座ったので、保育者のいる位置というのはとても大切なのだと実感した。 ・Ⅰ男の発言にとても感心した。年中児は自分のイメージをしっかり持っているのだと思った。

＜カンファレンスから学んだこと＞
　保育を行うときの保育者の位置はとても大切であることをうかがい、子どもたちの前で何かを始める前は、自分の位置を決めて始めるようにしたいと思いました。

＜指導者の所感＞
・エプロンシアター、とても楽しかったですよ。絵本や紙芝居ではおなじみの話ですが、子どもは保育教材として魅力を感じていました。読み手側が最初から定位置にいるほうが、子どもも「ここでお話を聞けるんだな」と理解できます。楽しそうな所に子どもは集まってくるものです。
・年中児は、さまざまなものに憧れをもって生活しています。Ⅰ男は、自分の観た映画をもとにイメージを膨らませたのかもしれません。イメージをするときは、土台となる経験が必要です。ですから、幼稚園でも子どもの興味・関心をとらえ、さまざまなものを五感を通して経験することが大切になるのです。

3　幼稚園実習（5歳児クラス）

1．実習日誌のポイント

(1)観察実習時のポイント（1、2日目）

①めあての持ち方

　幼稚園の最年長児ではありますが、個人差がありますから、年少児の視点を基本として年中児のめあての持ち方も参照してください。

　年長児は、基本的な生活習慣が確立することから、(a)「園生活の流れに見通しをもって行動している場面をとらえる」、「自分で生活の場を整えている場面をとらえる」、運動能力も高まってくるため、(b)「どのような運動遊びに興味を持ち、挑戦しているのかを理解する」、「細かく複雑な作業をどこまで行えるのか、手指の動きを観察する」、集団で行動する場面も多くなることから、(c)「友達と目的を持って活動している場面をとらえる」、「活動の中で、友達とどのような対話や話し合いをしているのかを学ぶ」、「トラブルを自分たちで解決しようとする姿をとらえる」、思考力も芽生えてくるため、(d)「自ら考えて表現したり判断したりしている場面をとらえる」、「文字や数を含め、周囲の環境への興味・関心をとらえる」、仲間関係も複雑になったり深まったりする時期なので、(e)「仲間関係がどのようになっているのかをとらえる」、「一緒に活動している仲間に対してどのような気持ちをもっているのかを理解する」などのめあてが考えられます。年長児は、保育者よりも友達に目が向いていることを押さえ、こ保育者がどのような援助を行っているのかをしっかり観察しましょう。

②観察の仕方

(a) 生活場面において必要な物を自分たちで気付いて準備している場面や、時計を見ながら次の活動に見通しを持って動いている様子などをとらえましょう。また、遊びの場面では自分たちの力で環境の構成を行ったり修理したり、必要な物を作ったりしている場面もみてみましょう。

(b) 縄跳びやボール遊び、鉄棒などの遊具を使った遊び、鬼ごっこなど、体全体を使った複雑な動きや、それらに自ら挑戦している場面をとらえましょう。また、ひもを結んだり金槌、のこぎりなどの道具や用具を扱ったりする様子をみてみましょう。

(c) 役割分担をしたり、自分の思いや考えを伝えたり相手の話を聞いたりしている場面などをとらえましょう。また、互いの主張がぶつかったときに、話し合う場面などもよくみてください。

(d) 納得のいかない状況が生まれたとき、言葉を補って何とか自分の気持ちを相手に伝えようとする場面、言葉や文字を使って遊ぶ場面、保育者に意見を述べる場面などをとらえましょう。

(e) 仲間関係を継続してよく観察し、それぞれの思いや葛藤を感じ取ってください。また、それはどのような場面から感じられるのかをあわせてメモしましょう。自分の気持ちを一歩譲っている場面、仲間同士の約束事を守っている場面など、気持ちを調整している様子もとらえましょう。

③記録の仕方

　子どもの活動を中心に記録します。友達関係が複雑になっていますから、遊びごとに時間を区切ってメンバーの変化を一覧に書き表したり、場所の変化を平面図に記録したりします。実習生の動き・気付き欄では、環境の構成・子どもの活動・保育者の援助や配慮、どの部分について気付きがあったのか、(a)～(e)の視点を参考にして読み手がわかるように記述します。状況をよりわかりやすくするために、子どもが実際に話した内容を短く付け加えてもよいでしょう。

(2)参加実習時のポイント（3～8日目）

①めあての持ち方

　(a)～(e)を参考に、前日までの観察実習での子どもの実態から、「～できるように援助する」というように、保育者・実習生がどのようなめあてを持って、その日の保育を行うのかを考えます。

②観察の仕方

　友達関係が複雑な時期ですから、(a)～(e)のさまざまな視点から子どもを観て、好きな遊びの時間とクラス全員での活動場面の両面から観察しましょう。(1)③同様、一覧や図を使うのも効果的です。

③記録の仕方

（例）弁当の時間　「S男が、『今日はテーブルをきれいに拭いて"ピカピカの一番"になろうぜ』とグループのみんなに話しかけた」というように、個人に話しかけているのかグループ全体に話しかけているのかに注意して記録しましょう。

（例）ゲームの場面　「『しっぽを取ったらすぐに友達に返そうよ』とT子が言うと、R子は、『それじゃあいつまでたっても終わらないじゃない』と返した。周囲の子どもたちは2人の様子を黙って見ていた」というように、1対1の会話でも、その周囲の状況も加えて記録するようにします。

（例）話し合いの場面　「K男が、『夏祭りにはお化け屋敷がしたい』というと、クラスの半数が、『え～』と言う。J男が、『年中組のときやったから違うのがいいんじゃない？』と、優しい口調でK男に言った」というように、集団の規模や、子どもの話し方の微妙なニュアンスが伝わるように記録します。

(3)部分・全日実習時のポイント（9、10日目）

①めあての持ち方

　これまでとらえてきた子どもの発達過程や経験から、どの視点を中心に援助をするのが適切なのかを、(a)～(e)を参考にして考えましょう。

②観察の仕方

　めあてに関わる場面について、実習生の行った援助が、個人もしくはどの仲間たちにどう伝わったのかを、その後の場面も胸に刻みながら保育を進めましょう。

③記録の仕方

　めあてに関わる場面について、予想していた事柄とそうでない事柄を洗い出し、自分と子どもの言動を仲間関係を意識して思い出しながら記録しましょう。

2．実習日誌例

(1)観察実習時

9月 3日（月） 天候 曇り	年長児 28名 コンドル組 欠席 0名	今日の主な活動 夏休みの絵を描く。

今日の実習のめあて
5歳児の発達段階を言葉や行動から理解し、その時の保育者の援助も学ぶ。

時間	環境の構成	子どもの活動	保育者の援助・配慮	実習生の動き・気付き
9：00	環境図	○登園する。 ・荷物の始末をする。 ・出席ノートにシールを貼る。	・「日焼けしたね」「背が伸びたね」と一人一人との再会を喜び、声をかける。	◎保育室の入り口で挨拶したり、名前を伝えたりする。
	・今日の予定を文字で黒板に書いておく。	・今日の予定を読む。 ・椅子を持って遊戯室に行く。	・正しい椅子の持ち方をしている子に、「さすがだね」と声をかける。	○年長児になるとひらがなが読めることを知った。 ○褒め言葉が、5歳児のプライドをくすぐる言い方だと感じた。
9：10	・「夏の思い出」コーナーを作り、作品や思い出の品を置けるようにテーブルを用意しておく。	・「夏の思い出」を置く。 ○始業式に参加する。 ・園長先生の話を聞く。 ・園歌を歌う。	・静かに話を聞いている子を褒め、話を集中して聞けるようにする。	○一人を褒めることでクラス全体の雰囲気が引き締まった。 ◎園歌を一緒に歌う。
9：25		○保育室で「名前リズム遊び」をする。 ・友達の名前を呼ぶ。 ・リズム打ちをする。	・名前を呼ぶ人を心に決めるように言う。 ・実際に手でリズム打ちをし、リズムの確認をする。 ・話す順番を子どもたちで決めるように促す。	○久しぶりに会った仲間と気持ちを近づけるためのゲームだと思った。次の活動の導入にもなっているような気がした。
9：40	・椅子を円にして置けるようにビニールテープを円形に床に貼っておく。	○夏休みの思い出を話す。 ・8月生まれ→7月生まれの順に話す。 ○夏休みの絵を描く。 ・道具を準備する。	・「どこに行ったか」よりも「誰と何をしてどんな気持ちだったか」を話すように伝える。 ・道具の準備の手順や絵の具の出し方を子どもに聞きながら確認する。	○5歳児は、さまざまな決め方ができることに感心した。 ◎自己紹介をする。 ○どこにも行っていない子への配慮でもあると思った。
10：00	・ワークスペースに子どもとブルーシートを敷く。	・画用紙を選ぶ。 ・クレヨンで描く。（保育室）・水彩で塗る。（ワークスペース） ・個人の水彩セットを使用する。	・グループで画板を準備する人を決めるように言う。 ・好きな色の画用紙を選ぶよう伝える。 ・クレヨンで描き終わった子に、水入れを準備するよう伝える。	○子ども自身が思い出すことで、自分たちで準備できるようにしたのだと思う。 ○白以外の画用紙も選んでいいことに驚いた。

時間	環境の構成	子どもの活動	保育者の援助・配慮	実習生の動き・気付き
10：45	・水入れの水がこぼれたときや、洗ったパレットと筆を拭けるように水彩用の台拭きを5枚、洗面所の隣のバケツに準備しておく。	○片付ける。 ・画板を重ねる。 ・自分のパレットと筆を洗う。 ・水入れをしまう。 ・こぼれた箇所を雑巾で拭く。 ○手を洗う。	・描いている間、「楽しい絵だね」「おいしそう」などと声をかける。 ・「途中の人は、明日また続きを描こう」と伝える。 ・画板に隙間が出来るように重ねる。 ・「筆が迷子にならないようにね」と声をかける。 ・きちんと拭いている子に「プロの技を持ってるね」と声をかける。 ・「ばい菌の臭いがわかる人は鼻がいい」と声をかけた。	○保育者の声がけは、楽しく絵が描ける雰囲気を醸し出していた。 ○描く個人差に対応した声がけだと思った。 ○描いた後、どこに置くかも考えて保育する必要があると学んだ。 ○年長児にとってうれしくなる言葉かけだと思った。 ○視覚的にばい菌の話をするのではなく、臭いなど五感で判断する方法を伝えていると思った。生きていく大切な力になると思う。
11：00	・新しいグループが分かるように掲示しておく。	○おやつを食べる。 ・テーブル・椅子を運ぶ。 ・ジャンケンでおやつを配る人を決める。	・今日から新しいグループで食べることを伝える。 ・今日は配りたい人が配るが、明日、おやつ当番の順番を相談して決めることを伝える。	◎おやつを食べる。 ○明日の予定を伝え、今週の生活に見通しが持てるようにしていると感じた。
11：30	・飲み終えた牛乳パックを入れる箱を小テーブルの上に台ふきと一緒に置いておく。	○片付ける。 ・テーブル・椅子を運ぶ。 ・牛乳パックを一人ずつ箱に入れる。 ○降園準備をする。 ○降園する。	・「今日もカード28枚作りますよ」と言う。 ・姿勢のよいグループから玄関に向かうよう声をかける。	○年長児になると、牛乳パックをカード状にすることができるのだと感心した。 ○「姿勢を正しなさい」と言わずに、保育者の願いを伝える言葉だと思った。

＜今日の反省と明日への課題＞	＜指導者の所感＞
年長児はできることが多く驚いた。話す言葉も多く、行動も速いのでメモしきれなかった。今日は始業式で特別な日だったが、明日はこのクラスにどのような仲間関係があるのかをとらえ、遊びのグループごとに観察をしたい。また、その仲間たちがどのような会話をしているのかも観察し、名前も早く覚えるようにしたい。	初日、お疲れさまでした。保育者の援助についての気付きがよく書けていると思います。 年長児になると大人並みにできることが増えてきます。ですから、数日観察しながら、個人やグループのよさや課題を見つけてください。一度にたくさんの視点を持つと大変ですから、その部分を中心に観察・考察することで日誌に書く内容や今後のめあてが定まってくるでしょう。

(2)参加実習時

9月 5日（水） 天候　雨	年長児　28名　コンドル組 　　　　欠席　0名	今日の主な活動 誕生会をする。

今日の実習のめあて 友達への思いや願いを伝えている場面や、集団でトラブルを解決しようとする場面をとらえる。		

時間	1日の流れ	記録（子どもの活動・保育者の援助など）	考察
9：00	○登園する。 ・荷物の始末をする。 ・出席ノートにシールを貼る。 ・今日の予定を読む。 ・飼育当番は生き物の世話をする。	・朝一番に登園したR子が、「先生、5日のカレンダーがないよ」と伝えに来る。実習生が、「あれ、確かにあったはずなのに」と言いながら探していると、次に登園してきたJ男が、「そしたら作ればいいよ」と言って、画用紙に「5」と書き、穴開けパンチで穴を開け、カレンダーの台に掛けた。	・J男は、R子や実習生が困っているのを察知して、探すよりも作った方が早い、と思ったのかもしれない。切って書いて穴を開けるという一連の動作は見事だった。過去に作った経験があるのかと思った。
9：10	○好きな遊びをする。 ・誕生児へのプレゼント作りコーナー ・チケット作り他 ○片付ける。 ○手を洗う。	・一度飼育当番に向かったD男が、10分後に保育室に戻り、「M君、今日飼育当番だよ」と呼びに来た。遊んでいたM男は、「しまった」というような顔をして飼育小屋に向かった。 ・A子が保育者に、「先生、今日は何時にお片付け？」と聞きに来る。保育者は、「10時」と答えると、「みんな～、今日は10時にお片付けだって～」と離れた場所にいる仲間に聞こえるように伝えた。 ・チケット作りでは、「私数字書く人ね」「なら、私ははさみで切る人ね」「じゃあ、私はハンコ押す人になる」と言いながら、役割分担して作っていた。	・M男は飼育当番よりも好きな遊びをしたかったのだろう。D男はそれに気付いていたのかもしれない。 ・A子は、片付けの時刻を仲間に伝えたくて、保育者に聞きに来たのではないか。みんなのために何かしたい、という気持ちが伝わってきた。 ・年長児はさまざまな遊びを経験してきたからか、遊びにどのような作業が必要で、どのような役割分担ができるのかを知っているのだと思った。
10：30	○誕生会をする。 ・HappyBirthdayを歌う。 ・誕生児がろうそくを消す。 ・誕生児が手形を押す。 ・誕生児に質問する。 ・プレゼントを贈呈する。	・誕生児のK男とT男が誕生席に並んで座った。子どもたちは、「部屋は明るい方がいい？暗い方がいい？」と2人に聞いた。K男は、「暗くして！」と叫び、T男が、「明るい方がいい！」と叫んだ。K男は再度、「暗い方がいい！」と叫んだ。すると、T男は、「嫌だ！ K男君の言うことばっかり聞きたくない！ 年中組の時からずっと我慢してきたんだ！」と言い放った。保育室は静かになった。T男の目に涙が溢れてきた。K男は下を向いてだまった。保育者が、「どうすればいいのかな」とつぶやくと、N子が、「年	・T男もK男も自分の意志をはっきりと伝えられる子どもだと思った。T男は年中組の時からずっと我慢してきたことを、この場ではっきり相手に伝えている。とても勇気の要ることだと思った。保育者が結論を出すのではなく、一緒に悩む姿を通して解決したい気持ちを子どもたちに伝えているような気がした。
11：00	○おやつを食べる。	中組の時、K男君の言うこと聞いたんだから、今日はT男君の言うこと聞いたら？」と話した。それを聞いたK男は、しばらく考えた後、「わかったよ」と言った。	・N子はクラスの一員として、2人の友達として真剣に考え意見を言ったのだと思う。それがK男に伝わったと感じた。

180

時間	1日の流れ	記録（子どもの活動・保育者の援助など）	考察
11：20	○片付ける。 ・テーブル・椅子を運ぶ。 ・牛乳パックを一人ずつ箱に入れる。	・おやつを食べるとき、C子が、「今日、F子の隣で食べていい？」とM子に聞いた。M子は、「グループのみんながいいって言ったらね」と答えた。グループのみんなは、「いいよ」と答えた。	・M子は座席のことは自分だけの問題ではないと判断して、グループのメンバー全員に聞いたのではないだろうか。
11：30	○運動会の係決めをする。 ・イヌワシ組に移動する。 ・去年の係を思い出す。 ・なりたい係にネームプレートを貼る。 ・相談して決める。	・Y子が手を挙げて、「去年年長組さんは、道具を運んでくれたり、呼びに来てくれたりしました」と言うと、R男が、「ゴール係も体操係もあったよ」と続ける。保育者が、「今年もその係必要ですか？」と全体に向かって話すと、皆うなずく。するとI子が、「砂触る人いたから注意係もいると思います」と話す。部屋の中が一瞬どよめき、J男が、「それはいらないと思います。先生がすればいいと思う」と言う。E子は、「先生が注意するなんて年長組じゃないと思います！子どもですればいいと思います」と大きな声で言う。その後の話し合いで、注意係が新たに決まった。	・子どもたちは去年のこともよく覚えているのだと感心した。それだけ、年長組への憧れが強かったからではないだろうか。 ・意見を言ったI子やR男、E子はしっかりしていると思った。係は保育者が決めるのではなく、必要感から生まれるものであることを子どもたちに伝えるいい機会になっていると感じた。
12：00	○掃除をする。 ○降園準備をする。	・トイレ掃除では、K男が、「ぼく今日床タイルに水まくから、T子ちゃん、洗面所磨いてくれる？」と話す。T子は、「いいよ。そしたら、明日は私が水まくね」と返した。	・掃除の分担を自分たちで決められるのはすごいと思った。水をまくのは子どもたちが好きな活動だと聞いたが、順番にできるよう考えていることも伝わってきた
12：20	○降園する。		

＜今日の反省と明日への課題＞	＜指導者の所感＞
年長児というのは友達への深い思いを持っているのだということがわかった一日でした。特に誕生会の場面では、私だったらどうするだろうか、きっと何もできない、と感じた場面でした。しかし、N子のように、年中組のときから一緒に過ごしてきた仲間だからこそこの難関を乗り越えることが出来たのかな、とも思い、これまでこのクラスを育ててこられた先生方の大変さや素晴らしさを感じました。	お疲れさまでした。濃厚な一日でしたね。K男があれだけはっきりT男に思いをぶつける場面を見たのは、私も初めてでした。K男の成長した様子を垣間見る思いでした。T男は年中組の時からリーダー的存在で、簡単に言えば善くも悪くも遊びを仕切っていました。ですから、周りの子どもたちはなかなか思いを言い出せないことが多かったのです。今後は、2人の関係を中心に、周りの仲間関係がどのように変化していくかしっかり見ていきたいですね。

(3)部分・全日実習時（1枚目、1日流れの記録）

9月11日（火） 天候　晴	年長児　28名　コンドル組 　　　　　欠席　0名	今日の主な活動 運動会の練習をする。

今日の実習のめあて 運動会への意欲が高まっている様子をとらえる。 運動会の練習を通して子どもに育って欲しいことを伝える。				

時間	1日の流れ	記録（子どもの活動・保育者の援助など）	考察
9：00	○登園する。 ・荷物の始末をする。 ・出席ノートにシールを貼る。 ・今日の予定を読む。 ・飼育当番は生き物の世話をする。 ○運動会の練習をする。 ・はちまきをする。 ・水筒と椅子を持ってグラウンドに行く。 ・各種目の練習をする。	・運動会の練習が始まる前にM子が、「はちまきが縛れない」と言って悔し涙を流していた。K子は、「泣かなくていいよ。毎日練習してるから大丈夫だよ」と声をかけた。 ・玉入れの練習では、年中児がしている様子を年長児が見て、「空に向かって投げるといいよ」「最初は2つ持っていいんだよ」などと気付いたことを伝えていた。 ・障害物レースの練習では、平均台の橋を渡るとき、ペアの友達が、「もう少しだよ」とゴールから声をかけたり、ボールを一緒に運ぶ場面で、「こうすれば、落ちにくい！」と2人で考えている様子がうかがえた。 ・リレーの練習では、走る順番を抜かされて走ることができなかったY子が、「先生、私走ってない」と言いにきた。すると、M男が、「まだ間に合う！君の次に走って！」と言う。Y子はいつもと違う順番に並び、I男からバトンを受け取って走った。	・M子の涙は、「自分で縛れるようになりたい」という思いの強さからきたのではないだろうか。運動会へ向けて成長したいという気持ちが感じられた。 ・年長児は、お兄さん、お姉さんとして年中児のためにアドバイスができるのだな、と感心した。 ・ただ毎日同じ練習を繰り返しているのではなく、応援をしたり、どうしたらもっと上手くできるかなどと考えたりしていることがわかった。 ・リレーの順番はほとんどの子どもたちが覚えている。しかし、このようなハプニングがあっても友達同士で支え合えるのはすごいことだと思った。
9：30 10：30			
	部分実習部分　※　詳細は次頁（4）参照		
11：30 12：15	○降園準備をする。 ○絵本『スイミー』を見る。 ○降園する。	・実習生は、「"速い"の1番じゃなくて、"きちんと"の1番はだれかな？」と子どもたちに声をかけた。 ・読み終わると、E子が太い声で、「みんなの力を合わせれば、こわいものなんてない！」とガッツポーズを見せると、全員が笑った。 ・明日は予行練習であることを子どもたちに伝えると、「よっしゃ！」とD男が言った。	・運動会では速さを競うことが多いため、敢えて違う基準で物事をみる大切さを伝えたかった。 ・運動会でクラスのみんなが支え合えるようにとスイミーを読んだ。伝わったような気がしてうれしかった。

(4) 部分・全日（主な活動場面）実習の実際の記録

ねらい： 運動会への意欲を高める。	反省： 運動会に向けての意欲づけにはなったと思う。
内容： 「ちかいのことば」を考えることを通して、運動会へのめあてを持てるようにする。	反省： 全員がめあてを持てたのかということは確かめられなかったので、今後は一人一人に聞いていきたい。

時間	環境の構成	子どもの姿、実習生の援助・配慮	省察
10：30 11：20	・ミニ黒板に「ちかいのことば」と書き、ち、か、い、それぞれの文字を紙で隠しておく。 ・子どもたちから出た言葉を黒板に書いていく。	・排泄を済まし、手を洗い、ジュースを飲んだ子から順に集まり、「うんどうかいのうた」を歌う。 ・全員で「うんどうかいのちかい」を考えたいと思い、全員揃ったところで、「さて、これはなんと読むでしょう？」と言って、ミニ黒板の紙を一枚めくった。「ち！」「じゃあこれは？」ともう一枚めくると、「か！」次をめくると、「い！」D男が、「ちかい、だ！」と叫んだ。少し難しいかな、と思いながらも、「ちかいって何だろう。食べ物かな？」と言うと、Y男が、「そんなわけないだろ」と言う。J子が、「お願いする事じゃない？」と言うと、N子が、「約束を守ることだよ」と言う。実習生が、「すごい、その通り。でも誰と約束するの？」と聞いてみた。すると、「お母さんと」「お父さんと」「先生と」とさまざまな意見が出た。実習生は、「みんな、大切な人を忘れてるよ」と全員を指さした。「え？ぼくたち？」「そう、それから、じ・ぶ・ん」と言うと子どもたちはびっくりした様子だった。実習生が、「運動会で、みんなと約束したいこと、自分と約束したいことを考えて欲しいの」と言うと、「けんかをしない」「応援する」「ころんでも泣かない」「あきらめない」などの発言が出た。「みんな、約束できるかな？」と問いかけると、J男が、「まかせとけ！」と胸を叩いた。子どもたちに気持ちの目標が出来たのではないかとうれしく思った。	・年中組の時にも「ちかいのことば」を考えた経験があることを保育者からお聞きし、是非、年長組でも考えてみたいと思い、挑戦させていただいた。去年のことを思い出す子どもがいなかったので少々不安になったが、J子やN子から近い言葉が出たため、ほっとした。こんな難しい言葉を知っているというのは、テレビや家族の影響もあるのだろうか、と感じた。もし、「約束」という言葉が出なければ、こちらから言うつもりだった。何度もシュミレーションをしたおかげで、言葉に詰まらずに言えたような気がする。実際にどんな「ちかいのことば」が出てくるかも心配だったが、意図していたような言葉が出たので、なんとかめあてを達成できたのではないかと感じた。

＜カンファレンスから学んだこと＞
　意見を出した子やJ男以外の子どもたちが、ちかいの意味や運動会の目標を持てたのかどうか確かめる必要があるとの助言をいただき、明日からは一人一人に目標を聞いて、当日まで挑戦できるようにしたい。

＜指導者の所感＞
　難しい場面の部分保育、お疲れさまでした。事前に予想される子どもの姿を幾通りも考え、何度もシミュレーションをした成果ですね。「ちがい」を書いて掲示するのも、子どもを支える一つの方法ですね。

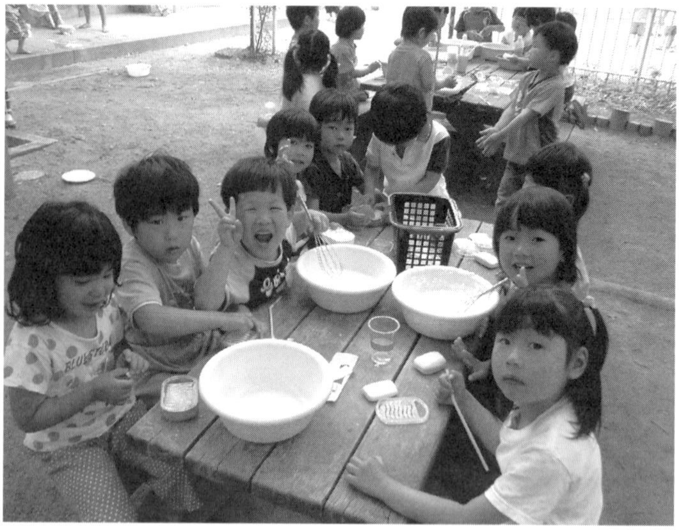

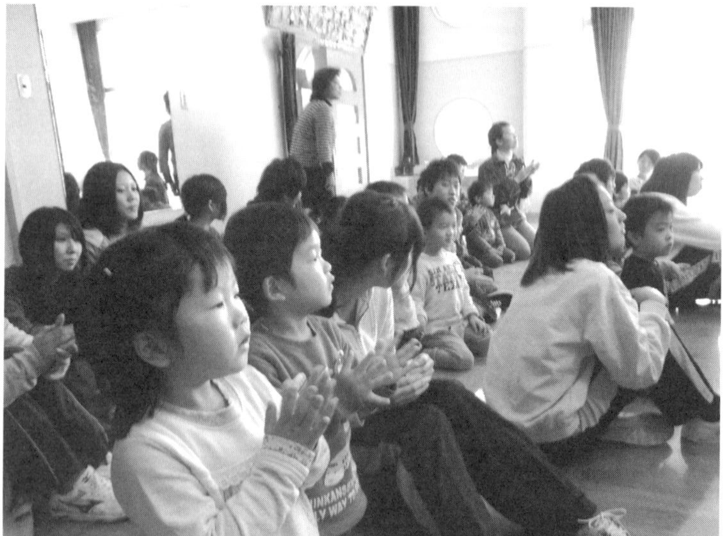

第8章

施 設

1 乳児院
2 児童養護施設
3 知的障害児施設
4 障害者支援施設
5 肢体不自由児施設
6 重症心身障害児施設

① 乳児院

1. 実習施設の特徴

(1) 施設の目的及び機能について

　乳児院は、児童福祉法第37条に「乳児（保健上、安定した生活環境の確保その他の理由により特に必要のある場合には、幼児を含む。）を入院させて、これを養育し、あわせて退院した者について相談その他の援助を行うことを目的とする施設とする」と定められています。

　入所の理由としては、「父母の怠惰・虐待」や「父母の精神疾患等」によるものが多く、他には「両親の未婚」「養育拒否」「父母の就労」「破産などの経済的理由」などです。

　このように、さまざまな理由で家庭での養育が困難となった乳幼児が入所しています。最近では、病虚弱児や発達障害児、また保護者の子どもに対する不適切なかかわりが原因で入所するケースも多いことから、細やかな配慮をしながら個別的な関係を重視した養育が行われています。

　乳児院の機能としては、①家庭養育の補完的な機能、②子育て支援機能、③（虐待を受けたことに対する）専門的な治療機能があります。

　子どもにとっては家庭に代わる「生活の場」です。

(2) 対象児（者）の生活や発達の特徴について

　0歳からおおむね2歳までの乳幼児です。2004年の児童福祉法の改正により、必要な場合は就学前の幼児も対象となりました。

　乳児は月齢によってかなり発達の状態が異なります（首や手足の関節などが十分に固定していないなど）。また病気に対する抵抗力が弱いので、健康面と衛生面にも細心の注意が必要です。この年齢の子どもたちは、言語によるコミュニケーションが十分にとれるわけではありません。あたたかい眼差しでふれあい、やさしい言葉がけなどをとおして、安心できる環境づくりを心がけることが大切です。

　乳幼児期は、愛着関係を育むなど人格形成の基礎となる重要な時期です。

(3) 職員（保育士・指導員など）の基本的な職務内容や役割、
　　　　　他の職員とのチームワークなどについて

　「児童福祉施設最低基準」（平成23年10月7日厚生労働省令第127号）では、「乳児院（乳幼児10人未満を入所させる乳児院を除く。）には、小児科の診療に相当の経験を有する医師又は嘱託医、看護師、個別対応職員、家庭支援専門相談員、栄養士及び調理員を置かなければならない」（第21条第1項）と規定しています。また「看護師は、保育士又は児童指導員（児童の生活指導を行う者をいう）をもってこれに代えることができる」（第6項）としています。このように、乳児院においては、保育士は看護師に

代わり採用できるという範囲にとどまっていますが、実際には保育士中心の職員構成になっています。また、1999年度から早期家庭復帰などを専門に担当する家庭支援専門相談員（ファミリーソーシャルワーカー）が配置されています。心理療法担当職員を配置している施設もあります。

乳児が病気にかかりやすいこと、また病虚弱児を受け入れていることから、保育士は健康観察・管理・服薬など医療面でも多く関わることになります。保育士・看護師は、職種を越えて「保育看護」という専門的なケアを行っています。

保育士の仕事の内容は、調乳・哺乳・おむつ交換・沐浴・入浴・検温・投薬・食事介助・睡眠介助・遊び・衣類管理など多岐にわたり、生活のあらゆる面にかかわります。

2．実習日誌のポイント

（1）見学・観察実習時のポイント

一日の生活の流れを把握し、子どもと職員のかかわり方を見ます。早い段階で、子どもの名前を覚えましょう。

乳幼児の場合は、月齢により大きく生活の流れが変化していきます。月齢ごとの子どもの特徴を理解しながら、一人一人の発達段階を確認しましょう。また、さまざまな月齢の子どもたちがどのような集団で生活しているのかも把握してください。人見知りをする段階の子どもには無理にかかわろうとせず、笑顔で少しずつ関わってみましょう。

（2）参加・指導実習時のポイント

子どもとのかかわりを深めるために、どのようにすれば子どもに受け入れられるか工夫します。また、食事、入浴、睡眠などの援助の仕方を身につけながら、一人一人の子どもの特徴・健康状態などを知るように努めます。そのときの子どもへの働きかけと子どもの反応や様子を記録します。

乳児院では、多職種の職員同士で意思統一を図りながら援助を行いますので、子どもの様子を的確に記録するよう心がけることが大切です。例えば、全身運動の状態・手指の操作・言語意識・対人関係・食事・排泄・睡眠・生理現象など、さまざまな視点から注意深く観察しましょう。子どもたちとのかかわりを通して、詳細にその様子を記録します。

乳幼児期は、愛着関係を形成する大切な時期であることを踏まえ、子どもたちの置かれている状況を認識しながら、何を大切にしてかかわらなければならないのか十分勉強していく必要があります。

(3) 実習日誌例 「実習3日目」

11月9日（水）	寮・棟・室名　　乳児室	担当児（者）　10　名

今日の実習のめあて
子どもの食事のペースを考える。

時間	一日の流れ	記録	考察
8：30	○検温をする。	・検温をするためにT.Mを抱きかかえた。T.Mが嫌がって私から逃げようとしたので、近くにあった小さなボールを渡してみた。するとボールを両手で持ち、静かになった。	・行動を制約されるのが嫌だったのだろう。検温やおむつ交換のときに、子どもが無理なく応じてもらえる方法をいろいろと試してみたいと思った。
9：30	○子どもたちと遊ぶ。	・A.Kが泣いていたので、ベッドから抱っこをして軽く揺らすと泣きやんだ。落ち着いたようなので、ベッドに下ろすとまた泣き始めた。それを何度か繰り返した。 ・M.Mが泣き始めたので、ガラガラで音を立ててみた。さらにそっと顔を近づけていると泣きやんだ。	・抱っこをすれば泣きやむのだが、下ろすとまた泣き始める。一方で音を立てるだけでも泣きやむ子どももいる。それぞれ泣く理由も違えば泣きやむきっかけも違う。その場の状況や子どもの気持ちを考えて援助していかなければならないと思った。「泣く」というのは子どもにとっては大事なコミュニケーションの一つの方法だと感じた。
10：00	○授乳をする。	・A.Oに初めて授乳をした。最初は私の飲ませ方が悪かったのか、飲むペースが遅かった。ほ乳瓶の角度を変えて再び温めたものを与えると、全部飲むことができた。 ・O.Yの名前を呼んであやすと、こちらを向いて笑って応えた。	・授乳時は、子どもとゆったりとスキンシップができるとても大切な時間だと思った。また生後1ヶ月も経たない子どもの吸う力に驚くとともに、小さくとも一生懸命に生きている力（生命力）を感じた。 ・これまで私にあまり笑わなかった子どもが、だんだんと笑うようになり嬉しかった。もっとたくさんスキンシップをとって心を通わせたいと思う。
11：00	○子どもたちと遊ぶ。	・昨日より長い時間、K.Tと一緒に一対一で過ごした。私が話すとそれに対して小さな声で「あー」「うー」と言っていた。	・私の話に小さな声で応えてくれることが、私の心をおどらせる。こうして母と子はコミュニケーションを取りながら、愛情を育んでいくのかもしれないと思った。
11：30	○昼食を食べる。	・食事開始当初、R.Hは順調に食べていたのだが、途中から激しく泣き始めた。何度もなだめながら食べさせようとしたが、なかなか泣きやまなかった。泣きやませることに終始して、全部摂取できずに終わってしまった。	・今日のめあてである「食事のペースを考える」を意識していたが、R.Hの食事をうまくとらせることができなかった。どうして泣いているのか、考えて対応すべきだったと反省している。

時間	一日の流れ	記録	考察
12：00	○午睡をする。	・A.Kが、興奮してなかなか寝ようとしないので、小さな声で歌を歌いながら背中をさすると静かに寝始めた。	・抱っこをして優しく身体を触りながら、静かな声で話しかけるようにすると、子どもは安心して寝るようだ。安心できる状態を保つことが、睡眠にとって大切なことだと感じた。
14：30	○目を覚ます。 ・着替えをする。 ・遊ぶ。	・M.Nに名前を呼んで話しかけたが、私の声には反応しなかった。	・私の働きかけに反応を示さないことに、少し淋しい思いをした。どのような働きかけが必要なのか考えてみたい。
16：00	○夕食を食べる。	・K.Nの食事援助をしていると、途中から口に運んでも食べなくなった。しばらくして、食べたものを嘔吐してしまった。食後は、食前よりも元気がないようにみえた。	・私の食べさせるペースが早かったためか嘔吐させてしまい、とても責任を感じた。もっと子どもの状態を見ながら、ゆっくり落ち着いて食べられるようにしなければならないと思った。

<今日の反省と明日への課題>

　スキンシップをとおして、子どもたちのさまざまな反応を見ることができました。少しずつですが、一人一人の対応の仕方もわかってきたように思います。子どもと一緒に笑うこともできるようになり、楽しさを共有できているようで嬉しく思います。

　しかし、食事のペースをうまくつかむことができず、子どもが泣いて食事ができなくなったり、夕食のときには嘔吐させてしまい、本当に申し訳ない思いでいっぱいです。

<指導者の所感>

　子どもと接するなかで、多くの学びを得ておられることと思います。子どものほんのわずかな反応からでも、私たちは子どもの心情を感じとることができます。

　いろいろな働きかけに対して、子どもが違う反応をすることをとおして、その子の発達過程を知ることもできます。

　食事については、いつも同じペースで同じ条件で食べるわけではありません。どうして食事中に泣いたのか、自分の関わりはどうだったのかをじっくり考えることも大切です。

② 児童養護施設

1．実習施設の特徴

（1）施設の目的及び機能について

　児童養護施設は、児童福祉法第41条に「保護者のない児童（乳児を除く。ただし、安定した生活環境の確保その他の理由により特に必要のある場合には、乳児を含む。）、虐待されている児童その他環境上養護を要する児童を入所させて、これを養護し、あわせて退所した者に対する相談その他の自立のための援助を行うことを目的とする施設とする」と定められています。

　入所理由としては、「父母の死亡」（2.4％）は少なく、「父母の行方不明」（6.9％）、「父母の離婚」（4.1％）、「父母の入院」（5.8％）、「父母の就労」（9.7％）、「破産などの経済的理由」（7.6％）によるケースが多くなっています。また「父母の精神疾患」「父母の放任・怠惰」「父母の虐待・酷使」「養育拒否」など「父母の養育能力」に関わるケースは43.3％という比率となります。（厚生労働省：児童養護施設入所児童等調査 2008.2）

　児童養護施設は、さまざまな理由によって親と一緒に生活できなくなった子どもたちの家庭に代わる「社会的児童養護」の場と言えます。

（2）対象児（者）の生活や発達の特徴について

　おおむね2歳から18歳の子どもたちが集団で生活しています。

　児童養護施設の形態は、一つの大きな建物で生活する大舎制（50人前後）の施設が中心ですが、小舎制（10人前後）で別々の建物で生活する形態もあります。また地域小規模児童養護施設（グループホーム）（5〜6人）と呼ばれる形態もあり、より家庭的な養育環境を作り出しています。入所前まで不安定な生活環境や不適切な養育環境のもとで育ってきた子どもたちが多いことから、同年齢でも成長の度合いの異なるケースが見られます。まず安心して生活できる場であることが基本となります。また愛着関係の再形成を図るとともに、他者との適切な人間関係を築くことができるようなかかわりを心がけることも大切です。

　子どもたちは、日中、地域の幼稚園や小学校、中学校、高校に通っています。

（3）職員（保育士・指導員など）の基本的な職務内容や役割、
　　　他の職員とのチームワークなどについて

　「児童福祉施設最低基準」では、「児童養護施設には、児童指導員、嘱託医、保育士、個別対応職員、家庭支援専門相談員、栄養士及び調理員並びに乳児が入所している施設にあっては看護師を置かなければならない」（第42条第1項）と規定しています。また「心理療法を行う必要があると認められ

る児童十人以上に心理療法を行う場合には、心理療法担当職員を置かなければならない」（第3項）「実習設備を設けて職業指導を行う場合には、職業指導員を置かなければならない」（第5項）としています。

　児童養護施設従事者の仕事は「親代わり」と考えられがちですが、今、自立支援計画に基づく専門性のある対応が行われています。愛情豊かな人間性だけではなく、専門知識を備えた冷静な判断力、家族への対応、地域社会との連携など、退所後の生活のことも踏まえた開かれた養護の実践が求められています。

2．実習日誌のポイント

（1）見学・観察実習時のポイント

　施設の生活形態や生活の流れを理解することが大切です。どのような年齢構成でグループ分けがなされているのか、また子どもたちの一日の流れをつかみ、それに伴う職員の動きも理解します。子どもたちと職員とのかかわりをとおして、子どもと職員の関係を見るとともに、子どもたちが学校などに行っているときの業務の内容も把握し、施設の生活全体を見るようにします。

　何気なく繰り返される日々の生活の営みのなかで、子どもと職員との信頼関係が築かれていきます。起床から就寝まで、生活全般の中で子どもと職員がどのように関わっているのかについて観察しましょう。

　子どもの名前を覚えることは、子どもとのかかわりの第一歩です。顔と名前が一致するよう、挨拶をしながら名前を覚えていきましょう。

（2）参加・指導実習時のポイント

　子どもたちに積極的に話しかけながら、一人一人の性格や特徴をとらえていきます。また日常生活支援（起床、洗面、掃除、洗濯、食事、入浴など）をとおして生活全体の流れを体得するとともに、子どもたちと一緒に遊んだり宿題を見るなどして、子どもたちとの関係作りをしていきます。そのときの状況を書いてみましょう。

　子どもの言葉や態度、職員や他児との関わり、身の回りの状況から、子どもの心情を考えます。子どもたちが施設という生活の場面で、何を思い何を考えて生活しているのか、子どもたちと行動をともにしながら、共感し理解するよう努めます。

　子どもたちとのかかわりのなかでは様々なことが生じます。他児とのトラブルや反抗的な態度、ルール違反行為などがみられた場合、そのときの状況を冷静に把握し、それぞれの子どもにあった対応をしていくことが重要です。ただし、過度な「試し行動」などで、対応が困難だと感じられた場合は、早めに職員に指示を求めてください。

　保育士・児童指導員が、子どもたち一人一人の自立支援計画をどのように立て、具体的に実施しているのかを理解する必要があります。そのことが「今、ここ」での援助をどのようにするかの判断につながります。

(3) 実習日誌例 「実習4日目」

11月17日（木）	寮・棟・室名　たんぽぽ	担当児（者）　12名

今日の実習のめあて
子どもとのかかわりを深め、援助の仕方を考える。

時間	一日の流れ	記録	考察
6：15	○起床する。 ・着替えをする。 ・洗顔する。	・布団からなかなか起き出してこないRちゃんに「可愛い小鳥が来ているよ。見て！」と言うと、布団から顔を出した。「どこ？」と聞くので、窓の外を指さした。すると布団から起き出して、一緒に窓の外を見た。	・少しずつ、子どもたちの朝の起こし方が分かってきたように思う。その子に応じて、一人一人そのタイミングと声かけを違わせるようにしている。うまく応じてくれた時は、私も嬉しい。
6：45	・手洗いをする。 ○朝食を食べる。	・Tちゃんは、食べるのが遅い。ときどき手を止めて遠くを見ている。食べるよう促すが、すぐには応じない。そこで、しばらく様子を見ていると、またひとりで食べ始めた。	・Tちゃんは、幼稚園でもゆっくり食事をしていた。朝は時間がないので早く食べてほしいが、それでも時間内に食事を終えることができているし、Tちゃんのペースでいいのかもしれない。
7：30 8：10 15：00	○小学生登校、中高校生登校する。 ・登園準備する。 ○幼稚園に登園する。 ・居室清掃 ・風呂掃除 ・洗濯など ○下校する。 ・おやつを食べる。 ・宿題をする。 ・自由活動	・Kちゃんが廊下の隅で泣きそうな顔をして座り込んでいた。「どうしたの？」と声をかけると、Kちゃんは、小さな声で「LちゃんがMちゃんに『蹴っていいよ』と言い、Mちゃんに蹴られた」のだと言う。 　Kちゃんと一緒に二人のところに行き、その理由を聞いた。Lちゃんは、「うざかったから」と言い、Mちゃんは「蹴ったけど、あやまらない」と言う。二人とも謝ろうとしなかった。そこでいつもより強い口調で注意したが聞き入れてもらえなかった。○○保育士が間に入り、その後3人とも登校した。	・朝の登校直前の出来事だった。小学生の間で起きたケンカの間に入り、話を聞き相手に注意したが、聞いてもらえなかった。私のとった行動は適切だったのだろうか。時間がなかったとはいえ、一方的にLちゃんとMちゃんを悪いと決めつけていたのではないか。Mちゃんの話を聞いた後、個別に二人の話を聞いてもよかったのではないかと反省している。集団で生活している子どもたちの人間関係がまだよくわからない。しかし、このようなことをとおして少しずつ見えてくるのだろうと思った。
15：30	○入浴する。 ・着替え	・入浴中、Nちゃんが、浴槽でふざけて足を上げて遊んでいた。「危ないから、止めようね」と注意をしたが、なかなか聞いてもらえなかった。	・「危ないからしてはいけない」としっかり伝えなければならないのに、うまく伝えられない。言い方や伝え方を工夫しなければならないと思う。

時間	一日の流れ	記録	考察
17:50	・自由活動をする。 ・手洗いをする。 ○夕食を食べる。 ・歯磨きする。 ・自由（宿題）	・入浴後、Pちゃんに「髪の毛を乾かすよ」と声かけしたが、「いい」と言って部屋の隅で下を向いていた。「何かあったの？」と尋ねると、Qちゃんに「お風呂が長いのは遊んでいたからじゃないの？」と言われたとのこと。 　遊んでいないのにそう言われ、落ち込んでいるようだった。しばらく話をして、髪の毛を乾かした後、ブロック遊びをした。 ・Uちゃんは苦手な算数の宿題をしていたが、眠そうでなかなか進まない。目を覚ますように何度か注意するが、一向に宿題ははかどらなかった。すると一緒に宿題を見ていた○○保育士が「Uちゃん、顔洗っておいで」と声をかけた後、わかりやすく算数の問題の解き方を教えておられた。しばらくして宿題を終えたUちゃんが、「おやすみなさい」と言って自分の部屋に行った。	・子ども同士の何気ない会話でも、一方的に言われたことに対して言い返せずに落ち込む。また自分の言いたいことがうまく言えず、もどかしい思いをする。今、私自身も子どもたちにうまく伝えられなくて悩んでいる。Pちゃんの気持ちがよく分かるような気がする。どのようにすればうまく伝えられるのか考えなければならない。 ・私は、ただただUちゃんを眠らせずに起こして、早く宿題を終わらせることばかり考えていた。Uちゃんが算数の問題が解けずに困っていることに気づかなかった。子どもが何につまずいているのか、何に困っているのか見極めることをしていなかった。また気分転換をすることも考える必要があった。もっとゆとりを持って子どもと接しなければならないと思う。
20:00	○就寝準備をする。		
21:00	○就寝する。		

＜今日の反省と明日への課題＞	＜指導者の所感＞
子どもたちのケンカの中に入って話を聞くことの難しさを痛感しました。片方だけの言い分を聴くのではなく双方の意見を聴きながら、それぞれの気持ちも引き出していくことができればと思います。また、自分の気持ちをうまく伝えられないことのもどかしさも自分の問題として捉えています。 　集団生活の中で、子どもたちが自分の気持ちをどのように受け止めていっているのかを知りたいと思います。	子どもたちのケンカの中に入ったときは、○○さんが言われるとおり、双方の言い分を聴く必要があります。ただし、そこで支援者が良否を判断するのではなく、自分たちで解決する方法を見つけていけるように支援することも大切です。 　自分の気持ちをうまく伝えられない子どもに対しては、ゆったりとした時間をもち、相手のことをわかろうとしているのだという気持ちを伝えながら行動をともにすることで信頼関係を築いていきましょう。

③ 知的障害児施設

1. 実習施設の特徴

(1) 施設の目的及び機能について

　知的障害児施設は、おおむね3歳から18歳までの知的障害児を対象にした施設で、児童福祉法第42条に「知的障害のある児童を入所させて、これを保護し、又は治療するとともに、独立自活に必要な知識技能を与えることを目的とする施設とする」と定められています。同時に「障害者自立支援法」にも位置づけられており、現在は措置と契約が混在しています。

　入所に際しては、家庭での養育が困難な場合、保護者の養育能力や監護能力の代行・補完する機能としての福祉的立場と、障害の除去・軽減・適応行動の助長という治療的立場から適否を判断します。

　知的障害児施設は入所施設と通園施設に分けられます。

(2) 対象児（者）の生活や発達の特徴について

　知的障害の法令上の定義はありません。医療・福祉、教育などその支援の立場によってとらえ方が異なります。

　知的障害をもつ子どもたちは、一人一人の発達段階ならびに障害の状態が異なります。また、他の障害を併せもつ子どももいます。それぞれのおかれた環境により生活経験の乏しい子ども、施設生活に慣れずにいる子ども、自傷・他害などの傾向がみられる子どもなど、さまざまな状態の子どもが集団で生活をしています。

　近年の傾向として、重度化・重複化・年長化が指摘されています。入所児の4人に3人が重度の子どもで占められていること（重度化）や、知的障害に加え、脳性まひ、てんかん、自閉症・発達障害などの他の障害を併せもつ子どもが増えている（重複化）こと、さらに18歳を過ぎても児童施設に留まっている子どもが増え、約半数以上が年齢超過児で占められています（年長化）。

(3) 職員（保育士・指導員など）の基本的な職務内容や役割、
　　　　他の職員とのチームワークなどについて

　「児童福祉施設最低基準」では、「知的障害児施設には、嘱託医、児童指導員、保育士、栄養士及び調理員を置かなければならない」（第49条）としています。

　保育士は、他の職種の職員と連携しながら、生活そのものの充実を図るとともに基本的生活習慣の確立や社会的スキルの向上及び行動障害の軽減における支援など、さまざまな役割を担っています。

2．実習日誌のポイント

（1）見学・観察実習時のポイント

　施設の日課の流れを理解します。食事の時間や入浴の有無などを確認します。日中は年齢によって特別支援学校に通学する子どもと施設内に留まる子どもがいます。
　子どもの障害や行動の特徴について職員から説明があったときは、きちんとメモを取り子どもと名前を一致させましょう。
　職員が行う指導及び援助に対して、子どもがどのように反応するかを確認します。職員と子どもとのかかわりを通して、援助の方法や子どもの行動の特徴をつかみましょう。そのときの様子や感じたことを記録します。
　自分から子どもの名前を呼ぶなど声かけをして、少しずつ子どもとの距離を縮めながらコミュニケーションをとるようにしましょう。

（2）参加・指導実習時のポイント

　子どもが一人でいるときの行動の特徴（どのような場所や物を好むのか、どのようなことに興味があるのか、癖・しぐさなど）を見ながら、少しずつ寄り添ってみます。子どもと行動をともにし、子どもと同じ目線で周囲を見てみるのもいいでしょう。
　日課に沿って行動するときは、声かけをしながら子どもの反応を見ます。言葉でのコミュニケーションが難しいときは、反応に応じて手をつないだり介助したりします。子どもが何を望んでいるのか望んでいないのかをいつも考えながら接することが大切です。そのときの働きかけや子どもの様子を記録します。
　日常生活において、基本的生活習慣を身につけるための援助を行いますが、食事・排泄・入浴などの場面ではリスクも伴います。子どもの状態を正確に把握しながら援助してください。また健康状態を知る機会でもありますので、子どもの様子をよく見てください。そのときに気付いたことも日誌に記録します。
　突発的な事態が生じ対応が難しい場合は職員に伝えます。そのときの状況をきちんと報告しましょう。
　施設によって指導実習の内容が異なりますが、子どもたちの興味・関心のあるものを題材にプログラムを組み立てます。実習開始時から子どもたちが何に興味・関心を示し何ができるのか、観察を続けます。
　実習担当職員と、いつ（時間帯）・どこで（場所）・だれ（人数）を対象に行うか、打ち合わせをして準備を進めます。言葉だけに頼らず、見て・聞いて楽しめる雰囲気を作り出すことを忘れずに取り組んでください。子どもが一人でも興味を示して主体的に参加したとき、それは小さな成功です。

(3) 実習日誌例 「実習5日目」

11月18日（金）	寮・棟・室名　ひばり	担当児（者）　13　名

今日の実習のめあて
授業参観をする。特別支援学校での様子を見る。

時間	一日の流れ	記録	考察
8：30	（引き継ぎ） ○登校準備をする。 ・歯磨きをする。 ・着替えをする。	・朝の引き継ぎで、Gさんが、昨夜嘔吐したとの報告があった。反芻をしているうちに吐き気がしたようで、自分で「吐く」と言ってトイレに行ったとのことだった。	・Gさんは、食事後、いつまでもモグモグと口を動かす様子がよく見られる。職員に尋ねると、反芻する習性があり、よく嘔吐することがあるようである。
		・歯磨き後、「うがいをしてください」と職員が促しているのに、Aくんは蛇口から出ている水を見たり触ったりして、なかなかうがいをしなかった。職員は、「Aくんは水遊びが好きなんです」と説明され、しばらくAくんの様子を見守り、もう一度「うがいしてください」と言うと、自分でうがいをした。	・「早くしなさい」「…しなさい」と朝の時間はどうしても相手を急かせる言葉が多くなってしまいがちである。○○保育士は、Aくんの遊びたい気持ちや楽しむ思いを大事にして、待っておられた。時間がない状況でもこうした心のゆとりを持つ必要があると実感した。
9：00 9：15	○朝の会をする。 ○登校する。	・Bくんの着脱の介助は、こちらがすべてするのではなく、途中までズボンや靴下を上げ、最後は自分でするように言葉をかけたり、手を添えたりするように職員から指導を受けた。	・どこまで支援するかの度合いが難しいと思った。最初から「これはできないだろう」と思うのではなく、一つひとつ言葉かけをしてどこまでできるか確認しながらすることが大切であると思った。
10：20	○授業参観をする。 （下校） ・手洗いをする。	・AくんとBくんが通う特別支援学校の中学部の授業を参観した。教室には写真・絵カードが多くあった。子どもたちに次の予定を伝える時や子どもたち自身の要求を知る時に使っている。	・教師が絵カードを用いて、「何したい」と問いかけると、Bくんは絵カードを指さしたりして反応していた。学校と施設では同じ絵カードを使っているのか確認したいと思った。
12：00	○昼食を食べる。 ・歯磨きする。		
13：00	○寮内活動 （午後休校） ・余暇	・Cくんの左手から血が出ていた。職員に伝えると、職員はすぐにCくんの出血状態を確認された。しばらくして「この子は、自傷・他害が激しくて、血を出すことで自分に目を向けてほしいとアピールすることがあります。今、止血していますし大丈夫だと思いますが、傷が痛むようなら、自分から薬の要求をしてきますので、引き続き様子を見ていてください」と説明を受けた。	・服にも血の跡があったので驚いた。子どもは言葉以外の様々な方法で私たちにメッセージを送っていることが分かった。自傷や他害は良いわけではないが、職員はそれをCくんの特性として捉え、思いを受け止めた対応をしている。甘えやこのような行動は、Cくんの過去や家庭環境も影響しているのではないかと考えた。

時間	一日の流れ	記録	考察
15:00	○おやつを食べる。 ・余暇	・デイルームで皆と一緒にいたとき、Dくんが突然Eくんの頬を叩いた。職員はすぐにDくんを別の部屋に連れて行った。あっという間の出来事で状況が呑み込めなかった。	・他害の恐れのあるDくんに気を付けてくださいと指導されていたにもかかわらず、配慮が足りなかった。あとで職員に対処法を訪ねたとき、DくんとEくんの間に位置するようにしていると言われた。
		・Fくんが便座に座ろうとしなかった。職員が「ああ、冷たくて嫌なんだね。では、一番奥に行こうか。そこなら温かいよ」と言って一緒に移動した。見に行くと、Fくんは便座に座っていた。	・初めてFくんの支援にはいった。特性が分からず、その行動の奥にある思いに気づけなかった。職員は、一人一人の特性を知った上で、適切な支援をすることが大切であるとあらためて実感した。
		・Hくんがおやつの前に週末帰省で自宅に帰っていった。保護者の姿が見えると笑顔になって外へ出て行った。	・どの子も家に帰る時は、嬉しそうだったが、Hくんは直前まで一緒にいたので表情の変化がよく分かった。
16:30 17:30	○配膳準備をする。 ・手洗い ○夕食を食べる。		

<今日の反省と明日への課題>

今日は、いつもの活動に加え、学校参観を経験しました。特別支援学校では、子どもたちに絵カードなどでわかりやすい説明を心がけたり、自ら間違いに気づけるように見守る時間など多くの工夫がなされていました。

突発的に起こる事態に対して、どのように対応すればいいのか判断に困ることがありました。その都度職員に確認することで、子ども一人一人の特性が理解できることを学びました。

また週末帰省をする子どもたちの表情を見るとやはり家庭がいいのだろうと思いました。

<指導者の所感>

今、生活している施設以外の場での子どもたちの様子を見られて、どのように感じられたでしょうか。将来、施設生活から地域での生活を考えたとき、どのような支援があれば生活が可能なのか、支援する側も自立支援のあり方を考えることが必要です。

突発的な行動を予測することは困難ですが、日々の観察を通して的確な洞察を行い早めの判断ができるようになることと未然に防ぐための環境づくりを心がけています。

家庭に問題のある子どもたちもいますが、親との良好な関係を築くために週末帰省を実施しています。

④ 障害者支援施設
（主な利用者が知的障害のある人の場合）

1．実習施設の特徴

（1）施設の目的及び機能について

　2006年に障害者自立支援法が施行され、従来の知的障害者更生施設や同授産施設の多くは新体系に移行し、2012年までには「障害者支援施設」となります。

　「障害者支援施設」は、障害者自立支援法の第5条13項で「この法律において「障害者支援施設」とは、障害者につき、施設入所支援を行うとともに、施設入所支援以外の施設障害福祉サービスを行う施設（のぞみの園及び第一項の厚生労働省令で定める施設を除く。）をいう」と定められています。

　障害者自立支援法により、3障害（身体・知的・精神障害）が一元化されましたが、ここでは知的障害のある人たちが多く利用する障害者支援施設（生活介護と施設入所支援を行う）の例をあげます。

　障害者支援施設では、昼夜分離の考え方から、夜間（住まい）の支援事業と日中活動の支援事業に分けてサービスが提供されます。

　夜間（住まい）の支援事業は「施設入所支援」であり、その施設に入所する障害者に、主として夜間において、入浴、排せつ又は食事の介護など、生活に関する相談及び助言、その他必要な日常生活上の支援を行います（同法第5条12項）。日中活動の支援事業は主に「生活介護」であり、主として昼間において、入浴、排せつ又は食事などの介護、調理、洗濯及び掃除などの家事ならびに生活などに関する相談及び助言その他の必要な日常生活上の支援、創作的活動又は生産活動の機会の提供その他の身体機能または生活能力の向上のために必要な援助を行います（同法第5条7項）。日中活動の支援事業として「自立訓練（生活訓練）」や「就労移行支援」などを行うことも可能となっています。

　これまでの入所施設に求められていたこと以外に、地域生活への移行（退所）を考慮した通過施設としての機能が問われています。より自立支援を意識した個別支援計画の作成や地域生活支援を行うサービス事業所との連携が重要になっています。

（2）対象児（者）の生活や発達の特徴について

　（この章で取り上げている）障害者支援施設を利用している人（以下、利用者）は、知的障害があり、障害者自立支援法で定める障害程度区分4以上（50歳以上は区分3以上）の18歳以上の人たちです。利用者は利用契約に基づき障害者支援施設を利用します。

　利用者の障害の程度については、中度・軽度から最重度までかなり幅があります。全体として重度化の傾向があり、加えて施設入所期間が長期に及んでいたり、高齢化が進んでいます。また、自閉症、てんかん、精神疾患などの重複障害の人が増えており、自傷・他害・多動などの行動障害を伴う

人も増えています。

(3) 職員（保育士・支援員など）の基本的な職務内容や役割、他の職員とのチームワークなどについて

　障害者自立支援法に基づく障害者支援施設の設備及び運営に関する基準（平成18年9月29日厚生労働省令第177号）の第11条に、細かく規定されています。実施する日中活動の支援事業によって若干異なりますが、施設長をはじめ、医師、看護職員（保健師又は看護師若しくは准看護師）、理学療法士又は作業療法士及び生活支援員としています。資格要件は定められていませんが、保育士は主に生活支援員として勤務することになります。職務内容は、入浴、排せつ又は食事の介護など、生活に関する相談及び助言、その他必要な日常生活上の支援などです。

2．実習日誌のポイント

(1) 見学・観察実習時のポイント

　施設内の生活の流れを理解しましょう。日中活動の場と住まいの場が分かれていますので、それぞれの場での活動内容や移動の時間・方法などを把握します。利用者の障害の状態や行動の特徴について職員から説明があったときは、きちんとメモを取り利用者と名前を一致させましょう。
　職員と利用者とのかかわりを通して、援助の方法や利用者の行動の特徴をつかみましょう。そのときの様子や感じたことを記録します。
　自分から利用者の名前を呼ぶ（○○さん）など声かけをして、少しずつ利用者との距離を縮めながらコミュニケーションをとるようにしましょう。

(2) 参加・指導実習時のポイント

　日課に従って行動をともにします。声かけをしながら利用者の反応を見てください。言葉でのコミュニケーションが難しいときでも、自分が何をしようとしているのか何をしてほしいと思っているのかを伝えながら接してください。同様に利用者が何を望んでいるのか望んでいないのかをいつも考えながら接することが大切です。そのときの働きかけや利用者の様子を記録します。
　日常生活において、食事・排泄・入浴・移動などの場面ではリスクが伴います。利用者の状態を正確に把握しながら援助してください。また健康状態を知る機会でもありますので、利用者の様子をよく見てください。利用者から発せられる多くのサインに気づかれることでしょう。そのときの気づきを日誌に記録します。
　障害者支援施設は、生活の場です。利用者がどのような生活を望んでいるのか利用者の立場で考える視点を学んでください。まず利用者を理解するとともに、何を支援するのかまたそのことの意味を考える機会としてください。

(3) 実習日誌例 「実習8日目」

12月7日（水）	寮・棟・室名　こだま	担当児（者）　20 名

今日の実習のめあて
どのように声かけをすれば、利用者に自分の意図が伝わるようになるかを考え実践する。

時間	一日の流れ	記録	考察
8：30	○廊下清掃をする。	・Aさんが、私の手を引いて自分の部屋の衣類のある棚の前まで誘導した。私が棚から作業服を取り出すと、Aさんは自分で着替えた。	・Aさんは、リサイクル班の人だったので、作業服を着たいのではないかと思い服を出した。自分で服を着ることができる人なので、恐らく自分で棚から服を出すこともできると思われる。なぜ私にそれを望んだのだろうか。私に着替えるところを見てほしかったのではないかと思った。
9：30	○歩行活動をする。	・散歩の途中、Bさんが「うー」とうなって、しゃがみこんだ。私は「行きましょう」と声をかけたが、動かないので、唸り声がおさまるまで待つことにした。しばらくして自分で立ち上がり歩き出した。 ・Cさんは、散歩開始からみんなと違う方向へ行こうとしたり、立ち止まったりしていた。しかし、私が「さんぽ」の歌を歌うと、それに合わせて手をたたき、スムーズに歩いた。	・しゃがみこんでしまったときは、焦ってしまい、無理やり立ち上がらせようとしてしまった。反省すべきだと思う。もしかすると、Bさんは、しゃがんで何かを見たかったのかもしれない。 ・最初は、散歩が嫌な様子をみせていたように思える。そこで、Cさんがリズムが好きなことを思い出し、歌をうたうことにした。歩き始められたので安堵した。
12：00	・手洗いをする。 ○昼食を食べる。	・Bさんの食事の介助をした。Bさんは、人の食べ物も食べようとするので、常に注意するように職員に言われた。 ・Cさんの食事介助をした。Cさんは、自分でスプーンを持って食べられるが、食べようとしない時は、こちらが食べ物をとって右腕を軽く叩くと食べ始めた。	・最初は悪いことのように思えたが、Bさんに悪気はなく、ただ単に「食べたい」という欲求が強いだけではないかと思った。 ・自分で食べることのできる人は、できるだけ自分で食べられるように援助を心がけるのが大切だと思った。ちょっとしたきっかけが必要なときもあるのかもしれない。
12：30	○歯磨きをする。 ・休憩時間	・Dさんの歯磨き援助をした。Dさんは首が安定しないので後ろから頭をかかえて援助するよう注意を受けた。 ・フラフープで遊んでいるとき、私の指にフラフープが当たり、顔をしかめると、Eさんも痛い表情をした。	・他人の歯磨きをするのはとても難しいことが分かった。その人に合わせた援助の方法を学ばなければならないと思った。 ・Eさんは、相手の表情を見て、それを真似するという特性が持っているようである。職員の方によると、こちらが泣くと、Eさんも本当に泣くというので、すごい感受性を持っておられるのだと思った。

時間	一日の流れ	記録	考察
13：00	○作業班へ移動する。	・Fさんは、他の利用者が移動しても、座ったままだったので、声がけをして手を引くが、拒否された。職員が、赤色の容器を渡すと、Fさんは立ち上がり移動した。	・Fさんはいつも赤色の容器を持っていることが多い。これがGさんのこだわりであり、移動中にこの赤色の容器がないと不安なのではないだろうか。
	○作業をする。（リサイクル班）	・カゴの缶がなくなり、別のカゴを外から引っ張っている際、なかなか出せないのをみてGさんが一緒に引っ張ってくれた。	・私の手伝いをしてくれたのか、早く仕事をしたかったのか分からないが、「一緒に」する行為にとても感動した。これが「やりがい」の一つなのだなと感じた。
		・Hさんは、途中で作業を中断してしまった。私が「がんばれ！」と声をかけると。Hさんは私の手を強く握った。職員が近づくと、作業を開始した。	・Hさんのこの行動はよく見られ、どのような意味があるのか分からなかった。実習期間中では越えられなかった壁であったように思う。
15：00	○おやつを食べる。	・職員は、利用者が缶をつぶし終わると、頭をなでるなどして褒めていた。	・この褒めるという行為が、利用者の方に次の作業へのやる気を生み出しているのだと思った。「褒める」ことは「叱る」ことより重要だと思った。
17：00	○夕食準備をする。 ・手洗いをする。		

＜今日の反省と明日への課題＞	＜指導者の所感＞
今日は、職員の方に「声かけ」について相談したところ、「強く言うと確かに言うことを聞くだろうが、それは実習で学ぶことではない。まずは、その利用者を受け入れ、その方のペースを守ることが大切」とアドバイスを受けたので、そのことを意識して声かけをしてみた。 これまで「利用者のペース」ということを考えていなかったのでとても反省させられた。私たちにも自分のペースがあるように利用者にもその方のペースがあることを忘れてはならないと思った。	「利用者のペース」を意識して支援していくことは大切です。集団で行動する場面が多いと、このことを私たちは忘れがちです。こちらのペースで物事が動いているとき、うまくいっているように見えるのですが、一人一人のことが見えなくなってしまいます。 利用者一人一人が出しているサインを表情やしぐさから感じ取ってください。移動がスムーズにいかないときも、一つのサインですね。○○さんはよく利用者のことを理解しようとしておられます。その意識を保ちながら実習を続けてください。

5 肢体不自由児施設

1．実習施設の特徴

（1）施設の目的及び機能について

　肢体不自由児施設は、児童福祉法第43条の3に「肢体不自由のある児童を治療するとともに、独立自活に必要な知識技能を与えることを目的とする施設とする」と定められています。同時に医療法に基づく病院でもあります。
　医療、生活支援、リハビリテーションという多様な機能をもつため、多くの専門職が配置されています。

（2）対象児（者）の生活や発達の特徴について

　体幹などの運動機能に障害のある子どもを肢体不自由児といいます。最近では、脳性まひ児が入所の多数を占めています。単に体幹や手足が不自由なだけでなく、知的障害やてんかん、言語障害、聴覚障害などを併せ持つ子どもが多くなっています。また低年齢化、重度化の傾向がみられます。
　医学的ケアを必要とする子どもたちが多いので、生活支援などの療育やリハビリテーションを通して、障害そのものを軽減しながら、日常生活習慣の確立と社会性の発達を促すための援助を受けています。

（3）職員（保育士・指導員など）の基本的な職務内容や役割、他の職員とのチームワークなどについて

　「児童福祉施設最低基準」では、「肢体不自由児施設には、医療法に規定する病院として必要な職員のほか、児童指導員、保育士及び理学療法士又は作業療法士を置かなければならない」（第69条）としています。
　施設長、医師（整形外科医・小児科医・児童精神科医・歯科医）、看護師、理学療法士、作業療法士、言語治療士、薬剤師、歯科衛生士、臨床検査技師、臨床心理士、児童指導員、保育士、栄養士、調理師、事務員などで構成されています。
　保育士は主に生活支援を行います。集団生活のなかで基本的生活習慣を身につけ、健康で安全に生活し、情緒の安定を図りながら対人関係が円滑にとれるように支援します。また誕生会や季節の行事を行い生活に楽しみや潤いがもてるようにします。
　医療的なケアの必要な子どもが多いことから医療的な知識も十分備え、子ども一人一人の障害を深く理解し、それぞれの発達にあわせた個別支援計画を立てます。子どもたちの日常生活の介護を看護師と協力して行うなど、他職種のスタッフとの連携も大切です。

2．実習日誌のポイント

(1) 見学・観察実習時

　施設の日課の流れを把握します。職員の子どもへの働きかけを見ながら、子どもの特徴や発達段階及び身体（障害）の状態を理解するように努めます。また一人一人の食事、排せつ、着脱など日常生活動作の状態を確認します。また介助の必要な子どもにはどのような介助が行われているのかも確認します。職員の子どもに対する声かけや配慮の仕方などを注意深く観察し、場面ごとの子どもへのアプローチの仕方を見ます。また子ども一人一人の医療面での配慮も確認します。上記の事柄を一つひとつ日誌に記載することで、自分自身の理解度が見えてきます。

(2) 参加・指導実習時

　積極的に子どもたちに関わってみます。まずは顔と名前を一致させることからはじめます。そばに寄り添い言葉かけをしながら子どもたちの反応を見ます。日課に従い行動を共にしてふれあいの度合いを高めていきます。介助などをするときは、「今から何をするのか」「どこへ行くのか」など子どもに話しながら行うことが大切です。子どもが不安な気持ちにならないよう十分配慮してください。

　健康面・身体面で不明なところは、職員に普段の状態を確認しながら、異常などに気付くことができるようにします。

　言葉でのコミュニケーションが難しい子どもとは、まず一緒に時間を過ごし、一緒に行動しながら子どもと少しずつ経験を共有していきましょう。そこから信頼関係を育んでいってください。

　自分自身の働きかけや子どもたちの反応・様子を日誌に記録します。また、そのときに気付いたことや職員からアドバイスを受けたことなども記録しましょう。

　保育士としての役割を認識するとともに、他職種の役割及び職種間との連携について学んだことも記載します。

(3) 実習日誌例 「実習5日目」

12月2日（金）	寮・棟・室名　　たけのこ	担当児（者）　11　名
今日の実習のめあて 時差勤務。夕方・夜の子どもの様子や保育者の役割を知る。			

時間	一日の流れ	記録	考察
12：00	○昼食をとる。	・Aくんは、いつも保育者と「さあ、はじめるよ〜！」という掛け声で保育者と一緒に食事を開始する。時間をかけて食事をした後、「食事、終わったよ」と保育者がAくんに告げると、Aくんは、全部食べることができたと言わんばかりに目を輝かせて、周りの保育者や看護師に声を出して訴えていた。	・Aくんは、心身のストレスから、食事をすることにムラがある。そこで、掛け声で保育者と一緒に食べ始めることにより、競争意識をもち食べる意欲が高まるようにしている。そして、全部食べたことをみんなが認めることで、Aくんの食べることの意欲と意識付けを促しているのだと思った。
13：10	○登校する。	（学園で昼食をとり、午後の登校をする）	
14：10	○下校する。 ・余暇を過ごす。	・Bさんのおむつ替えをした。Bさんの身体は右側に変形しており、どのようにすればいいのか分からず、時間がかかってしまった。Bさんの車椅子の座席や背もたれに形の異なったクッションが置かれている。	・子どもたちの身体のことをよく理解した上で介助する必要があると強く感じた。車椅子にはその人に身体に合わせてクッションが置かれており、身体に負担にならないように工夫されている。
17：00	○夕食をとる。	・Cさんの食事介助をした。Cさんは右手に麻痺があり自分で動かせない。左手は少し動くので、左手にスプーンを持ち、私が手を添えて食事をとるようにした。食べ物をのどに詰めやすいので、細かく分けて食べやすいようにする。Cさんの口元に食べ物を運ぶと、手に力を入れ自分で口に入れていた。	・些細なことでも、「自分で」することができるように援助することが大切だと思った。また、自分であれば「どのように援助されたいか」を常に意識して援助したいと思う。Cさんが舌を出すのは、次の食事を口に入れてほしいときだとわかった。そのときに口元に運ぶとうまく口に入る。
18：00	○歯磨きをする。	・Dくんの歯磨きの介助をした。車椅子を押し、洗面所に行き歯を磨いた。「大きな口をあけてね。上手だよ」と声をかけながら行った。最初は大きく口を開けていたが、どんどん口が小さくなり、歯ブラシを噛むことが多くなった。また手で払おうとすることもあった。	・人の歯を磨くのはとても難しいと感じた。時間がかかるために口を開けているのが辛くなったのだろう。だんだんと口の開きが狭まり、さらに磨きにくくなった。歯ブラシを噛むのは嫌という意思表示なのだろうか。いずれにしてもDくんに嫌な思いをさせてしまった。

時間	一日の流れ	記録	考察
18:30	○パジャマに着替える。	・Eくんの着脱の介助をした。着脱の際、片腕がこわばっていて、なかなか脱ぐことができなかった。そこで保育者と交代し、その様子を見ることにした。	・着脱は、力の入れ具合が難しく、Eくんが痛がるのではないかと思うと、尚のことうまくできなかった。もっと迅速に着替えができるようになりたいと思った。
19:00	○自由に過ごす。	・部屋に戻ってから、Fくんがずっと泣いていた。そばに行き、軽く手をたたきながら「どうしたのかな、さみしいのかな。ここにいるよ」などと声をかけた。時々笑顔になったり、手を握りかえしたりすることはあったが、なかなか落ち着かなかった。その後、デイルームでビデオを見たり、保育者と一緒にリズムをとったり歌ったりすると、唸ることはあったが、表情も柔らかくなり次第に落ち着いていった。	・それまで、Fくんと一緒にいなかったので、今、どうして泣いているのか分からなかった。「先週、当直したときも同じように泣いていた」と職員の方が言っておられたので、夜になると不安になるのだろうかと考えた。しばらく一緒にいると目をこすったりあくびをすることが多くなったことから、眠気を訴えていたのかもしれないと感じた。
		・Gくんは、デイルームでジュータンの上をヒザ立ちでちょこちょこ歩いていた。目を離してはいけないと、Gくんの進む方向へ先回りして、安全を確保するようにした。	・日中の車椅子に乗っているGくんの姿しか知らなかった私は、Gくんの歩くスピードが速いことに驚いた。自由に動くことができて嬉しいのかもしれない。
20:00	○ベッドに移動する。 ・就寝する。		

<今日の反省と明日への課題>

今日は、時差勤務で夜の学園の様子を知ることができた。昼間とは雰囲気が変わり、時間の過ごし方もゆったりとして落ち着いた感じがした。しかし、勤務者の数から突発的な事態などが起きた時などのことを考えると、様々な状況に対応する能力（判断力、広い視野、心のゆとりなど）を身につけておかなければならないと感じた。

<指導者の所感>

子どもたちはここで生活をしています。ここは「生活の場」なんですね。早朝・夜間の様子を見たときにようやく生活全体を見ることができます。毎日の訓練などで子どもたちなりに日々努力していると思います。親と一緒に生活できたらと思うこともあるはずです。そうした子どもたちのさまざまな不安や思いに寄り添い、安心して生活しながら成長できるよう環境を整えていくことも私たちの大事な役割です。

⑥ 重症心身障害児施設

1. 実習施設の特徴

(1) 施設の目的及び機能について

　重症心身障害児施設は、児童福祉法第43条の4に「重度の知的障害及び重度の肢体不自由が重複している児童を入所させて、これを保護するとともに、治療及び日常生活の指導をすることを目的とする施設とする」と定められています。同時に医療法に基づく病院でもあります。児童福祉では児童の定義を18歳に満たない者としていますが、重症心身障害児施設においては児童福祉法第63条の3で「必要があると認めるときは」「満18歳以上の者について」も引き続き入所の対象としています。

(2) 対象児（者）の生活や発達の特徴について

　入所理由としては、①常時医療による注意深い観察と治療が必要で、在宅では対応が困難である、②家庭での療育は可能であるが、より適切な医療、リハビリテーション、教育、生活指導を受ける必要がある、③家庭では養育能力に限界が生じる、などが考えられます。

　重症心身障害児（者）という言葉は、日本独自の障害分類の言葉です。重度心身障害児の分類方法としては、大島一良博士の大島分類が一般的に使われています。分類1〜4に該当するものを「重症児」とし、分類5〜9に該当するものを「周辺児」と呼んでいます。（図1参照）

　その中には、呼吸機能、食事機能などで医療的管理が強い（例えば、呼吸や体温・血中酸素のモニター管理や痰の吸引、経管で静脈に栄養補給するなど常時医療の必要な）「超重症心身障害児」と呼ばれる状態の人がいます。

　重症心身障害児の健康上の課題には、①呼吸障害、②栄養障害、③便通障害、④睡眠障害や発熱、⑤けいれん性発作、などがあります。

　生活上の様々な活動や介助などをとおしてじっくり関わることで、一人一人の個性がわかり、さらに理解したいという気持ちになられることでしょう。

(3) 職員（保育士・指導員など）の基本的な職務内容や役割、
　　　　他の職員とのチームワークなどについて

　「児童福祉施設最低基準」では、「重症心身障害児施設には、医療法に規定する病院として必要な職員のほか、児童指導員、保育士、心理指導を担当する職員及び理学療法士又は作業療法士を置かなければならない」（第73条）さらに「重症心身障害児施設の長及び医師は、内科、精神科、小児科、外科、整形外科又はリハビリテーション科の診療に相当の経験を有する医師でなければならない」としています。このように多様な専門職が連携して支援にあたっています。

保育士は、利用者の生活が心地よく豊かなものになるような環境づくりに配慮したり、安心して生活することができるよう利用者に寄り添う大切な役割があります。

図1　大島分類による障害分類表

IQ	走れる	歩ける	歩行障害	座れる	寝たきり
80	21	22	23	24	25
70	20	13	14	15	16
50	19	12	7	8	9
35	18	11	6	3	4
20	17	10	5	2	1
0					

出典：江草康彦「重度心身障害療育マニュアル」医歯薬出版　2001年を一部改良

2．実習日誌のポイント

（1）見学・観察実習時のポイント

　利用者と保育士のかかわりの様子を観察します。そのときの利用者の反応を見ながら保育士のかかわりのねらいを考えます。利用者の身体などの状態を職員から説明を受けたときは確実にメモをとり、利用者の健康状態や障害の状態を把握します。生活全体の流れをつかみ、施設における保育士の役割を理解します。また他の専門職の役割及び連携などについても確認しましょう。上記のことで、確実に理解しておかなければならないことや利用者について気付いたことなどを記録し、自分の理解度を確認します。

（2）参加・指導実習時のポイント

　保育士とともに援助を行うなかで、利用者とのコミュニケーションの仕方について学びます。保育士が利用者にどのような言葉がけをして介助をするのか、利用者の表情を見ながら学びます。そのときのかかわりや利用者の様子を記録します。

　利用者に介助などをするときは、利用者に今から何をするのか何をしようとしているのかを話しかけながら、援助するよう心がけます。言葉でのコミュニケーションが難しい場合でも、発声や手足の動き、顔の表情などのわずかな反応や表出を、丁寧に読みとることが大切です。体調のよいときは動きたい、相手とのコミュニケーションをとりたいと望んでおられる人が多いと思います。目と目が合ったときは、「うまく目が合いましたね」と話しかけてください。そうしたわずかなことでも心にとどめ、利用者と接しながら、よりよい関係を作っていこうとすることが大切です。そのときの利用者の反応や様子を記録します。

(3) 実習日誌例 「実習5日目」

12月2日（金）	寮・棟・室名　ひまわり病棟	担当児（者）30名

今日の実習のめあて
利用者への声かけを意識し、介助を行う。

時間	一日の流れ	記録	考察
8：30	○おむつ交換する。	・朝の挨拶をしようと、部屋に行くと、いつもGさんは無反応だったが、今日は手を差しだすと握手をされた。笑顔で声を出したり、腕を上下したりして反応を返された。 ・Aさんの上着を着替えようとしたとき、まず脇の下から脱がさないといけないのに、Aさんは腕に力が入り固くてなかなか動かなかった。その様子を見て、○○先生は「Aさん、協力してあげてね〜」と言いながら、援助をされた。Aさんのこわばっていた表情が笑顔になった。	・日が経つにつれて、慣れ親しみを持っていただけたのかなと思う。以前おむつ交換や食事介助したことで距離が近づいたように感じた。 ・昨日も、Aさんは力が入っていることから、まだ受け入れてもらっていないのではないかと思った。私が援助に迷っていることをAさんはきちんと見ていて分かっているのだと感じた。力の入った状態を○○先生の親しみのこもった声かけにより、ほぐされたように思う。
9：30	○合同療育を行う。（クリスマス会）	・Bさんに声をかける。Bさんからの返答はない。Bさんの家族が来ておられて「Bは、舌を動かしたり、調子がよいときは親指を動かしてくれるんだよ」と話された。よく見てみると、舌が小さく震えるように動いていた。 ・保育士はクリスマスの歌を流しながら、ツリーの飾りつけをする。保育士に話しかけられると、Cさんは嬉しそうな表情になり、自分の思いを伝えようと身体をさかんに動かしている。保育士の楽しそうな表情を見て、利用者も楽しそうに笑い、朗らかな雰囲気で活動が進んだ。	・顔の表情や声だけが返答方法ではなく、指先の小さな動きであったり舌の動きなど様々な方法があり、一人一人異なると気付いた。私は、利用者が送っているサインの多くを見逃しているのかもしれないと思った。 ・クリスマスの雰囲気に、利用者の皆さんがワクワクしているようだった。保育士に話しかけられると利用者の方々は本当に嬉しそうな表情をされる。自分のことを気にかけてもらったり、自分をもっと見てもらいたいと思っておられるのだろう。
12：00	○昼食を食べる。 ・食事介助 ・後片付け ・歯磨き介助	・Dさんの食事介助をした。Dさんはなかなか食べようとされなかった。保育士の○○先生は、Dさんに「どうしたの？大丈夫？」「ご飯食べられる」「何が嫌だったの？」と声をかけ、Dさんの様子を見ながら食事介助を行っておられた。	・嫌だという思いがあるのに、それを伝えられない、言葉にできないでいる利用者の声に対して、その人の心に寄り添い共感し、その人を理解しようという姿勢が大切だと思う。嫌だった気持ちを保育士の受け止めにより少しでも安心してもらうことができたらと感じた。

時間	一日の流れ	記録	考察
14:30	○入浴をする。 ・入浴介助 ・着脱介助	・保育士、看護師など様々な職種の方々が、風呂場、脱衣場に分かれて入浴を行っていた。保育士が、「頭流すよ～」「お湯かけるよ～」と利用者に声をかけながら、入浴介助を行っておられた。 ・私は、Aさんの頭を洗ったが、どれくらいの力で洗えばよいのか分からなかった。	・利用者がスムーズに入浴してもらうために、職員同士の連携が大切だと思った。 ・忙しい介助の中でも、利用者のへ声かけは重要だと感じた。利用者を驚かせないためにも、また安心して入浴できるように配慮することが大切だと考える。 ・見ているのと実際してみるのとでは大きな違いがあった。利用者の表情や様子を見ながら行うことが大切であると思った。
16:30	○夕食を食べる。 ・食事介助	・昼食に続いてDさんの食事介助をした。Dさんはご飯を食べているとき、何度か眉間にしわを寄せたような表情をしていた。私が、「おいしいですか」とたずねると、「うん」と答えていた。	・Dさんの体に何か異常が起こったのかと不安になった。眉間にしわを寄せたような表情は、嫌なのか、少し苦しいのか、一生懸命食べているからなのか、私は理解することもできず、もどかしかった。その状態をどのように受け止め、対応すべきだったのか考えてしまった。

＜今日の反省と明日への課題＞	＜指導者の所感＞
利用者の方と関わる中で、言葉かけに迷うことが多くあります。また援助に迷っていることを利用者の方に見抜かれているような気がして焦ってしまいます。 　Dさんに食事介助をしたときも、どのように食事をされ、どのような援助をすればいいのか迷いながらしていました。さまざまな援助の場面で、職員の方のように自然な声かけをしながら援助ができるようになりたいと思います。	Dさんについては、言語でのコミュニケーションがとれないため、なかなか伝わらない、こちら側が理解してあげることができないということがあります。 　保育士として相手の立場になって考えたり、普段からちょっとしたことでも理解してあげたり、コミュニケーションをとり信頼関係を築くことがとても大切になってきますね。身近なよき理解者でありたいと常に思っています。

＜引用・参考文献＞

【第1章】実習日誌の意味

- 河邉貴子・鈴木隆編著『保育・教育実習フィールドで学ぼう』同文書院、2006年
- 玉置哲淳・島田ミチコ監修『幼稚園教育実習』建帛社、2010年
- 民秋言・安藤和彦・米谷光弘・中西利恵『保育所実習』北大路書房、2009年
- 寺田清美・渡邊鴨子『保育実習まるごとガイド』小学館、2007年
- 東京家政大学『教育・保育実習のデザイン』研究会編『教育・保育実習のデザイン』萌文書林、2010年
- 厚生労働省「保育所保育指針」2008年度改訂版
- 文部科学省「幼稚園教育要領」2008年度改訂版
- 百瀬ユカリ著『よくわかる幼稚園実習』創成社、2009年
- 百瀬ユカリ著『よくわかる保育所実習第3版』創成社、2010年

【第2章】実習日誌作成のポイント

- 池田隆英・楠本恭之・中原朋生・上田敏丈編著『保育所・幼稚園実習～保育者になるための5ステップ』ミネルヴァ書房、2011年
- 植原邦子編著『やさしく学べる保育実践ポートフォリオ』ミネルヴァ書房、2005年
- 大場幸夫・大嶋恭二編『保育実習』ミネルヴァ書房、2002年
- 片山紀子編著『保育実習・教育実習の設定保育』朱鷺書房、2007年
- 相馬和子・中田カヨ子編『実習日誌の書き方』萌文書林、2004
- 高橋かほる監修『幼稚園・保育園実習まるわかりガイド』ナツメ社、2009年
- 竹井史編著『幼児の自由遊びとその援助』明治図書、1997年
- 田中亨胤監修『実習の記録と指導案』ひかりのくに、2011年
- 田中まさ子編『幼稚園・保育所実習ハンドブック』みらい、2003年
- 玉井美知子監修『資格取得に対応した保育実習』学事出版、2002年
- 林幸範・石橋裕子編著『最新保育園幼稚園の実習完全マニュアル』成美堂出版、2011年

【第3章】実習日誌に使う保育用語

- 阿部和子・増田まゆみ・小櫃智子編『保育実習』ミネルヴァ書房、2009年
- 侍井和江・福岡貞子編『保育実習・教育実習第6版』ミネルヴァ書房、2009年
- 鈴木恒一・小原榮子編著『教育・保育実習マニュアル』久美株式会社、2008年
- 高橋哲郎・菱谷信子『実習指導サブノート』ふくろう出版、2011年
- 民秋言・安藤和彦・米谷光弘・上月素子編著『幼稚園実習』北大路書房、2009年
- 開仁志編著『これで安心！保育指導案の書き方～実習生・初任者からベテランまで～』北大路書房、2008年
- 松村明監修『大辞泉』小学館、1995年

- 松本峰雄監修『保育実習これだけナビ』U-CAN、2010年
- 森上史朗、柏女霊峰編著『保育用語辞典第6版』ミネルヴァ書房、2010年
- 横山洋子・中島千恵子編著『実践で語る幼稚園教諭への道』大学図書出版、2010年

【第4章】実習日誌をよりレベルアップ！

- 今井和子『自我の育ちと探索活動 —3歳までの遊びと保育—』ひとなる書房、1990年
- 大宮勇雄『保育の質を高める 21世紀の保育観・保育条件・専門性』ひとなる書房、2006年
- 大宮勇雄『学びの物語の保育実践』ひとなる書房、2010年
- 佐伯胖『幼児教育へのいざない —円熟した保育者になるために—』東京大学出版会、2001年
- 高杉自子著 子どもと保育総合研究所編『子どもとともにある保育の原点』ミネルヴァ書房、2006年
- 戸田雅美『保育をデザインする 保育における「計画」を考える』フレーベル館、2004年
- 森上史朗+別府市立石垣幼稚園『保育は恋といっしょや うめぐみあばれんぼう日記』小学館、1998年
- 森上史朗・本田和子・小田豊ほか著『倉橋惣三と現代保育』フレーベル館、2008年
- 吉村真理子『絵本の匂い、保育の味』小学館、1998年

【第5章】保育所（3歳未満児）実習日誌の書き方と実際

- 井桁容子著『「ていねいなまなざし」でみる保育』フレーベル館、2005年
- 伊藤輝子・天野珠路編著『やさしい乳児保育』青踏社、2007年
- 今井和子監修 『0歳児の育ち辞典』小学館、2009年
- 今井和子監修 『1歳児の育ち辞典』小学館、2009年
- 今井和子監修 『2歳児の育ち辞典』小学館、2009年
- 大橋喜美子編著『新時代の保育双書 乳児保育』(株)みらい、2008年
- 鯨岡峻・鯨岡和子著『エピソード記述で保育を描く』ミネルヴァ書房、2009年
- 榊原洋一・今井和子編著『今求められている質の高い乳児保育の実践と子育て支援』
    ミネルヴァ書房、2006年
- 「幼稚園・保育所・福祉施設実習ガイドブック」編集委員会編集 『ポイントで解説幼稚園・保育所・
    福祉施設実習ガイドブック』(株)みらい、2004年

【第6章】保育所（3歳以上児）実習日誌の書き方と実際

- 相浦雅子・那須信樹・原孝成編『STEP UP！ワークシートで学ぶ保育所実習1・2・3』同文書院、2008年
- 阿部明子編『教育・保育実習総論<第3版>』萌文書林、1998年
- 厚生労働省「保育所保育指針」2008年度改訂版
- 相馬和子・中田カヨ子編『実習日誌の書き方』萌文書林、2004年
- 田中亨胤監修『実習の記録と指導案』ひかりのくに、2011年
- 文部科学省「幼稚園教育要領」2008年度改訂版

【第7章】幼稚園実習日誌の書き方と実際

・文部科学省『幼稚園教育要領解説』2008年度改訂版、フレーベル館
・厚生労働省『保育所保育指針解説書』第2章、2008年度改訂版、フレーベル館
・横山洋子・中島千恵子編著『実践で語る幼稚園教諭への道』大学図書出版、2010年

【第8章】施設実習日誌の書き方と実際

・阿部和子・増田まゆみ・小櫃智子編『保育実習』ミネルヴァ書房、2009年
・松本峰雄編著『教育・保育・施設実習の手引』建帛社、2009年
・石橋裕子・林幸範編著『幼稚園・保育所・児童福祉施設実習ガイド』同文書院、2011年
・岡本幹彦・神戸賢次・喜多一憲・児玉俊郎編集『三訂福祉施設実習ハンドブック』みらい、2011年
・愛知県保育実習連絡協議会・「福祉施設実習」編集委員会 編集『保育士をめざす人の福祉施設実習』みらい、2011年
・江草安彦監修『重症心身障害療育マニュアル』医歯薬出版、2001年
・加藤 幸雄・柿本 誠・笛木 俊一・小椋 喜一郎・牧 洋子（編集）『相談援助実習―ソーシャルワークを学ぶ人のための実習テキスト』中央法規、2010年

おわりに

　まだ何も書いていない真っ白な実習日誌を前にして、実習生は何を思うのでしょうか。今日一日を振り返り、子どもの笑顔、泣き顔、怒った顔、おすましの顔、歓声、笑い声など、学校で授業を受けるだけでは得られない生(なま)の子どもの姿が浮かんでくるはずです。

　そして、決して戻ることのできない子ども一人一人の人生の一頁に、曲がりなりにも保育者の卵（実習生）として関わることができたことの喜びと共に、決してうまく関われたとはいえない自分の未熟さに反省することも多いと思います。

　一つの活動を見る視点だけでも、挙げればきりがありません。表面的に子どもを理解したつもりになっても、とらえきることは不可能に近いのです。

　また、子どもの育ちを支える保育者の援助も挙げればきりがありません。環境の構成、直接的な援助、間接的な援助、出るタイミング、現場で何十年経験しても、完璧にできたとは到底いえないほど奥深いものです。

　よく「保育に正解はない」という言葉を聞きます。子どもの姿にはさまざまな可能性があり、保育者によっても考え方（子ども観、保育観）が違うので、何が正解とはいえないということからくる言葉でしょう。

　ですが、私はこの言葉を使いたくありません。「保育に正解はない」のだったら、何が大切で何を目指せばよいのか、全く分からなくなってしまいます。これでは、いきあたりばったりの保育になります。裏を返せば「何をやっても正解かもしれない」のですから。私は、自分が「間違えた」という事実から逃げたくないのです。

　「子どもの育ちにとってよい保育の在り方はある」つまり「保育に正解はある」と私は信じたいのです。もちろん、私たちは全知全能ではないために間違いを起こします。だからこそ、日々記録を取り、考察し、自分自身の子ども観、保育観すべてを問い直し、明日からの保育を改善し、少しでも正解に近づいていこうとする営みを決して怠ってはいけないのです。

　このように考えると、実習日誌の書き方は、本当に奥深いものだと思います。「保育」という長い長い道へ踏み出す初めの一歩なのですから。まさに、「たかが実習日誌、されど実習日誌」なのです。

　本書が実りある実習を支える一助になることを切に願っています。

　最後になりましたが本書の執筆に携わっていただきました諸先生方に深く感謝申し上げます。また、編集の労をとっていただきました一藝社の藤井千津子氏に心から感謝申し上げます。

2012年3月吉日

編著者　　開　仁志

●編著者紹介

開　仁志（ひらき　ひとし）
　1973 年、富山県生まれ。富山大学大学院教育学研究科修了。
　富山県小杉町立小杉小学校教諭、富山大学教育学部附属幼稚園教諭、
　富山国際大学子ども育成学部准教授を経て、現在金沢星稜大学人間科学部准教授。
　専門は保育・幼児教育学。保育者の成長過程についての研究に取り組んでいる。

【著書】
　『おにごっこするものよっといで　オリジナルレシピ 40』明治図書、2000 年
　『保幼小連携！交流ふれあい遊び 86 選』明治図書、2006 年
　『これで安心！保育指導案の書き方〜実習生・初任者からベテランまで〜』編著
　　北大路書房、2008 年
　『幼稚園教諭はじめの 3 年間 QA 事典』共著、明治図書、2008 年
　『困ったときの子育て Q&A』楓工房、2010 年
　『保育指導案 大百科事典』編著、一藝社、2012 年
　『教育課程論』共著、一藝社、2013 年
　『教職概論』共著、一藝社、2014 年、ほか多数

＜執筆者紹介＞

開　仁志（金沢星稜大学人間科学部）　　　　第 1 章、第 2 章、第 3 章
本江理子（富山国際大学子ども育成学部）　　第 4 章
福井逸子（金沢星稜大学人間科学部）　　　　第 5 章
難波純子（富山短期大学幼児教育学科）　　　第 6 章
石倉卓子（富山国際大学子ども育成学部）　　第 7 章
室林孝嗣（富山国際大学子ども育成学部）　　第 8 章

実習日誌の書き方
～幼稚園・保育所・施設実習完全対応～

2012年4月10日　初版第1刷発行
2021年9月5日　初版第7刷発行

編著者　開　仁志
発行者　菊池公男

発行所　一藝社
〒160-0014　東京都新宿区内藤町1-6
Tel. 03-5312-8890　Fax. 03-5312-8895
E-mail : info@ichigeisha.co.jp
http://www.ichigeisha.co.jp
振替　東京00180-5-350802
印刷・製本　シナノ書籍印刷

Ⓒ Hitoshi Hiraki　2012 Printed in Japan
ISBN 978-4-86359-042-7 C3037
乱丁・落丁本はお取り替えいたします

保育指導案大百科事典

開 仁志〔編著〕

●目次
第1章　本書の使い方
第2章　指導案の意味
第3章　指導案作成のポイント
第4章　指導案に使う用語辞典
第5章　生活の流れが書かれた指導案
第6章　全日指導案・特別支援の指導案
第7章　歌・手遊び・パネルシアター・
　　　　ごっこ遊びの指導案
第8章　ものづくりの指導案
第9章　自然素材を使った遊びの指導案
第10章　体を動かす遊びの指導案
第11章　アスレチック・サーキット・
　　　　迷路遊びの指導案
第12章　施設実習における指導案

【実習生が書く指導案内容を、できるだけ多く掲載し、実際に役立つ見本例を多数収録】

＜実習生が行う活動内容の指導案があるとは限らない＞
　●実習生が書く可能性が高い活動内容をできる限り多く掲載

＜先輩の書いた指導案の書き方が正しいとは限らない＞
　●現場の保育者が実際に書いた見本となる指導案を多数掲載

＜先輩が見えなかった（書かなかった）援助・環境の構成については、全く分からない＞
　●できるだけ詳しく書いた指導案から、必要な部分を取捨選択できるように工夫してある

B5　並製　244頁　定価（本体 2,200円+税）　ISBN978-4-86359-041-0 C3037